Ubushakashatsi mu Bumenyi Nyamuntu n'Imibanire y'Abantu

Evode Mukama & Laurent Nkusi (Eds)

AFRICAN
MINDS

A NOTE ABOUT THE PEER REVIEW PROCESS
This open access publication forms part of the African Minds peer reviewed, academic books list, the broad mission of which is to support the dissemination of African scholarship and to foster access, openness and debate in the pursuit of growing and deepening the African knowledge base. *Ubushakashatsi mu Bumenyi Nyamuntu n'Imibanire y'Abantu* was reviewed by two external peers. Copies of the reviews are available from the publisher on request.

Iki gitabo cyacapwe mu 2019 na African Minds
4 Eccleston Place, Somerset West 7130, Cape Town, South Africa
info@africanminds.org.za
www.africanminds.org.za

ISBN Paper 978-1-928331-97-1
ISBN eBook 978-1-928331-98-8
ISBN ePub 978-1-928331-99-5

Kugura (Orders):
African Minds
4 Eccleston Place, Somerset West 7130, Cape Town, South Africa
info@africanminds.org.za
www.africanminds.org.za

Kugura uri hanze ya Afurika y'Epfo (For orders from outside South Africa)
African Books Collective
PO Box 721, Oxford OX1 9EN, UK
orders@africanbookscollective.com

IBIRI MURI IKI GITABO

iv

ABANDITSI

Oliva Bazirete ni umwarimu muri Kaminuza y'u Rwanda, Koleji y'Ubuzima kuva 2003. Yize Ububyaza no kwigisha ababyaza (RM, BNE/Kaminuza y'u Rwanda), yihugura byisumbuye iby'umwuga wo kwita ku buzima bw'umubyeyi n'umwana (MS, Nursing/University of Western Cape). Ari mu masomo azamuhesha impamyabumenyi y'ikirenga (PhD/Kaminuza y'u Rwanda) mu by'ubuzima bw'umubyeyi n'umwana. Yanditse inyandiko zinyuranye zerekeye umwuga w'ubuforomo n'ububyaza n'uburyo bwo kwita ku mubyeyi uri kunda.

Anne Marie Kagwesage ni umwarimu muri Kaminuza y'u Rwanda, Koleji y'Indimi n'Ubumenyi Nyamuntu kuva 1999. Yize Iyigandimi n'Ubuvanganzo by'Ururimi rw'Icyongereza (BA/ Kaminuza Nkuru y'u Rwanda), yiga ibijyanye no kwigisha indimi (MPhil/University of Western Cape), abona n'impamyabumenyi y'ikirenga mu by'uburezi (PhD/Linköping University). Yanditse inyandiko zinyuranye zerekeye uburyo bwo gukoresha icyongereza mu kwigisha amasomo ya kaminuza.

Evode Mukama ni umwarimu n'umushakashatsi w'inararibonye mu burezi bushingiye cyanecyane ku ikoranabuhanga. Afite impamyabumenyi y'ikirenga mu burezi yavanye muri Kaminuza ya Linköping yo mu gihugu cya Suwedi mu 2009. Ubushakashatsi bwe bwashyizwe ahagaragara mu bitangazamakuru by'ubumenyi bikomeye byo hirya no hino ku isi. Yayoboye inzego z'uburezi bushingiye ku ikoranabuhanga n'iyakure mu Kigo k'Igihugu Gishinzwe Guteza Imbere Uburezi no muri Kaminuza Nkuru y'u Rwanda. Yabaye umuyobozi wungirije w'Urwego rw'Ubushakashatsi muri iyo kaminuza. Ubu ni umwarimu n'umushakashatsi muri Kaminuza y'u Rwanda – Koleji y'Uburezi.

Charline Mulindahabi ni umwarimu muri Kaminuza y'u Rwanda, Koleji y'indimi n'ubumenyi nyamuntu kuva mu 1999. Yize iby'Imicungire y'ibya rubanda mu kiciro cya mbere (BA/ Kaminuza Nkuru y'u Rwanda) n'icya kabiri cya kaminuza (MPA/University of Western Cape), abona n'impamyabumenyi y'ikirenga mu by'Amahoro n'Iterambere (PhD/University of Gothenburg). Ubushakashatsi akora bwibanda ku buyobozi n'imiyoborere ndetse no ku gukemura amakimbirane.

Jean Baptiste Ndikubwimana yigisha muri Kaminuza y'u Rwanda kuva 2008. Yahize ikiciro cya mbere mu bya Politiki (BA/Kaminuza Nkuru y'u Rwanda). Kuva 2009 yakomeje amasomo mu burenganzira bwa muntu no gukemura amakimbirane mu mahoro (Université du Burundi). Kuva muri 2012 yize iby'iterembere (MA/Kaminuza Nkuru y'u Rwanda). Ubu ariga iby'uburenganzira bwa muntu (PhD/University of Nairobi).

Télesphore Ngarambe ni umwarimu muri Kaminuza y'u Rwanda. Yize Iyigandimi n'Ubuvanganzo by'Ururimi rw'Icyongereza (BA/Kaminuza Nkuru y'u Rwanda). Yakomereje ikiciro cya gatatu cya kaminuza (MA) muri University of Witwatersrand mu ihinduranyandiko. Afite impamyabumenyi y'ikirenga (PhD) mu ihinduranyandiko n'ubusemuzi yahawe na Kaminuza y'u Rwanda. Ubushakashatsi bwe bwibanda ku ihinduranyandiko n'ubusemuzi, politiki rusange, umuco, itumanaho n'ikoranabuhanga.

Epimaque Niyibizi ni umwarimu muri Kaminuza y'u Rwanda, Koleji y'Uburezi kuva 2001. Yize iyigandimi n'ubuvanganzo by'ururimi rw'Icyongereza (BA/Kaminuza Nkuru y'u Rwanda), yiga iby'imyigishirize y'indimi (MA/University of South Africa), abona n'impamyabumenyi y'ikirenga mu myigishirize y'indimi (PhD/University of Witwatersrand). Yakoze ubushakashatsi anasohora inyandiko zinyuranye ku myigishirize y'indimi kavukire n'indimi mvamahanga, na politiki y'indimi.

Jean Chrysostome Nkejabahizi ni umwarimu muri Kaminuza y'u Rwanda kuva mu 1994. Yigisha kandi agakora ubushakashatsi ku ndimi, imico n'ubuvanganzo nyafurika, yibanda ku Rwanda. Mu by'ingenzi yatangaje harimo *Ubusizi nyarwanda* (Kaminuza Nkuru y'u Rwanda, 2009), *Amateka y'ubuvanganzo nyarwanda kuva ku kinyejana cya XVII kugeza magingo aya* (Kaminuza Nkuru y'u Rwanda, 2011) afatanyije na Gamariel Mbonimana, *Ubuvanganzo nyarwanda. Inkuru ndende n'ikinamico* (Kaminuza Nkuru y'u Rwanda, 2013), *Rwandan Short Stories in English, French and Kinyarwanda* (Kaminuza Nkuru y'u Rwanda, 2013), *Les wellérismes du Rwanda. Approche ethnolinguistique* (Kaminuza Nkuru y'u Rwanda, 2013).

Laurent Nkusi ni umwarimu n'umushakashatsi w'inararibonye. Yigishije muri Kaminuza Nkuru y'u Rwanda kuva 1976 kugeza 2000, aba umuyobozi mu mashami yayo, ndetse aba umuyobozi w'Urwego rw'Ubushakashatsi. Ubu arakigisha nk'Umwarimu udahoraho muri Kaminuza y'u Rwanda no mu zindi, akigisha iyigandimi, isesenguranyandiko, iyigamuga n'iyigarutonde, ihakana n'ipfobya rya jenoside. Afite impamyabushobozi ya Doctorat d'Etat ès Lettres et Sciences Humaines, yabaye Minisitiri muri Leta y'u Rwanda imyaka umunani. Ubu ni Senateri – Inteko Ishinga Amategeko, aho ahagarariye Abarimu n'Abashakashatsi ba Kaminuza zigenga.

Evariste Ntakirutimana yigisha muri Kaminuza y'U Rwanda, Koleji y'Indimi n'Ubumenyamuntu. Ikiciro cya mbere n'icya kabiri yabyize mu Gashami k'Indimi n'Ubuvanganzo Nyafurika (1983–1988) muri Kaminuza Nkuru y'u Rwanda. Mu kiciro cya gatatu (1998–2001) yize Iyigandimi nyamubano muri Kaminuza ya Laval muri Kanada. Mu nyandiko ze zinyuranye, Ntakirutimana yibanze ku isano iri hagati y'indimi n'imiryango y'abazivuga. Kimwe mu bimushishikaza cyane ni ugusesengura imbwirwaruhame.

Sylvestre Nzahabwanayo ni umwarimu muri Kaminuza y'u Rwanda, Ishuri ry'Uburezi. Afite impamyabumenyi y'ikirenga mu burezi (PhD/University of the Witwatersrand). Ubushakashatsi bwe bwibanda ku burere mboneragihugu bw'urubyiruko kugira ngo rushobore kuba abaturage banogeye igihugu cyanecyane mu bihugu byaranzwemo jenoside n'andi makimbirane.

Pierre Claver Rutayisire ni umwarimu muri Kaminuza y'u Rwanda, Ishami ry'Ibarurishamibare kuva muri 2000. Yize ibarurishamibare ryibanda ku mihindukire y'imibare y'abaturage n'ingaruka zayo (MSc Demography/Université Catholique de Louvain), abona n'impamyabumenyi y'ikirenga (PhD/Utrecht University) mu Buholandi. Yanditse inyandiko zinyuranye zerekeye uburyo bukoreshwa mu kwegeranya no gusesengura imibare y'abavuka, abapfuye, abinjira n'abasohoka mu gihugu.

Joseph Appolinary Rusanganwa ni umwarimu mu ishami ry'indimi z'amahanga muri Kaminuza y'u Rwanda. Mu kiciro cya mbere cya kaminuza (BEd Hons/University of Dar es Salaam) yize indimi z'amahanga (Igifaransa, Icyongereza, Igiswahili) n'iyigandimi (MA Linguistics/University of London). Ikiciro cya kabiri yize iyigandimi mu buryo burambuye. Icya gatatu (PhD/Linköping University) yize kwigisha indimi akoresheje ikoranabuhanga. Ubushakashatsi bwe bushingiye mu kwigisha hakoreshejwe iyakure.

Pierre Canisius Ruterana ni Umwarimu muri Kaminuza y'u Rwanda, Koleji y'Indimi n'Ubumenyi Nyamuntu kuva 1998. Yize iyigandimi n'ubuvanganzo by'ururimi rw'Icyongereza (BA/Kaminuza Nkuru y'u Rwanda), yiga gusemura (MA/University of Warwick), abona n'impamyabumenyi y'ikirenga mu by'uburezi (PhD/Linköping University). Yanditse inyandiko zinyuranye zerekeye uburyo bwo kubungabunga no kumenya indimi neza, guteza imbere no kugira umuco wo gusoma.

Marie Chantal Uwimana ni umwarimu muri Kaminuza y'u Rwanda, Koleji y'Ubuzima n'Ubuvuzi kuva 2006. Yize Ubuforomo n'ububyaza mu Ishuri Rikuru ry'Ubuzima mu Rwanda, abona ikiciro cya gatatu buyobozi n'imicungire y'abaforomo (MS Nursing Management/ University of KwaZulu Natal). Yanditse inyandiko zijyanye no kunoza umwuga w'ubuforomo n'ububyaza. Akora ubushakashatsi ku bijyanye no kugabanya imfu z'abana n'ababyeyi mu rwego rw'amasomo ajyanye n'impamyabumenyi y'ikirenga (PhD/University of the Witwatersrand).

Dieudonne Uwizeye ni umwarimu muri Kaminuza y'u Rwanda kuva muri 2007. Yize ikiciro cya mbere cya kaminuza, ishami ry'Uburezi (BEd/Kaminuza Nkuru y'u Rwanda). Yakomereje mu masomo y'iterambere (MA, Development Studies/Kabaale University), yiga kwigisha ururimi rw'Icyongereza (MA, English TESOL/California Baptist University), arangiza yiga isesengura ry'imibereho n'imibanire y'abantu (PhD, Demography and Population Studies/ University of Dar es Salaam). Yanditse inyandiko zisesengura ukubaka iterambere rishingiye ku muturage.

IRIBURIRO: IMIZI Y'UBUSHAKASHATSI

Evode Mukama na Laurent Nkusi

Kwibaza no kwisubiza

Kuva kera na kare, abantu ntibahwemye kwitegereza, kwibaza no gusesengura ibidukikije kugira ngo barusheho kubisobanukirwa, kubigenzura no kubigenga iyo bishoboka. Abanyarwanda baravugaga bati "Utazi akaraye i Fumbwe araza ifu". Ibi byerekana ko bari bazi kwitegereza ibimenyetso by'ibihe, bakamenya ko i Fumbwe aho – bitewe n'aho babaga baherereye – hari icyoko k'imvura. Ibyo rero byabahaga guteganyiriza ibihe bibi by'imvura, bagakora hakiri kare ibyo badashobora gukora mu gihe iri kugwa. Uko amajyambere yagiye aza, ubumenyi nk'ubu bwa *kimenyabose* bwagiye bwunganirwa n'ubumenyi bwimbitse kandi bwizwe gihanga. Byongeye, ikoranabuhanga ryihutishije kumva no kugenzura ibidukikije. Nk'ubu iteganyagihe rikoresheje ikoranabuhanga rishobora kutubwira ku buryo bwizewe kandi bwihuse igihe imvura izagwira haba uyu munsi, mu cyumweru gitaha, mu mezi ndetse no mu myaka iri imbere. Kwibaza no kwisubiza si umwihariko w'abanyarwanda. Ubushakashatsi iyo buva kubakagera ni cyo buba bugamije. Ariko rero abantu ntabwo bibaza kimwe, nta n'ubwo basubiza kimwe ibibazo bibaza cyangwa babajijwe. Ibyo ari byo byose, uwibaza n'ubaza hari ukuri baba bagamije kumenya. Kugira ngo ibyo byose bigerweho byasabye abantu kwitegereza, kugerageza, gutekereza no gukora ubushakashatsi nyirizina. Iri riburiro rigiye kubiva imuzi maze risozwe rituibwira umwihariko w'iki gitabo n'ibigikubiyemo.

Kwitegereza no kugerageza: niba umunyarwanda yaritegereje inshuro nyinshi, agasanga koko igicu kijimye kandi kibuditse giturutse i Fumbwe ari cyo gitanga imvura, agereranyije n'ibindi bicu byabudikiye mu bindi byerekezo, ni bwo yashoboye gufata umwanzuro ko i Fumbwe ari icyoko k'imvura. Mbere yo gufata umwanzuro, ashobora kuba yaribazaga ati "Ese koko iyo ikubiye i Fumbwe iragwa?" Iki ni ikibazo cy'ubushakashatsi. Kwitegereza no kugereza inshuro nyinshi biri mu byatumye ashobora gufata umwanzuro ko igitekerezo ke ari ukuri: "Iyo yakubiye i Fumbwe iragwa". Iki gitekerezo ni *inkeneragihamya* (hypothesis). Kuri iyi nkeneragihamya rero umunyarwanda yasanze ari ukuri: yitegereje inshuro nyinshi asanga koko igicu kijimye kandi kibuditse giturutse i Fumbwe ari cyo gitanga imvura. Umunyarwanda yakoze ibi akoresheje *ubumenyi kimenyabose* abandi babwita *ubumenyi kimeza*. Ntabwo yabikoze kuri gahunda izwi, cyangwa se ngo abe yafashe umugambi wo gusubiza cya kibazo cy'ubushakashatsi, emwe ndetse ntiyari agamije kwemeza cyangwa guhakana ku buryo bweruye inkeneragihamya. Icyo twashima kwitegereza no kugereza ni uko byubakiye ku kibazo cy'ubushakashatsi cyangwa ku nkeneragihamya, ubikora yaba abigambiriye cyangwa atabigambiriye (Mouly, 1978).

Imitekerereze: uburyo bwa kabiri abantu bageragezа kumva no gusobanukirwa ibidukikije ni ugutekereza. Ubu buryo bw'imitekerereze buri ugutatu (Mouly, 1978):

- *Imitekerereze nganamuzi (deductive reasoning)*: iyi mitekerereze yahimbwe n'umugereki Aristote igaragazwa n'uruhererekane rw'ingingo eshatu zitangirira ku ikomatanya rusange ukagana ku kintu-muzi (ikintu kimwe kihariye), noneho ugafata umwanzuro. Dore urugero rukunze kwifashishwa mu gusobanura imitekerereze nganamuzi:

  Imibumbe yose izenguruka izuba;
  Isi ni umubumbe;
  Ni ukuvuga ko isi izenguruka izuba.

  Iyi mitekerereze iragaragaza ko umwanzuro "Ni ukuvuga ko isi izenguruka izuba" ukomoka ku isesengura ry'ingingo ebyiri za mbere kandi ikazuzuza. Aristote rero ari ku isonga mu babimburiye abandi mu gushaka kumva no gusesengura ibidukikije ku buryo bukurikije gahunda. Ariko rero byaje kugaragara ko gahunda y'inyabutatu y'imitekerereze nganamuzi idatanga umwanzuro w'ukuri buri gihe.

- *Imitekerereze mvamuzi (inductive reasoning)*: mu myaka ya 1600 ni bwo umuhanga muri filozofiya w'umwongereza, Francis Bacon, ahereye ku ntege nke z'imitekerereze nganamuzi, yaje kwerekana ubundi buryo bushya bw'imitekerereze ishingiye ku kwiga ibintu-muzi byinshi (ibintu byinshi byihariye), noneho akaba ari byo bikugeza ku nkeneragihamya, ndetse

2

byanashoboka bikakugeza ku ikomatanya rusange. Umwihariko wa Francis Bacon ni uko yatumye noneho abahanga barushaho kumva ibidukikije bahereye ku gukusanya no gusesengura amakuru afatika y'ibiriho. Aho kugira ngo uruhererekane rw'ingingo remezo zifatwe nk'ihame ry'imyanzuro, ahubwo izo ngingo zihinduka inkereragihamya ishobora kwemezwa cyangwa guhakanywa bitewe nyine n'amakuru yakusanyijwe kandi yasesenguwe ku bintu-muzi byinshi.

- *Uburyo mvamuzi-nganamuzi (Inductive-deductive approach)*: birumvikana ko ubu buryo bushingiye ku rujya n'uruza rw'imitekerereze ya Bacon n'iya Aristote mu bushashakashatsi. Muri iki gihe, abashakashatsi bashobora kwitegereza ibidukikije, bagakora inkeneragihamya cyangwa se ibibazo by'ubushakashatsi (Uburyo mvamuzi). Iyi nkeneragihamya n'ibi bibazo bashobora kubifataho imyanzuro kugira ngo barebe isano bifitanye n'ubumenyi rusange busanzwe buzwi (uburyo nganamuzi). Iyo bibaye ngombwa, bashobora kongera gukusanya andi makuru, bakayasesungura kugeza igihe babonye igisubizo kimbitse ku nkeneragihamya bihaye cyangwa ku bibazo by'ubushakashatsi bibazaga. Uru rujya n'uruza hagati yo gukusanya amakuru, kuyasesengura, imyanzuro, inkeneragihamya n'ibibazo by'ubushakashatsi ni byo biranga uburyo mvamuzi-nganamuzi mu bushakashatsi. Ubu buryo burakoreshwa cyane mu bushakashatsi bw'ubumenyi nyamuntu n'imibanire y'abantu.

Ubushakashatsi: umuntu yavuga ko ubushakashatsi ari uruhurirane rwo kwitegereza, kugerageza no gutekereza bikozwe ku buryo buri kuri gahunda, bugenzuwe kandi bwubakiye ku makuru afatika ku bibazo n'inkeneragihamya ku bidukikije. Ni ukuvuga ko mu gusesengura no gusobanukira ibidukikije, ubushakashatsi bushingiye ku buryo mvamuzi-nganamuzi. Ubushakashatsi rero burategurwa, bugakorwa kuri gahunda kandi bukagira intego. Ubushakashatsi bushingiye ku gutara no gusesengura amakuru ku bintu byigwa. Aha, umuntu yavuga ko ibyagaragajwe n'ubushakashatsi bishobora kugeragezwa kugira ngo bigire *ubwizerwe* (reliability), *ububonere* (validity) n'ubwemerwe. Byongeye, ubumenyi bwagaragajwe n'ubushakashatsi bushobora gukosorwa cyangwa kongerwa. Ntabwo ubumenyi butura nk'umusozi, iyo ubushakashatsi busanze harabaye ikosa mu myumvire y'ibyagaragajwe n'ubushakashatsi, bushobora gukosorwa cyangwa guhindurwa rwose (Mouly, 1978). Icyo kiri mu gituma ubushakashatsi buryohera ababukora kandi umushakashatsi agahorana amatsiko y'igishya agiye kuzana ku bumenyi busanzwe buzwi.

3

Ubushakashatsi no gushakisha ukuri

Ese ukuri ni iki mu bushakashatsi? Kuba hehe se? Bagushaka bate? Kwibaza bene ibyo bibazo no gushaka kumenya inkomoko y'ubumenyi birajyana. Kubisubiza rero byatumye havuka inkingi zo kumva no gusobanura ukuri mu bushakashatsi.

Abanyakuri mpame (positivists): mu ntangiro z'ikinyejana cya 19, ni bwo umuhanga muri filosofiya w'umufaransa Auguste Comte yagaragaje ku buryo butaziguye ko ubumenyi iyo buva bukagera bushingiye ku bidukikije, ku birango byabyo n'amasano ari hagi yabyo. Ku *banyakuri mpame* rero, umuntu amenya ko ibiriho biriho yifashishije kwitegereza n'igerageza-bushakashatsi (experiment) akoresheje ibyumviro by'umubiri. Ni ukuvuga ko ibidukikije n'amasano ari hagati yabyo ari ukuri kuriho, gufatika kandi gufite amategeko akugenga. Kugira ngo umuntu yige uko kuri, agomba kwitarura ibidukikije maze agakoresha uburyo bwa gihanga mu gusesengura amasano n'amategeko ari hagati yabyo. Kuri Auguste Comte, kwiga ukuri kuri ubu buryo biberanye n'ingeri z'ubumenyi mu by'inyenyeri, ubugenge, ubutabire n'ubumenyi bw'ibinyabuzima. Cyakora avuga ko ubumenyi mu mibanire y'abantu butaragera kuri urwo rwego. Kugira ngo rero umuntu akore ubushakashatsi mu bumenyi bw'imibanire y'abantu atavanze ibitekerezo bye mu kuri yigaho, *abanyakuri mpame* bavuga ko ari ngombwa gukoresha uburyo nyamubaro kimwe n'isesenguramakuru rishingiye ku ibarurishamibare (Benton & Craib, 2001).

Ababandasobanura (interpretativists): iyi mitekerereze igaragaza ko ukuri gushobora guhinduka yaje ishimangira ko ubushakashatsi mu bumenyi bw'imibanire y'abantu budakwiye gushingira gusa ku gukoresha uburyo nyamubaro nk'uko *abanyakuri mpame* babikora. *Ababandasobanura* bemeza ko ukuri gushobora kubakwa n'abantu bashyize hamwe mu biganiro, mu gutekereza, mu kungurana inama, kandi bakoresheje ibintu bibakikije (Myers, 2008). Ntibemera rero ko ukuri ari ntayegayezwa cyangwa ko kuri ahantu runaka, ko ntaho guhuriye n'imitekerereze ya muntu. *Ababandasobanura* bumva ko umushakashatsi afitanye isano n'abantu cyangwa ibintu yigaho kandi ko adashobora kubyitarura burundu. Ukuri rero gushobora guhinduka bitewe n'ukuntu abantu babayeho, ibidukikije babana na byo n'uburyo babanye na byo. Mu yandi magambo, abantu batekereza uko batekereza kandi bitwara uko bitwara bitewe n'aho bari n'uburyo babayeho mu gihe runaka. Abantu bari mu buzima runaka baba bafite igisobanuro baha imibereho yabo ku buryo butandukanye n'uko undi muntu utari muri ubwo buzima abyumva. Ukuri kurenga ibyo umuntu ashobora kubonesha amaso.

Ababandasobanura bavuga ko kugira ngo ukuri ku mibereho n'imibanire y'abantu kumenyekane, umushakashatsi agomba guha urubuga abagufite bakakugaragaza.

Imbonerahamwe 1   Igereranya ry'ubunyakuri mpame n'ibandasobanura

Ingingo	Ubunyakuri mpame	Ibandasobanura
Imiterere y'ukuri	Kurazwi, kurafatika, ni kumwe	Kubakwa n'abantu, ni kwinshi
Intego y'ubushakashatsi	Gusobanura, guteganya ibizaba	Gusobanukirwa, kutibanda cyane ku guteganya
Igishishikaje umushakashatsi	Ikomatanya rusange, impuzandengo; ubuhagararizi (ibirango bihagarariye itsinda ryose)	Ikintu muzi, umwihariko n'ikinyuranyo
Ubumenyi bwagaragajwe	Amategeko Ntibuhinduka (ntibujyana n'igihe, ahantu cyangwa indangagaciro)	Bujyana n'ibisobanuro. Burahinduka (buterwa n'igihe, ahantu n'indangagaciro)
Isano iri hagati y'ikigwa/uwigwa n'umushakashatsi	Biratandukanye rwose	Barashyikirana, barakorana, bose babirimo
Amakuru akenewe	Ni abantu bangahe bakora ikintu runaka cyangwa bafite ikibazo runaka	Bamwe muri aba bantu batekereza iki kandi barakora iki, ni ikihe kibazo bahura na cyo, ese icyo kibazo bagikemura bate

Iyi nkingi y'*ibandasobanura* (interpretativism) ni yo ishamikiyeho ubushakashatsi nyamimerere. Itandukaniro *ry'ubunyakuri mpame* (positivism) n'*ibandasobanura* (interpretativism) rigaragara neza mu imbonerahamwe (Pizam & Mansfeld, 2009).

Izi nkingi ebyiri zidufasha kumva no gusobanura ukuri mu bushakashatsi. Byongeye ziratwumvisha ko ibidukikije tubyiga kubera ko dukeneye kunguka ubumenyi. Ariko rero ubwo bumenyi na bwo bwigwa n'umuntu uteye uko ateye kandi akurikije *iyoboramikorere/inozaninzira* (methodology) isobanutse. Tugiye kwifashisha Burrell na Morgan (1979) kugira ngo dusobanure ingingo z'ingenzi zikomoka ku nkingi ebyiri z'ubushakashatsi twavuze hejuru.

Iyigabaho (ontology = science of being): mu bumenyi bw'imibanire y'abantu, usanga abashakashatsi basizanira kumva kamere y'imibanire y'abantu. Ese hirya y'ibigaragara, ni iki gituma ukuri kw'ibintu bibera mu bantu kuba uko kuri? Umuhanga muri filozofiya w'umunyarwanda, Alegisi Kagame, avuga ko kamere y'ikigize *umuntu – ikintu – ahantu – ukuntu* ari igicumbi "*ntu*" ku Banyarwanda ndetse no ku bandi bantu b'Abanyafurika (Kagame, 1976). Hari abanenze iyi mitekerereze bavuga ko Kagame yagerageje gusanisha zimwe mu ngingo z'imitekerereze ya Aristote mu iyigabaho ry'Abanyafurika (Thomas, 1977). Nyamara, Maniragaba Baributsa (1988) na Martinon (2013) bagaragaza ko ibyo atari byo habe na mba kuko "*kuba*" no "*kubaho*" bivugwa muri filozofiya y'Abagereki bidahuje igicumbi na "*ntu*". Kuri ibyo byiciro bine bya kamere rero, Maniragaba Baributsa (1988) yongeraho *ubuntu*, naho Martinon (2013) akagerekaho *ubumuntu*.

5

Icyo aba bahanga bose bahurizaho ni ugushaka ukuri gutuma *umuntu – ikintu – ahantu – ukuntu – ubuntu – ubumuntu* biba ibyo biri koko. Iyi mitekerereze igaragaza ko ukuri kurenga ibigaragara, bityo gushobora kuba mu bimenyetso biguhagarariye cyangwa se bihagarariye aho kuri. Abashakisha ukuri ku bintu bibera mu bantu baribaza bati: "Ese uko kuri kuba hanze y'abantu noneho kukabagiraho ingaruka mu mitekerereze yabo cyangwa se gukomoka ku mitekerereze yabo?" Mu yandi magambo ni ukwibaza niba ukuri baguhabwa biturutse hanze cyangwa niba baguhanga mu bitekerezo.

Ingingo ya kabiri ikomoka ku nkingi *y'ubunyakuri mpame* n'*ibandasobanura* ni *iyigabumenyi (epistemology)*: abahanga n'abashakashatsi mu bumenyi bw'imibanire y'abantu bashishikazwa no kumva kamere y'ubumenyi, ubwoko bwabwo, uko bwigwa n'uko bushobora guhererekanywa. Ibi rero bituma ababushakashaka bakwibaza niba ubumenyi ari ikintu gifatika kandi kizwi rwose ndetse gishobora guhererekanywa nk'ikintu nyine (ingero: igitabo, telefoni), cyangwa se niba ubumenyi ari ikintu kidafatika, gishobora guhinduka, cyumvishwa ukwemera ku buryo umuntu yakitoza agashyirwa akimenye ku giti ke (Burrell & Morgan, 1979). Mu yandi magambo, ikibazo ni ukwibaza, ku ruhande rumwe, niba ubumenyi bwigwa kandi niba bwigishwa; ku rundi ruhande, ni ukwibaza niba ubumenyi ari ikintu umuntu ahura na cyo mu buzima akakimenyereza we ubwe. Abashakashatsi bumva ko ubumenyi ari ikintu kizwi kandi gifatika, abo babwiga bakoresheje *uburyo nyamubaro* (quantitative methods) imeze kimwe n'iy'ingeri z'ubumenyi mu by'inyenyeri, ubugenge, ubutabire n'ubumenyi bw'ibinyabuzima. Aba twabashyira mu rwego rw'*abanyakuri mpame*. Naho ababona ko ubumenyi ari gatozi, ko bushobora guhinduka bitewe n'ahantu, n'ibintu ubufite abamo, abo bakoresha *uburyo nyamimerere* (qualitative methods). Ni *ababandasobanura*.

Ingingo ya gatatu ishingiye kuri za nkingi ebyiri z'ubushakashatsi twavuze haruguru ni *kamere muntu* cyanecyane ariko ni *isano riri hagati y'ikiremwamuntu n'ibidukikije* (Burrell & Morgan, 1979). Mu bumenyi bw'imibanire y'abantu, ukora ubushakashatsi ni umuntu, uwigwa na we ni umuntu. Uyu muntu rero tuvuga ashobora kubaho mu buryo bubiri: 1) muntu ujya iyo byerekeza; mbese muntu ubana n'ibidukikije nk'igikoresho cyabyo. Bene uyu muntu akoreshwa n'ibidukikije. Ni wawundi uhora ugira ati: "None se ko ari ko Imana yabishatse, nagira nte? Ni uko bimeze nyine nta kundi." Abaho uko isi ishaka. 2) Muntu ufata iya mbere mu guha ibidukikije ikerekezo. Bene uyu muntu ahora ashakisha uburyo bushya yakoramo. Ni umuhanzi w'ibidukikije; ni we ubigenga kandi akabigenzura. Afite ubushake mu gukora ibimubereye. Aba bantu bombi ni abahezanguni, abashakashatsi mu mibanire y'abantu baherereye ahagana hagati y'imyumvire yabo.

6

Ingingo ya kane ikomoka ku nkingi y'*ubunyakuri mpame* n'*ibandasobanura* mu bushakashatsi ni *iyoboramikorere/inozanzira (methodology)*. Nk'uko twabigaragaje hejuru, buri ngingo muri izo eshatu twabanje gusobanura (iyigabaho, iyigabumenyi na kamere muntu) yifitemo ibice bibiri bibusanye kandi buri gice kikagira uburyo ubushakashatsi bukwiye gukorwamo. Abashakashatsi babona ko ukuri ku bintu bibera mu mibanire y'abantu ari ukuri kuri ahantu runaka, ko kuzwi kandi ko gufatika ni *abanyakuri mpame*. Uzasanga *abanyakuri mpame* bakoresha *ubushakashatsi nyamubaro (quantitative research)* mu kwiga ukuri ku bintu birebana n'imibanire y'abantu bagendeye ku masano ari hagati yabyo agaragazwa n'ibarurishamibare. Aba bagerageza rwose kwitarura isoko y'amakuru kugira ngo batavaho bayagiraho ingaruka. Naho abashakashatsi babona ko ukuri ku bintu bibera mu mibanire y'abantu ari ukuri kubakwa kandi gushobora guhinduka bitewe n'imibereho nyakuri y'abantu, uzasanga bakoresha *ubushakashatsi nyamimerere* (qualitative research). Ubu bushakashatsi bushingira kandi bugasesengura ukuri kuba mu makuru agendanye n'imibereho y'abantu n'aho baba no mu bitekerezo ndetse n'imyumvire yabo. Ubumenyi busanzwe buzwi n'ukora ubushakashatsi nyamimerere bushobora kumufasha kubaza ku buryo bwimbitse andi makuru abwerekeyeho. Uyu mushakashatsi ashobora kandi gukorana no kubana n'abatangamakuru igihe kirekire kugira ngo arusheho kumenya uburyo babayeho n'uko batekereza, ibyo byose bikaba ari amakuru y'ubushakashatsi.

Muri iki gihe, hari abashakashatsi bafata impu zombi, maze bagakoresha icyarimwe ubushakashatsi nyamubaro n'ubushakashatsi nyamimerere. Gukoresha ubu buryo bwombi mu bushakashatsi bumwe ni byo byitwa *uburyo rukomatanyo (mixed methods)*. Ibi rero bifite akamaro kuko bituma haba ubwuzuzanye mu bigaragazwa n'ubushakashatsi nyamubaro na nyamimerere. Ubwo bushakashatsi bushobora kandi gutuma ikigwa bagicengera ku buryo bwimbitse. Byongeye bushobora gutuma *abanyakuri mpame* bakorana kandi buzuzanya n'*ababandasobanura*. Cyakora birumvikana ko bisaba ubushobozi buhagije kugira ngo ubwo bushakashatsi bukorwe kandi busuzumwe. Rimwe na rimwe n'ubwo abashakashatsi bakoresha uburyo butandukanye bashobora gukorana, hari ubwo bitaborohera cyanecyane iyo uburyo bundi bwakoreshejwe batabuzi neza.

Umwihariko w'iki gitabo

Ntibyoroshye gushyira imbago hagati y'ubumenyi nyamuntu (humanities) n'ubumenyi bw'imibanire y'abantu (social sciences). Impaka ziracyagibwa. Ubumenyi nyamuntu bwatangiye kwigwa kera n'abahanga b'Abagereki bo hambere. Abiga ubu bumenyi usanga bakunda kwibanda ku gusesengura ibintu bituma umuntu aba umuntu: amategeko, amateka, indimi zo hambere n'izo dukoresha mu buzima bwa buri munsi, filozofiya, iyobokamana, ubugeni n'ibindi. Usanga kandi iryo sesengura bariha isura yo gucengera imitekerereze yegamiye kuri filozofiya. Naho ubumenyi bw'imibanire y'abantu bwahawe umurongo cyanecyane na Karl Marx, Emile Durkheim na Max Weber. Ubu bumenyi bwahawe umurindi n'impinduramatwa yabaye mu gihugu cy'Ubufaransa n'iyo mu by'inganda yabaye mu bihugu byo mu burengerazuba bw'isi. Ubumenyi bw'imibanire y'abantu usanga bwibanda by'umwihariko ku nyigo zirebana n'imiterere ya sosiyete: ubumenyi gakondo, imiyoborerere, uburezi, ubukungu, ubumenyi mu mitekerereze ya muntu, ubuvanganzo, ubumenyi bwa politiki, amategeko, amateka n'ibindi. Iri gerereranya riratwereka ko ubumenyi nyamuntu n'ubumenyi bw'imibanire y'abantu bifitanye isano kandi bijya gusa.

Muri iki gitabo twahisemo gufata uruhande rwa Terence, aho agira ati *"Ndi umuntu, ikireba umuntu cyose nticyanyibeta"* (*Homo sum, humani nihil a me alienum puto*), ari byo byahinduwe mu cyongereza ngo *"I am human, and I think nothing human is alien to me"* (Forehand, 1985; Davis, 2014). Ubwo rero ibireba ubumenyi nyamuntu n'ubumenyi bw'imibanire y'abantu, nta kibi umushakashatsi abishyize hamwe. Ubumenyi bufite amahame bugenderaho: kwanga amarangamutima (objectivity), kuva imuzi icyo wiga (exhaustiveness), kutivuguruza (coherance) no kutarondogora (simplicity). Ni icyo tugamije. Izo mpamvu zose ni zo zatumye dukomatanya ubushakashatsi bw'ubumenyi nyamuntu n'imibanire y'abantu muri iki gitabo.

Undi mwihariko w'iki gitabo ushingiye ku rurimi twakoresheje mu kucyandika. N'ubwo ubushakashatsi bwatangiye gukorwa mu Rwanda ku buryo butaziguye kuva mu myaka irenga ijana ishize, biragaragara ko butigeze bwinjira mu muco w'abanyarwanda ngo buhererekanywe mu rurimi kavukire rwabo bumva neza. Ikinyarwanda kirakenewe kugira ngo umuco w'ubushakashatsi uhabwe intebe mu gihugu no kugira ngo hashimangirwe ubufatanye hagati y'abashakashatsi, abarimu, abanyeshuri, abanyapolitiki n'abandi bafata ibyemezo ndetse n'abaturage barebwa n'ibyavuye muri ubwo bushakashatsi. Ngiyo impamvu yatumye iki gitabo cyandikwa mu Kinyarwanda. Kwandika iki gitabo mu Kinyarwanda bizatuma ibigikubiyemo bishobora kwifashishwa mu gukora, gusesengura, kugenzura no gusuzuma umurimo w'ubushakashatsi, ari ku bashakashatsi ubwabo, ku banyeshuri n'abarimu, ku bafata ibyemezo, ku baturage, ku baterankunga, ku nzego za Leta ndetse no ku bandi bakenera ubushakashatsi cyangwa ibyabuvuyemo.

Iki gitabo ntabwo kigamije kwigisha ururimi rw'Ikinyarwanda. Ikigamijwe k'ingenzi ni uguha umusomyi w'iki gitabo ibikoresho bya ngombwa kugira ngo ashobore gukora ubushakashatsi bufite ireme. Iki gitabo kiraha umusomyi ubushobozi bwo gutegura umushinga w'ubushakashatsi, kuwushyira mu bikorwa, gusesengura ibice byabwo by'ingenzi no kugaragaza uko bikorwa. Byongeye, kirasobanura imikoreshereze y'amahame ngengamyitwarire mu bushakashatsi, kikanatanga umurongo ngenderwaho ku gukora isesengura ry'ibyandtswe mbere n'abandi bashakashatsi. Iki gitabo kirerekana uburyo bw'ingenzi bwo gutoranya itsinda nkeshwamakuru n'uko bakusanya ndetse bakanasesengura amakuru y'ubushakashatsi, yaba amakuru akomoka ku bushakashatsi nyamimerere cyangwa se nyamubaro. Umusomyi azasobanurirwa kandi uko bakora n'uko bandika ibyagaragajwe n'ubushakashatsi, isobanura bwite n'umwanzuro.

Uretse gukoresha ururimi rw'Ikinyarwanda, iki gitabo gifite n'umwihariko wo gukoresha amuga mashya ajyanye n'ubushakashatsi. Ururimi ruhora rwiyubaka. Ruhora rwunguka amagambo mashya, amwe n'amwe akagororwa cyangwa agasimbuzwa andi aboneye kurushaho bitewe n'ibihe n'imico inyuranye abarukoresha bagezemo. Nk'ubumenyi mu ikoranabuhanga bwatumye haduka amuga mashya: mudasobwa, iyakure, murandasi, ubutumwa bugufi, imbuga nkoranyambaga n'ayandi. Ayo muga arushaho kugira ireme, ububonere n'ubwizerwe iyo habonetse intiti n'inzobere mu ngeri z'ubumenyi runaka zikayigaho, zikayashungura, zikayasobanura maze ayemejwe akungura ururimi rusanzwe rukoreshwa. Biratangaje kandi birababaje iyo ubushakashatsi bwavumburiwe mu mahanga abavuga ururimi rw'Ikinyarwanda badashobora kubugeraho ngo kuko nta muga y'ubuhanga abaho kugira ngo buhererekanywe muri urwo rurimi bumva neza. Aha ni ukwibeshya cyane, ni no kwipfobya gukabije. Ayo muga ntiyabaho ntawayacuze. Urugero ni iki gitabo. Hari abibwiraga ko kwandika igitabo nk'iki mu Kinyarwanda bidashoboka. Niba byarashobotse rero n'ibindi birashoboka. Ibitabo byinshi byandtswe mu cyongereza ntihaca kabiri bidahinduwe mu gifaransa, ikirusiya, ikesipanyoro, ikidage, igishinywa n'izindi ndimi zikoreshwa mu bihugu byakataje imbere mu majyambere. Ibyo ni imbonekarimwe mu bihugu bikiri mu nzira y'amajyambere harimo n'u Rwanda.

Kudakoresha ururimi rwacu twumva neza mu guhererekanya ubumenyi bwavumbuwe hirya no hino bishobora kuba biri ku isonga mu gukumira iterambere rirambye, ryihuta kandi rigera kuri benshi. Gukoresha ururimi rwacu kavukire kandi twumva neza bituma ubumenyi butwegera, tukabugira ubwacu kandi tukabusangira, ndetse tukabusegasira. Ibihugu bikiri mu nzira y'amajyambere bikunze kohereza abanyeshuri kuvoma ubumenyi muri za kaminuza zo mu bihugu byateye imbere. Abenshi biga mu ndimi kavukire z'ibyo bihugu bagiyemo: Icyongereza ku isonga, igifaransa, ikirusiya, igishinywa, igisipanyoro, ikidage n'izindi nyinshi. Iyo umunyeshuri arangije kwiga muri rumwe muri izo ndimi agasubira mu gihugu ke kavukire, akomeza kuba umuntu ku giti ke iyo ibyo yize atabyanditse mu rurimi rwe ngo abisangize n'abandi. Ibi ni byo abayapani banze, bahitamo imvugo igira iti "Tubyakire tubigire ibyacu". Magingo aya, isi yose isizanira kujya mu Buyapani guhaha yo ubwenge! Ngicyo icyatumye twiyemeza gucura amuga ku bushakashatsi. Twifuzaga ko abashaka gukora ubushakashatsi bagera ku kigamijwe koko, aho kureremba mu ndimi z'amahanga batanumva neza. Twifuzaga ko abavuga Ikinyarwanda, bamenya gukora ubushakashatsi koko, bakabubyaza ubumenyi, ubwo bumenyi bakabuhererekanya, bakabukoresha kandi bakabugira ubwabo, mu yandi magambo, bukabafasha gukemura ibibazo nyabyo bahura na byo mu buzima bwa buri munsi. Ni ukuvuga ko ubumenyi bwagaragajwe n'ubushakashatsi bukwiye kuba koko umusingi w'amajyambere arambye kandi ashingiye ku byo igihugu gikeneye.

Undi mwihariko w'iki gitabo ushingiye ku ngero zifatika zavuye mu buzima bwa buri munsi bw'abanyarwanda n'izishobora kugaragara mu karere k'abakoresha urwo rurimi. Ni yo mpamvu iki gitabo cyandikiwe gufasha abantu bakoresha ururimi rw'Ikinyarwanda, atari mu Rwanda gusa, ahubwo n'abari hakurya yarwo. Iki gitabo gishobora kwifashishwa n'abiga gukora ubushakashatsi, abanyeshuri, abarimu b'ubushakashatsi cyanecyane mu bumenyi nyamuntu n'imibanire y'abantu, abayobozi b'ubushakashatsi n'abashakashatsi ubwabo. Iki gitabo gishobora gufasha umuntu wese ushaka gukora ubushakashatsi ku giti ke cyangwa mu matsinda, kimwe n'abashaka gutegura umushinga w'ubushakashatsi kugira ngo bashake inkunga yabafasha kuwushyira mu bikorwa.

Ku buryo bw'umwihariko, iki gitabo kizarushaho kugira akamaro igihe gikoreshejwe mu mahugurwa n'amasomo yo gutegura umushinga w'ubushakashatsi no kuwushyira mu bikorwa. Icyo gihe, utanga amahugurwa n'uwigisha bashobora guhuriza abahugurwa mu matsinda matomato kugira ngo bungurane ibitekerezo kuri buri ntambwe yo gutegura no gukora ubushakashatsi bifashishije ingero zifatika. Gukorera mu matsinda ateguwe neza bituma uhugurwa wese ashobora kubona umwanya wo gutanga igitekerezo. Ibyo kandi bimufasha kugerageza gucengera no gushyira mu bikorwa ibyigwa. Amatsinda afasha uwiga kubaza, gusobanuza no gusobanurira bagenzi be, gusesengura, kujora no gufatanya n'abandi gutanga ingero yendeye ku buzima bwa buri munsi.

Mu bihugu byakataje mu majyambere, usanga ubushakashatsi ari nk'itara rimurikira ibikorwa by'amajyambere kandi bukaba n'umuyoboro w'iterambere rirambye haba mu bukungu, ubumenyi n'ikoranabuhanga, imibereho myiza y'abaturage, imiyoborere y'igihugu, umutekano no mu zindi nzego. Isano iri hagati y'ubushakashatsi n'iterambere rirambye ishingiye ahanini ku ivumburabumenyi cyangwa se mu yandi magambo ku igaragazabumenyi rikorwa n'abashakashatsi. Ubwo bumenyi bwavumbuwe bushobora kwifashishwa mu gusobanura, guhanga, guteganya cyangwa se kugenzura ibibera mu gihugu ndetse n'ibihakorerwa. Ni ukuvuga ko itandukaniro hagati y'*ubushakashatsi nzimbuzi* (foundamental research) n'*ubushakashatsi ngiro* (applied research) rigenda rigabanuka. Mu yandi magambo, ubushakashatsi ntibuberaho kuvumbura ubumenyi gusa kutagamije gukemura ibibazo biriho kimwe n'uko budashingira ku gukemura ibibazo biriho gusa ngo busige inyuma guhanga ubumenyi bushya. *Ubushakashatsi nzimbuzi* n'*ubushakashatsi ngiro* rero ni magirirane. Ubu bumwe bw'ubushakashatsi ni bwo iki gitabo cyubakiyeho, ari na yo mpamvu hakoreshejwe ijambo rimwe ry'ubushakashatsi ribumbye icyo gisobanuro.

Ibiri muri iki gitabo

Iki gitabo kigabanyijemo ibice bibiri by'ingenzi. Igice cya mbere kiraduha ihange ari wo musingi iki gitabo cyubakiyeho. Mu mutwe wa mbere, Mukama na Nkusi baradushushanyiriza igitereko k'iki gitabo. Barasesengura imizi y'ubushakashatsi n'akamaro k'ubushakakashatsi mu gushakisha ukuri. Abanditsi b'uyu mutwe baradutekerereza impamvu iki gitabo cyanditswe mu Kinyarwanda n'umwihariko wacyo mu ruhando bw'ivumburabumenyi.

Mu mutwe 2, Ntakirutimana, Mukama na Niyibizi barasobanura isano iri hagati y'ubushakashatsi, ururimi n'umuco. Barerekana ukuntu ururimi rufasha mu gutekereza, kubaka no gutangaza ibitekerezo. Basobanura uko ururimi rugize umuyoboro ubumenyi bwubakwamo kandi bugahererekanywamo.

Mu mutwe 3, Nkejabahizi asesengura uko ubuvanganzo n'ubushakashatsi ari magirirane kandi byombi bigafata ibara ry'umuco wa ba nyirabyo. Arerekana uruhare rw'isesenguranyandiko n'ijoranganzo mu bumenyi nyamuntu. Nkejabahizi ashimangira ko ubushakashatsi ku buvanganzo bw'ahantu n'abantu runaka butaba bugamije gusa kuvumbura ubumenyi bushya ahuko ko bunagira akamaro mu guteza imbere umuco w'ururimi bwakozwemo. Nkejabahizi aravuga ku isano ubushakashatsi bugira mu iterambere ry'igihugu ndetse akerekana uburyo ikoranabuhanga rigenda ryagura iyoboramikorere ry'ubushakashatsi.

Mu mutwe 4, Ruterana aragaragaza kandi akanasesengura amahame ngengamyitwarire mu bushakashatsi. Arasobanura akamaro kayo n'ibyangomba bigomba kwitabwaho kugira ngo ayo mahame yubahirizwe ahereye ku burenganzira ntavogerwa bw'abatangamakuru: uruhushya rwo gutanga amakuru, kutamena ibanga, kutavamo uwaguhaye amakuru, kutavuga uwatanze amakuru, gusaba uburenganzira bwo gukora ubushakashatsi no guhura n'abatangamakuru, ukutavogerwa, gukemura ibibazo byagizwe n'umutangamakuru bitewe n'uko amakuru yatanze yagiye ku karubanda, cyangwa se bitewe n'ingaruka / ihungabana ashobora kugira kubera ko yahishwe ku bushake impamvu nyayo y'ubushakashatsi n'ibindi.

Igice cya kabiri k'iki gitabo kirinjiza umusomyi mu migendekere y'ubushakashatsi nyirizina: uko butegurwa, uko bukorwa n'uko ibyagaragajwe na bwo bitangazwa. Mu mutwe 5, Mukama na Nkusi barasobanura akamaro ko gusesengura ibyanditswe mbere mu bushakashatsi harimo gutuma abantu bashobora guhererekanya ubumenyi no kubwubakiraho ifatiro ry'ubundi bumenyi bushya; gufasha umushakashatsi kwerekana igishya azanye mu bisanzwe bizwi cyangwa se kubitangaho ibisobanuro by'inyongera; kugaragaza icyuho umushakashatsi aje kuziba mu bumenyi busanzwe buzwi no gukora inyigo ku bitarigeze byigwaho na gato. Muri uyu mutwe, Mukama na Nkusi barasobanura iyoboramikorere ryo gusesengura ibyanditse mbere. Barasobanura inkomoko y'insanganyamatsiko, inkeneragihamya n'ibibazo by'ubushakashatsi.

Mu mutwe 6, Mukama, Kagwesage, Uwizeye na Ndikubwimana bava imuzi uburyo bwo gutoranya itsinda nkeshwamakuru. Barasobanura akamaro k'itsinda nkeshwamakuru mu bushakashatsi, igihe baritegurira, uko bahitamo ingano yaryo n'uko babikora. Baratanga ingero zifatika zo gutoranya itsinda nkeshwamakuru: uburyo bwo gutoranya amatsinda nkeshwamakuru ashingiye kuri tombola n'ashingiye ku ihitamo.

Mu mutwe 7, Ngarambe, Mulindahabi na Mukama berekana uburyo bugari bw'iyoboramikorere bukunze kwifashwishwa mu ikusanyamakuru n'isesenguramakuru. Nk'uko twabivuze hejuru, uburyo bwo kukora ubushakashatsi bushobora gushyirwa mu mirongo migari itatu: ubushakashatsi nyamubaro, ubushakashatsi nyamimerere n'ubushakashatsi rukomatanyo. Muri uyu mutwe hibanzwe cyane ku bushakashatsi nyamimerere n'ubwo hagaragaramo ingingo ziranga ubushakashatsi nyamubaro n'ubushakashatsi rukamatanyo.

Mu mutwe 8, Mukama, Rutayisire na Nzahabwanayo baribanda ku isuzuma n'isesengura ry'amakuru nyamubaro hakoreshejwe ibarurishamibare. Uyu mutwe ni ingirakamaro kandi birashoboka ko abanyeshuri bakora ubushakashatsi burangiza amashuri makuru bazawukunda. Mukama na bagenzi be bawanditse ku buryo butinyura abanyeshuri kwifashisha ibarurishamibare mu gusesengura amakuru nyamubaro bakoresheje intoki cyangwa porogaramu yo muri mudasobwa izwi nka Excel. Abanyeshuri benshi bakunda kubaza ibibazo by'ubushakashatsi bisaba gusesengurwa bakoresheje ibarurishamibare. Nyamara bo bakabisobanura ku buryo nyamimerere. Uyu mutwe w'iki gitabo rero uje kubafasha gukemura icyo kibazo hifashishijwe ingero zifatika n'imvugo yoroshye kuyumva. Mukama na bagenzi be baragira bati "uyu mutwe uzafasha ushaka gukoresha amakuru nyamubaro gukora inyigo iboneye bitewe n'amatsinda nkeshwamakuru n'imfatashusho byakoreshejwe, ndetse ashobore no gutanga igisobanuro no gufata imyanzuro ikwiye ku isesengura yakoze". Hari uburyo bwinshi bwo gukusanya no gusesengura amakuru nyamubaro. Uyu mutwe w'iki gitabo wibanze ku bw'ibanze kandi bukunze gukoreshwa.

Umutwe 9 ari na wo wa nyuma uribanda ku gusesengura uko bategura n'uko bashyira ahagaragara ibyagaragajwe n'ubushakashatsi. Mukama, Rusanganwa, Uwimana na Bazirete barasobanura ingingo ku yindi uko umushakashatsi yandika ibyagaragajwe n'ubushakashatsi n'uko akora isobanura bwite. Abanditsi b'uyu mutwe barifashisha ingero zifatika mu kwerekana uko umushakashatsi asubiza ibibazo by'ubushashatsi yibazaga kuva mu ikubitoro. Ni ngomba ko umushakashatsi yerekana mu buryo butomoye akarusho k'ubushakashatsi bwe, haba ari ugutanga ibisubizo kuri buri kibazo cy'ubushakashatsi yibazaga, haba se umusanzu atanze mu kongera ubumenyi bwari busanzwe buzwi, haba se uruhare ubushakashatsi bwe bugiye kugira mu gukemura ibibazo biriho mu gihugu n'ibindi. Byongeye, abanditsi b'uyu mutwe barerekana uko umushakashatsi yandika umusozo w'ubushakashatsi bwe. Uyu mutwe ni wo twagize umusozo w'iki gitabo.

Urutonde rw'amuga yakoreshejwe: nk'uko twabivuze haruguru, kwandika iki gitabo ntibyari gushoboka iyo tudahanga amuga mashya y'ubushakashatsi. Kugira ngo rero dufashe umusomyi usanzwe uzi ururimi rw'Icyongereza gusobanukirwa vuba amuga twakoresheje, twakoze urutonde rw'amuga y'Ikinyarwanda maze tuyaherekesha ayo bivuga kimwe mu rurimi rw'Icyongereza. Ayo muga ari ku mugereka w'iki gitabo.

Indangasoko

Benton, T., & Craib, I. (2001). *Philosophy of social science: The philosophical foundations of social thouhgt.* New York: Palgrave.

Burrell, G., & Morgan, G. (1979). *Sociological paradigms and organizational analysis.* London: Heinemann Educational Books.

Davis, J. E. (2014). Terence interrupted: Literary biography and the reception of the Terentian canon. *American Journal of Philology, 135*(3), 387 – 409.

Forehand, W. E. (1985). *Terence.* Boston: Twayne.

Kagame, A. (1976). *La philosophie bantu comparée.* Paris: Présence Africaine.

Mariragaba Baributsa. (Avril-Juin 1988). Alexis Kagame et le débat philosophique. *Revue Trimestrielle, 20*, 149-166.

Martinon. (2013). *After "Rwanda": In search of a new ethics.* Amsterdam: Editions Rodopi B.V.

Mouly, G. J. (1978). *Educational research: The art and science of investigation*. Boston: Allyn & Bacon.

Myers, M. D. (2008). *Qualitative research in business & management*. London: SAGE Publications.

Pizam, A., & Mansfeld, Y. (2009). *Consumer behaviour in travel and tourism*. London: Taylor.

Thomas, V. L. (1977). La philosophie bantou comparée par Alexis Kagame. *Archives de sciences des religions, 43*, 266 – 267.

IGICE I
Ireme ry'Ubushakashatsi

UBUSHAKASHATSI, URURIMI N'UBUREZI

Evarisiti Ntakirutimana, Evode Mukama na Epimake Niyibizi

Inshamake

Ururimi rwubakiye ku muco ndetse rukaba n'umuyoboro w'imyigire n'imyigishirize. Ururimi rurigwa, rukigishwa. Umuco na wo ni uko, urahererekanywa kandi ukagenda uhinduka buhorobuhoro kubera ko n'isi dutuye ihinduka, cyanecyane muri iki gihe ikusanyabukungu n'ikoranabuhanga bidusunikana imbaraga nyinshi. Umuco w'igihugu cyangwa w'ahantu runaka ushobora gucengerwamo n'imico y'ahandi. Ni ngomba gushungura, hagafatwa gusa iby'ahandi bifite akamaro. Ubushakashatsi ku muco rero ni ngombwa kugira ngo hagaragazwe ibikwiye. Iyo abantu babihuriyeho ari benshi, kubiherekanya mu muryango binyuze mu nzira rusange yo kurera no kwigisha biroroha, bityo bikaba umusemburo w'iterambere, bigatuma n'ururimi ari rwo muyoboro w'umuco rudasigara inyuma. Umwana atozwa umuco by'umwihariko n'umuryango avukiyemo ndetse n'amashuri. Uyu mutwe rero uribanda ku isano iri hagati y'ubushakashatsi, ururimi n'umuco.

Iriburiro

Muri iki gihe, nta we ushidikanya ko ishuri ari isoko y'uburezi, uburere n'ubumenyi. Ni ngombwa rero ko riha umwanya ufatika ubushakashatsi kugira ngo abaryigamo n'abarirangije bafunguke, bashobore guhindura isi n'abayituye. Muri iki gikorwa, ururimi rufite uruhare runini cyane. Ni rwo rutuma abiga bumvikana n'abigisha, bigatuma bumva neza ibyo biga. Ni na rwo rutuma ibyo bize bashobora kubyifashisha mu buzima bwa buri munsi no gufasha abandi kubyungukiramo, bagatera intambwe nk'iyabo cyangwa yisumbuyeho.

Umwanzuro wa karindwi w'Inama y'Igihugu y'Umushyikirano ya 15 yo ku wa 18 na 19 Ukuboza 2017, ushishikariza Abanyarwanda "Gukomeza gushimangira ubufatanye hagati y'inzego za Leta, ababyeyi, sosiyete sivile n'imiryango ishingiye ku madini n'amatorero mu kurushaho kwigisha ururimi rw'Ikinyarwanda bihereye mu muryango, mu mashuri, mu biganiro bitangwa mu bitangazamakuru, kandi Abanyarwanda b'ingeri zose bagahugukira kwiga, kumenya no gukoresha neza Ikinyarwanda" (Guverinoma y'u Rwanda, 2017). Ibi birerekana ko ururimi rufasha umuntu kugera ku migambi yiyemeje, binyuze mu bukangurambaga no mu biganiro. Ibi kandi biragaragaza ko mbere yo kwifuza kumenya indimi z'ahandi, umunyarwanda akwiye kubanza kumenya neza ururimi rwe kavukire, ari narwo rushobora kumufasha kwiga izindi ku buryo bushyitse kandi bwihuse.

Ubushakashatsi ku rurimi: ururimi nk'umuyoboro w'ubumenyi n'ibitekerezo

Akamaro k'ibanze k'ubushakashatsi ni ukuba imvumburabumenyi. Icyo abahanga benshi bahurizaho ni uko ubumenyi buhangwa ndetse bugahererekanywa binyuze mu rurimi (Piaget, 1981; 1926; Halliday, 1978; Vygotsky, 1978). Kuri iyi ngingo, Halliday (1978), umuhanga mu iyigandimi, asobanura ko ururimi rushora imizi mu muco. Yemeza kandi ko ururimi ari umusingi wo kwiga. Umuhanga mu mitekererereze y'abantu, Vygotsky (1978), agaragaza ko ururimi rugira imimaro ibiri itandukanye mu mitekererereze y'umuntu: ururimi ni igikoresho nyoborabitekerezo rukaba kandi n'igikoresho cy'umuco. Aha, Vygotsky aba ashaka kuvuga ko, ku ruhande rumwe, ururimi rufasha abantu gushyira ku murongo ibitekerezo byabo, kwiyumvisha ibintu mboneshwajisho ku buryo mboneshwabwenge. Ku rundi ruhande, ururimi nk'igikoresho cy'umuco, rufasha abantu kungurana ibitekerezo. Ibi ni byo bituma umuntu ashobora kugereranya ibitekerezo bye n'iby'abandi, ari byo bishobora kuvamo kubyemera, kubyubakiraho, kubyongera cyangwa se kubinenga no kubikosora. Ni ukuvuga ko ku byerekeye ubushakashatsi, ururimi rushobora kubera ubukungu abarwumva neza, ariko rukabera inshoberamahanga abataruzi.

Kimwe n'abandi bahanga benshi, Wells (1999) avuga ko iyo umuntu yiga ururimi rwe kavukire aba yicengezamo umuco urwo rurimi ruhetse. Kumenya ururimi nyabyo, bisaba kumenya umuco urwo rurimi rubumbatiye kugira ngo ubashe gusobanukirwa n'inshoza zirukoreshwamo cyangwa se ushobore kwishushanyiriza igitekerezo gikubiye mu bivugwa. Birumvikana rero ko umuntu yubaka ibitekerezo bye ku buryo bunoze mu rurimi yumva neza, akenshi ruba ari ururimi kavukire. Nko mu mvugo z'Abanyarwanda ziranga amasaha: *ku gasusuruko, inyana zisubiye iswa, mu mataha y'inka, inka zishotse*, n'izindi, utari umunyarwanda ntahita yumva icyo zivuga. Twatanga urugero rw'umwana mwarimu w'Ikinyarwanda yabajije icyo "*kurara ubusa*" bivuga. Umwana kubera ko atigeze aburara yihutiye gusubiza umwarimu ko ari *ukurara utambaye imyambaro yo kuryamana "pijama"* (pyjama). Urundi rugero ni urw'umuntu babwiye ko "*asa na bike*" agahita arakara kuko yumvaga bamututse. Mbere yo kumva ururimi rero umuntu agomba kubanza kumenya umuco w'abaruvuga. Kurwiga bigasaba kwiga uwo muco. Mu Rwanda hari ubushakashatsi bwakozwe ku myigire n'imyigishirize y'indimi bugamije kugaragaza akamaro k'ururimi mu burezi.

Bumwe muri ubwo bushakashatsi bwakozwe na Ntakirutimana, Williams, Nayimfashe na O'Sullivan (2004), bagamije gusuzuma *ubushobozi bwo gusoma no gusobanura ibyasomwe mu ndimi zakoreshwaga mu mashuri icyo gihe* (Icyongereza, Igifaransa n'Ikinyarwanda). Bafatiye ku *itsinda nkenshwamakuru* ry'abanyeshuri 958 bo mu mashuri abanza n'ayisumbuye, barimo abakobwa 509 n'abahungu 449. Ubwo bushakashatsi bwagaragaje ko abanyeshuri b'Abanyarwanda bafite ubushobozi buke cyane mu ndimi mvamahanga ariko bakagaragaza ubushobozi mu rurimi rwabo kavukire, Ikinyarwanda. Muri rusange, abanyeshuri bashyizwe mu byiciro bitatu: Ikiciro cy'abadashoboye (amanota ari munsi ya 50 %), ikiciro cy'abageragereza (hagati ya 50 na 65%), n'ikiciro cy'abashoboye (hejuru ya 65%).

Ubu bushakashatsi bwakozwe mu 2004 bwagaragaje ko 12.92% by'abanyeshuri bari barangije amashuri yisumbuye bari bafite ubushobozi buke mu gusoma no gusobanura ibyasomwe mu rurimi rw'Igifaransa, naho 28.71% barageragezaga, mu gihe 58.37% bari babishoboye. Ubwo bushakashatsi bwasanze ubushobozi buke bw'abanyeshuri barangije ayisumbuye mu gusoma no gusobanura ibyo basomye, bwagaragaraga cyane mu rurimi rw'Icyongereza (53.58%), mu gihe 20.1% bageragezaga, naho abari babishoboye bakaba 26.32%. Ntakirutimana na bagenzi be bemeza ko muri uwo mwaka wa 2004 abanyeshuri hafi ya bose (97.13%) bari bashoboye kumva Ikinyarwanda, mu gihe 2.87% bonyine ari bo bageragezaga. Aha twakwibutsa ko Itegeko Nshinga rya Pepubulika y'u Rwanda ryo muri 2003 uko ryavuguruwe kugeza ubu rivuga ko Ikinyarwanda ari rwo rurimi rw'igihugu, naho Icyongereza, Igifaransa n'Igiswayire zikaba indimi zemewe gukoreshwa mu nzego za Leta kimwe n'Ikinyarwanda. Mbere ya jenoside yakorewe Abatutsi mu wa 1994, ururimi rwo kwigishwamo mu mashuri abanza rwari Ikinyarwanda naho mu mashuri yisumbuye na Kaminuza rukaba Igifaransa. Nyuma yaho, u Rwanda rwatangiye gukoresha indimi eshatu, bityo ururimi rwo kwigishamo mu mashuri abanza rukomeza kuba Ikinyarwanda, mu gihe Igifaransa n'Icyongereza byigishwaga nk'amasomo. Mu mashuri yisumbuye ho, umunyeshuri yashoboraga guhitamo kwigishwa mu Gifaransa gusa cyangwa se mu Cyongereza gusa, mu gihe Ikinyarwanda na rumwe muri izo ndimi z'amahanga atahisemo zigishwaga nk'amasomo. Ibyo byarangiranye n'umwaka wa 2008 kuko guhera muri 2009, ururimi rwo kwigishwamo mu mashuri yisumbuye mu Rwanda rwabaye Icyongereza gusa mu gihe izindi ndimi zigishwaga nk'amasomo (Guverinoma y'u Rwanda, 2008; Minisiteri y'Uburezi, 2009, Werurwe; 2011).

Ubushakashatsi bwa Ntakirutimana na bagenzi be (2004) bwerekana ko umwana w'Umunyarwanda yagombye kwigishwa mu rurimi rwe kavukire kuko ari rwo afitemo ubushobozi buhagije. Ibi ariko ntibivugwaho rumwe, kubera ko akamaro k'ururimi katareberwa gusa ku bushobozi umuntu arufitemo. Ni na ngombwa kwita ku mubare w'abaruvuga, ingeri z'ubuhanga n'iz'ubuzima busanzwe rukoreshwamo, uko aho rukoreshwa hangana, iterambere ry'abarukoresha, n'ibindi. Mbese muri rusange akamaro k'ururimi kagomba kureberwa mu ndorerwamo y'ikusanyabukungu n'ikoranabuhanga. Ibi ni byo bituma Ikinyarwanda gihura n'ingorane mu kwemerwa nk'ururimi rwo kwigisha Abanyarwanda. Umwanya wacyo mu ikusanyabukungu n'ikoranabuhanga uracyari muto cyane.

Ubushakashatsi bwa Mukama (2007; 2008) bwasuzumaga uko abanyeshuri bo mu mashuri makuru basesengura amakuru y'ubumenyi bakura kuri murandasi bwagaragaje ko iyo abo banyeshuri bari mu matsinda, bakoresha cyane ururimi rwabo kavukire kabone n'iyo inyandiko baganiraho iba iri mu Cyongereza cyangwa mu Gifaransa. Ubu bushakashatsi bwagaragaje ko Ikinyarwanda ari cyo kibafasha kwisanzura mu bitekerezo, kujya impaka, gusobanurirana, gusesengura no gusuzuma ibyanditswe ku buryo bashobora kugera ku mwanzuro wabo bwite bishimiye kandi bumvikanyeho. Ni ukuvuga ko Abanyarwanda bashobora kwifashisha ururimi rw'Ikinyarwanda mu kubaka ubumenyi bumvikanyeho kandi ibi ni ingenzi mu burezi. Ubumenyi bwubatswe kandi bukumvikanywaho n'abavuga ururimi bumva neza no mu muco wabo, usanga bwihutisha gukemura ibibazo nyamukuru bw'abo bantu. Ingero twatanga ni iz'ukuntu Abanyarwanda bakiriye vuba kandi bakagira izabo gahunda z'itorero, gira inka munyarwanda, ubudehe, gacaca n'izindi. Izi gahunda ziri mu rurimi bumva neza, mu muco wabo karande kandi zirasubiza ibibazo byabo bya buri munsi. Ni uko n'ubumenyi mu ishuri bwagombye kubakwa no kwigishwa.

Mukama (2008) asobanura ko abanyeshuri b'Abanyarwanda bari mu Rwanda babaho ubuzima butandukanye bitewe n'ururimi bakoresha. Ku ruhande rumwe, baba mu buzima bwo mu ishuri, bwubakiye ku rurimi baba basabwa kwigishwamo. Ku rundi ruhande, bagaruka mu buzima bwa buri munsi iyo basohotse mu ishuri, aho barara, aho birirwa, aho bafungurira, mu nsengero, ku isoko, mu kazi n'ahandi hose bavuga ururimi rwabo kavukire. Mukama yerekana kandi ko uku gutandukana kw'ubuzima bwo mu ishuri n'ubwo hanze yaryo bushobora kuba inzitizi ikomeye mu kubaka uburezi bufite ireme no mu gushimangira iterambere rirambye kandi ryihuse. Ni yo mpamvu asaba ko imipaka hagati y'indimi zikoreshwa mu gihugu yari ikwiye kuvanwaho igasimburwa n'ubwuzuzanye bwazo. Uyu mushakashatsi ashimangira ko, aho bishoboka, Ikinyarwanda cyari gikwiye kwigishwamo bitewe n'ikigamijwe. Urugero: niba isomo ari ukwiga gutera igiti, kugitera nyirizina no kukitaho ngo kizatange umusaruro ugitegerejweho, kubyiga mu ndimi z'amahanga ntacyo byongera ku kigamijwe. Ahubwo izo ndimi zishobora kuba imbogamizi zo kugera ku ntego mu gihe uwiga cyangwa uwigisha atazizi neza. Nyamara igihe ikigamijwe ari ugusangira ubumenyi cyangwa guhererekanya umusaruro w'igiti ku isoko mpuzamahanga, aha kwiga mu ndimi z'amahanga bishobora kugira akamaro. Ubwuzuzanye bw'indimi Mukama avuga muri urwo rugero ni uko uwize mu rurimi rw'Ikinyarwanda gutanga umusaruro w'igiti mwiza kandi mwinshi mu gihe gikwiye yakuzuzanya n'uwize mu ndimi mvamahanga kuwucuruza mu banyamahanga cyanecyane ko ubwumvane bwabo buca mu ndimi mpuzamahanga. Mukama asobanura ko ibi bishobora kugira agaciro mu guteza imbere uburezi bwa bose, kwihuta mu iterambere, gushimangira uburezi bufite ireme kandi bushingiye ku musaruro ugamijwe kugerwaho.

Ubundi bushakashatsi ni ubwakozwe hagati ya 2007 na 2009 n'itsinda rigizwe na Ntakirutimana, Lyambabaje na Iyakaremye (2016) bagamije kwerekana isano iri hagati y'ururimi, imyigire n'imyigishirize by'inyigisho z'ubuhanga n'ikoranabuhanga. Ubu bushakashatsi bwerekanye ko abanyeshuri b'abahanga mu ndimi ari nabo batsinda neza amasomo y'ubuhanga n'ikoranabuhanga. Ndetse n'iyo urenze urwego rw'abanyeshuri ku giti cyabo, usanga ibigo by'amashuri bitsinda neza mu ndimi ari na byo bitsinda neza mu masomo y'ubuhanga n'ikoranabuhanga. Ubu bushakashatsi bwafatiye ku masuzumabumenyi ba nyirabwo batanze mu mashuri yisumbuye 38 akusanya abanyeshuri 1537. Nyuma baza no gusesengura amanota y'abanyeshuri yatangajwe n'Ikigo k'Igihugu Gishinzwe Guteza Imbere Uburezi (REB), basanga nayo ashimangira ibyagaragajwe n'amanota y'amasuzuma. Ibi birerekana akamaro k'ururimi mu burezi.

Muri rusange rero, ireme ry'uburezi rifite imizi mu myigire n'imyigishirize y'indimi. Kugira ngo ushobore kwiga wumve ibyo wiga, ugomba kumva indimi zikoreshwa mu nyigisho mbere na mbere. Ugomba kandi kumenya n'indimi z'amahanga kugira ngo umenye aho abandi bageze n'ibyo bakora. Mu Kinyarwanda umuntu udaciye akenge, dukunze kumwita *umwana*. Iyo usesenguye usanga ibi bifite aho bihuriye n'ijambo ry'Igifaransa *enfant*. Iri jambo rikomoka ku rurimi rw'Ikiratini *infans* aho risobanura "*umuntu utazi kuvuga, umuntu utaramenya kuvuga*"[1] (Roquefort (de), 1829, p. 273). Nanone, umuntu yabihuza n'imvugo ya kinyarwanda igira iti *"Ikinyoni*

---

1   Du latin infans (in farer), celui qui ne parle pas, qui ne sait pas manifester sa pensée par la parole

kigurutse kitavuze bakita icyana". Iyi mvugo ishobora kwerekana ukuntu ururimi ari umuyoboro w'ubumenyi n'ubuhanga.

Ikigaragara rero ni uko ururimi kavukire rw'Ikinyarwanda rwumvwa kandi ruvugwa na benshi, emwe ndetse bakarwisanzuramo cyane, ugereranyije n'izindi ndimi zikoreshwa mu Rwanda. Ibi birashimangirwa n'isesengura Niyibizi na Ahimana (2018) bakoze bagereranya ubushobozi bwo gusoma hagati y'abanyeshuri bo mu mashuri abanza bo mu Rwanda, muri Malawi no muri Zambiya, hagereranywa indimi kavukire zo muri ibyo bihugu n'Icyongereza. Iryo gereranya ryari rishingiye ku byavuye mu bushakashatsi bwakozwe na Williams (1996; 1998), Williams, Nayimfashe, Ntakirutimana na O'Sullivan (2004), ndetse n'ubwakozwe na Niyibizi (2016). Iryo gereranya ryagaragaje ko abanyeshuri bari bazi gusoma neza mu ndimi kavukire, kuko 90% babashije gusoma neza mu Kinyarwanda, 65% bashoboye gusoma neza mu rurimi rwa Chichewa rwo muri Malawi kandi rwigishwamo, naho 10% gusa nibo bashoboye gusoma neza mu rurimi rwitwa ChiNyanja rukoreshwa muri Zambiya, ariko rutigishwamo andi masomo. Ibi bikatugaragariza ko ururimi kavukire rumenywa neza iyo rukoreshwa mu kwigisha andi masomo. Muri ubu bushakashatsi kandi, 99.33% by'abanyeshuri 251 b'umwaka wa gatandatu w'amashuri abanza bari batoranyijwe mu Rwanda ntibashoboye gusoma neza mu Cyongereza (Williams na bagenzi be, 2004); 70% by'abanyeshuri 290 bo mu mwaka wa gatandatu w'amashuri abanza muri Malawi ntibashoboye gusoma neza mu Cyongereza (Williams, 1996); mu gihe 74% mu banyeshuri 227 bo mu mwaka wa gatandatu w'amashuri abanza muri Zambiya batabashije gusoma neza mu Cyongereza (Williams, 1998). Ibi birashimangira ibyagaragajwe n'abandi bashakashatsi twavuze hejuru, ko abanyeshuri batamenya neza izi ndimi z'amahanga. Uretse abanyeshuri, n'abarimu ubwabo bagaragagaza ko basanga batazi kuvuga neza izi ndimi z'amahanga, n'ubwo bazigisha bwose. Mu bushakashatsi Niyibizi (2016) yakoze ku barimu n'abanyeshuri 324 bo mu mwaka wa mbere kugeza mu wa gatatu w'amashuri abanza mu Rwanda, abarimu 44.4% bo mu mashuri yo mu cyaro berekanye ko ari bo bazi kuvuga Icyongereza neza n'ubwo bakigishagamo bwose, mu gihe 88,9% bagaragaje ko bazi kuvuga neza Ikinyarwanda. Ibi birakomeza kutugaragariza ko indimi kavukire zimenywa neza kurusha indimi z'amahanga.

Ikindi cyagaragajwe n'ubushakashatsi mu myigire y'indimi, ni uko ari byiza kwiga indimi umuntu akiri muto. Icyo gihe agace k'ubwonko kita ku byerekeye indimi, kaba kagifite ubushobozi bwinshi bukagenda bugabanuka uko umuntu akura. Iyo umuntu akiri muto, ibigabane bibiri bigize ubwonko bwe biba bikorana bya hafi. Uku gukorana kugenda kugabanuka, noneho buri rugingo rukagira umumaro warwo rwihariye. Ni yo mpamvu umuntu ukiri muto, utarengeje cyane imyaka 20, ashobora gutakaza ubushobozi bwo kuvuga, bukagaruka; ariko iyo akuze ntibishoboka cyangwa se bikagorana cyane, nk'uko byagaragajwe n'abahanga nka Abdelilah-Bauer (2006), Nikolov na Djigunovic (2006) n'abandi. Aha bagaragaza ko ari byiza ko umuntu yiga indimi akeneye akiri muto rero. Gusa aha twavuga ko nanone abahanga mu by'iyigandimi batabivugaho rumwe, kuko hari abavuga ko umuntu afite ubushobozi bwo kwiga no kumenya ururimi neza, yaba muto cyangwa ashaje. Bamwe mu bashakashatsi mu by'indimi bemeza ko kwiga indimi umwana akiri muto bituma azimenya neza barimo UNESCO (1953/1968, 2003), Skutnabb-Kangas (2000), Singleton (1989), Alexander (1999), Benson (2003, October), Cummins (2000) n'abandi. Aba bashimangira ko ari ngombwa guhera no kubanza kumenya neza ururimi kavukire mbere yo kwiga indimi zindi. Gusa hari n'abemeza ko ku myaka iyo ari yo yose umuntu yakwiga ururimi akarumenya neza, barimo Nikolov na Djigunovic (2006), Abdelilah-Bauer (2006), Spolsky (2004), Baker (2006) n'abandi. Imyaka fatizo yibandwaho mu kumenya neza izo ndimi kavukire ni ukugeza ku myaka 12 ndetse no kugeza ku bugimbi (Collier, 1989; Marinova-Todd, Marshall, & Snow, 2000). Ni ukuvuga ko umunyeshuri yakagombye gukomeza kwiga amasomo yose mu rurimi kavukire kugeza nibura mu mwaka wa gatandatu w'amashuri abanza. Gusa nanone ubushakashatsi bwakozwe na Nikolov na Djigunovic (2006) bwagaragaje ko abantu bize indimi nyuma y'igihe cy'ubugimbi bazimenya neza nka bene zo bazize nk'indimi kavukire. Mu burezi rero, abashinzwe integanyanyigisho bari bakwiye kureba ukuntu indimi zakurikirana ku buryo ya myaka y'ubugimbi twavuze yagera umunyeshuri amaze kuzimenya. Zigomba gukurikirana hakurikijwe inyurabwenge ishobora gushingira ku masano hagati y'indimi cyangwa se ku hantu umunyeshuri ahurira nazo mu buzima bwe bwa buri munsi.

Gusa nanone, ntitwavuga ku myigishirize y'indimi muri iki gihe, tutavuze ku ivangandimi, ari mu Rwanda ndetse no ku isi hose. Twibanze iwacu mu Rwanda, ubushakashatsi bugaragaza ko ivangandimi rikoreshwa n'abanyeshuri n'abarimu bo mu byiciro byose by'uburezi. Muri ibi byiciro by'uburezi, ubushakashatsi bwakozwe na Niyibizi (2015) na Niyibizi, Makalela na Mwepu (2015) bwagaragaje ko abarimu n'abanyeshuri bo mu mashuri abanza bo mu wa mbere kugeza mu wa gatatu bakoresha ivangandimi mu ishuri; ubwa Habyarimana (2014) bugaragaza ko abo mu mwaka wa gatandatu w'amashuri abanza babukoresha; ubwa Maniraho (2015) bugaragaza ko mu mashuri yisumbuye ategura abarimu (TTC) na bo bavanga indimi; ndetse no muri Kaminuza, nk'uko ubushakashatsi bwa Niyomugabo (2012), ubwa Kagwesage (2013), n'ubwa Niyomugabo, Sibomana na Niyibizi (2018) bwabigaragaje. Ivangandimi ntirikoreshwa mu Rwanda cyangwa muri Afurika gusa, ahubwo rigaragara mu bice byose by'isi. Ivangandimi abantu baryishimira ku buryo butandukanye, bamwe bagaragaza ibyiza byazo mu myigishirize y'indimi, iyo rikoreshejwe neza cyangwa iyo dukoresheje ivangandimi riboneye (Makalela, 2014). Gusa hari n'abumva ko ivangandimi rihungabanya imyigishirize y'indimi, cyanecyane iyo hakoreshejwe ivangandimi ritaboneye (Canagarajah, 2013). Ikigaragara ni uko iri vangandimi na ryo rikenewe gusesengurwa mu buryo bwimbitse kuko akamaro k'ivangandimi riboneye kagenda kigaragaza mu bijyanye n'ubwuzuzanye bw'indimi mu myigishirize, cyanecyane mu bihugu bifite indimi nyinshi. Aha twashingira cyane ku gitekerezo cya Canagarajah (2013, p. 6) aho agira ati: *"Indimi rwose ntabwo ziri mu makimbirane cyangwa mu ntambara cyangwa ngo zibe zihanganye hagati yazo, ahubwo ziruzuzanya mu gutuma abantu bavugana kandi bakumvana"*. Mu mico y'Abanyafurika n'indimi zabo, Makalela (2016) agaragaza ko ivangandimi ryisanisha cyane n'imibereho y'Abanyafurika, rishingiye ku muco w'Ubuntu. Ibi bigaragarira mu ntekerezo yise "Ubuntu Translanguaging" mu rurimi rw'Icyongereza, mu Kinyarwanda twasobanura nk' "Ivangandimi rishingiye ku muco w'Ubuntu" (Makalela, 2016). Aha Makalela ashingira ku mibanire myiza y'indimi maze ururimi rukabwira urundi ruti *"Ndiho kubera ko nawe uriho"; "Uriho kubera ko natwe turiho"; "Mugenzi wange ngwino iwange mu nzu kugira ngo nange numve ko nuzuye"* (Makalela, 2016, p. 6). Aba bahanga baratugaragariza ko ivangandimi ari ngombwa kandi rifite akamaro kuko indimi ziraturanye mu miryango yacu, mu mashuri n'ahandi hose. Aha twakwibutsa ko ivangandimi ari ugutangira uvuga cyangwa wandika mu rurimi rumwe undi akagusubiza mu rundi rurimi, cyangwa se gukoresha indimi zitandukanye mu nteruro no mu migemo y'izo nteruro (Garcia, 2009; Gafaranga, 2015; Makalela, 2016). Nk'uko bigaragarira buri wese muri iki gihe, ivangandimi rirakoreshwa mu ngeri nyinshi z'imibereho y'abantu, mu mashuri, mu biganiro no mu nyandiko ziherekanywa hagati y'abantu, ubanza tutaba dukabije tuvuze ko muri iki gihe rikoreshwa mu buzima bwa buri munsi, cyanecyane mu bihugu no mu miryango ifite indimi nyinshi. Mu Rwanda naho rirahari kuko dufite Ikinyarwanda mbonera n'indimi shami zacyo, tugakira Icyongereza, Igifaransa, Igiswayire, ndetse n'izindi ndimi zivugwa mu miryango imwe n'imwe cyangwa mu bantu bamwe na bamwe, bityo tukaba twumva ivangandimi rikoreshwa ahantu henshi.

Ubushakashatsi ku muco n'umuco w'ubushakashatsi mu burezi

Ijambo umuco abahanga baribuliye igisobanuro bahuriyeho. Ibisobanuro by'iri jambo birenze 250. Ariko icya Taylor ni cyo usanga kenshi abantu bakunze kwibandaho. Taylor agira ati "umuco ni ikintu rukomatanya gikubakubiyemo byinshi nk'ubumenyi, iyobokamana, imyuga n'ubukorikori, ubupfura, amategeko, imigenzo n'ibindi byose umuntu yigira mu muryango avukamo akahabana n'abandi[2]" (byahinduwe mu Kinyarwanda na Kamanzi, 2007, p. 12). Ibi birerekana ko umuco utavukanwa ahubwo wigishirizwa mu muryango. Umuco w'abantu aba n'aba, ugaragarira mu mvugo no mu ngiro bya buri munsi. Ni ukuvuga ko ururimi ari umuyoboro umuco unyuramo kugira ngo ugere ku bandi. Ni byo Abanyarwanda bigisha iyo bavuga bati "Utaraganiriye na se ntamenya icyo sekuru yavuze". Ni byiza rero gukora ubushakashatsi tukamenya ibyiza ba sogokuru bavuze bityo tukabiherekanya tuzi icyo dukora.

Ubushakashatsi ku muco n'indimi nyarwanda

Umuco ni umusingi w'iterambere rirambye maze ururimi na rwo rukaba ingobyi ihetse umuco

Nk'uko byasobanuwe mbere, umuco ufite uruhare runini mu burezi no mu majyambere y'igihugu. Umuco kandi si ntayegayezwa, ntutura nk'umusozi, urahinduka buhorobuhoro, ariko iyo uhinduka cyane uracuya. Kera umuco nyarwanda wari ishingiro ry'ubumwe n'amahoro, byombi bikaba umusingi w'iterambere rirambye. Umuco kandi wari nk'imwe mu nkingi ya mwamba y'ubukungu bw'u Rwanda, ugatozwa Abanyarwanda b'ingeri zose binyuze mu miryango no mu matorero kandi buri wese akabigiramo uruhare.

Umuco nyarwanda uriho, urakomeye kandi urakungahaye. Ikibura kenshi ni Abanyarwanda bawukomeyeho mu magambo no mu bikorwa. Kwigirira ikizere Abanyarwanda bafite muri iki gihe, banga ko hagira uwaza ngo abamire bunguri cyangwa se ngo abangamire ubusugire bw'igihugu, ni bimwe mu bishimangira ko umuco nyarwanda uriho. Ni yo mpamvu ari ngombwa kwiga no gusesengura ibiwuranga byose maze ibibi bigakosorwa, ibyiza bigasigarwa. Umuco w'igihugu ni nk'umutima mu mubiri. Abanyarwanda babivuga neza iyo bagira bati "*Agahugu kabuze umuco karasiba kagasibangana*". Nk'uko nta muntu ubaho atagira umutima, nta n'iterambere ridashingiye ku muco w'abariharanira (Maniragaba Baributsa, 1987; Nahimana, 1988). Iyo rishingiye ku muco wa ba nyirawo, iterambere ririhuta kuko abantu baba babyumva kimwe.

Kera umuco nyarwanda witaga ku bintu bikoze neza, ku kwanga umugayo, kugira ubupfura, ubutwari, gufatanya, gusabana, kwizerana, kubahiriza igihe, kwirinda ubuhemu, ikinyoma, kudashyira inda imbere, kutikanyiza, gukurikiza amategeko, kubaha umutungo kamere, ibidukikije n'ibindi. Ibi byose iyo bikurikijwe, nta kabuza biba ishingiro ry'amajyambere arambye. Kuri iyi ngingo, uwabishaka

---

2   La culture est un tout complexe qui inclut les connaissances, les croyances, l'art, la morale, les lois, les coutumes et toutes autres dispositions et habitudes acquises par l'homme en tant que membre d'une société.

yasoma agatabo ka Ntakirutimana (2011) gasesengura uko gusubira ku isoko nyarwanda byagize uruhare mu gukemura bimwe mu bibazo by'ubukungu, imibanire, ubutabera n'ibindi. Ubushakashatsi ku muco nyarwanda rero bwafasha kugera kuri byinshi bishimangira iterambere ry'igihugu.

Gusa ntawashidikanya kwemeza ko ubushakashatsi ku muco bugenda biguru ntege atari ukubera amikoro make gusa, ahubwo n'umuhate wo kuwusigasira. Muri iki gihe, ibivugwa cyane n'indangagaciro na kirazira by'umuco nyarwanda. Ariko se mu ngeri zose z'ubuhanga abakurambere bacu ntibari bihagazeho? Bari bazi kuvura indwara banga ko zibavutsa ubuzima cyangwa ubwisanzure. Iyo umuntu arebye neza, asanga ubushakashatsi ku muco nyarwanda bwaratangijwe n'abanyamadini b'abazungu muri za 1950. Nyuma Abanyarwanda, cyanecyane Aloyizi Bigirumwami na Alegisi Kagame, bunzemo. Ikindi kigaragara ni uko inyandiko nyinshi zanditswe mu ndimi z'amahanga, cyanecyane Igifaransa.

Umuco rero ntusigana n'ururimi kuko abahanga n'inararibonye mu by'ururimi n'umuco bashimangira ko ururimi ari ingobyi ihetse umuco kandi rukaba umuyoboro w'umuco (Minisiteri y'Uburezi, 2011; Baker, 2006). Mu Rwanda ho ni umwihariko w'agahebuzo, kuko dufite "ururimi rumwe, umuco umwe, mu gihugu kimwe" (Minisiteri y'Uburezi, 2011). Aha dutandukanye cyane n'ibindi bihugu bifite "indimi zitandukanye n'imico itandukanye, mu gihugu kimwe" nk'uko bigaragazwa na King na Van den Berg (1992) batanga urugero ku gihugu cya Afurika y'Epfo.

U Rwanda kandi, kimwe n'ibindi bihugu bitanu bya Afurika, bifite umwihariko wo kugira umubare munini cyane w'abaturage bavuga ururimi rumwe kavukire, mu Cyongereza bita "endoglossic countries", nk'uko bigaragazwa na Abdulaziz (1993). Ibyo bihugu ni u Rwanda, aho 99.4% bavuga Ikinyarwanda (MINECOFIN, 2014); u Burundi, aho abarenga 99% bavuga Ikirundi (Ndayipfukamiye, 1994); Somaliya, aho abarenga 95% bavuga Igisomali (Warsame, 2001); Swaziland, aho abarenga 80% bavuga Setswana. Hari kandi Lesotho, aho abaturage benshi cyane bavuga ururimi kavukire rwaho rwitwa Sesotho. Uyu ni umwihariko ugaragara muri ibi bihugu bitandatu bya Afurika, mu gihe mu bindi bihugu usanga abaturage bavuga indimi nyinshi kandi zitandukanye.

U Rwanda kandi n'ubwo rubarirwa mu bihugu bifite abaturage hafi ya bose bavuga ururimi kavukire rw'Ikinyarwanda, rubarirwa no mu bihugu bikoresha indimi nyinshi. Izikoreshwa mu nzego z'ubutegetsi ni enye, arizo Ikinyarwanda, Icyongereza, Igifaransa n'Igiswayire, dore ko zinagaragara mu ngingo ya 5 y'Itegeko-Nshinga rya Repubulika y'u Rwanda ryo muri 2003. Igiswayire cyo kemejwe nk'ururimi rwa kane rukoreshwa mu nzego z'ubutegetsi muri 2017. Izi ndimi uko ari enye zivugwa n'Abanyarwanda ku rugero rutandukanye, ugereranyije ibice by'icyaro n'iby'umugi, cyangwa ukagereranya abagabo n'abagore. Imbonerahamwe zikurikira zirabigaragaza neza.

Imbonerahamwe 1: Ijanisha (%) ry'abazi kuvuga buri rurimi ukurikije ibarura rusange ry'abaturage ryo mu 2002

Ahantu / Ururimi	Mu mugi			Mu cyaro			Igiteranyo		
	Gabo	Gore	Bose	Gabo	Gore	Bose	Gabo	Gore	Bose
Ikinyarwanda	98.2	98.6	98.4	99.5	99.6	99.6	99.3	99.4	99.4
Igifaransa	13.6	10.9	12.2	2.8	1.9	2.3	4.6	3.2	3.9
Icyongereza	7.2	4.8	6.0	1.4	0.9	1.1	2.4	1.5	1.9
Igiswayire	14.6	9.9	12.2	1.7	0.8	1.3	3.9	2.2	3.0

Aho byavuye: MINECOFIN (2005) Ibarura rusange ry'abaturage ryo muri 2002

Imbonerahamwe 2: Ijanisha (%) ry'abazi kuvuga, gusoma, kwandika no kubara muri buri rurimi ukurikije ibarura rusange ryo mu 2012

Ahantu / Ururimi	Mu mugi			Mu cyaro			Igiteranyo		
	Gabo	Gore	Bose	Gabo	Gore	Bose	Gabo	Gore	Bose
Ikinyarwanda	80.9	80.6	80.7	69.3	60.8	64.7	71.7	64.1	67.7
Igifaransa	28.6	25.9	27.3	9.3	6.5	7.8	13.2	9.7	11.4
Icyongereza	31.7	27.8	29.9	12.8	10.0	11.3	16.6	13.0	14.7
Izindi ndimi	16.5	10.1	13.5	2.3	0.9	1.6	5.2	2.4	3.7
Abatazi gusoma, kwandika no kubara muri izo ndimi zose	9.4	15.5	12.3	27.9	37.7	33.2	24.1	34.1	29.4

Aho byavuye: MINECOFIN (2014) Ibarura rusange ry'abaturage ryo muri 2012

Iyi mbonerahamwe ya kabiri ifatiye ku Banyarwanda bafite imyaka 15 kuzamura, bazi gusoma, kwandika no kubara muri buri rurimi. Umuntu rero asesenguye imibare igaragazwa n'ibarura rusange ry'abaturage ryo mu 2002, biragaragara ko abatuye u Rwanda bagera kuri 99.4% bazi kuvuga Ikinyarwanda mu gihe izindi ndimi twavuga ko zizwi n'umubare muto w'Abanyarwanda: Igifaransa: 3.9%, Icyongereza: 1.9% naho Igiswayire bakaba 3%. Nyamara ibarura rusange ry'abaturage ryabaye mu 2012 rigaragaza ko hari impinduka nyinshi zagiye ziba urebye umubare w'Abanyarwanda bazi gusoma, kwandika no kubara mu ndimi zikoreshwa mu Rwanda: Ikinyarwanda: 67.7%, Igifaransa: 11.4%, Icyongereza: 14.7%, izindi ndimi: 3.7%, naho abatazi gusoma, kwandika no kubara na mba muri izo ndimi zose bari 29.4%. Tugereranyije umugi n'icyaro, imbonerahamwe ziratwereka ko indimi zikoreshwa hombi, ariko imibare y'abazikoresha ikagenda itandukana. Indimi zose zikoreshwa n'abantu b'igitsina gore n'ab'igitsina gabo, nabwo imibare ikagenda itandukanaho gato, mu bagore n'abakobwa, abagabo n'abahungu bo mu cyaro n'abo mu mugi. Iyi mibare rero iragaragaza ko Abanyarwanda baba bafite amahirwe menshi baramutse bakoresheshe Ikinyarwanda mu kwiga nk'ururimi bavuga cyane kandi bazi kwandika, gusoma no kubara barwifashishije kurusha izindi.

Ku byerekeye ubushakashatsi ku muco nanone, umuntu ntiyakwirengagiza inyandiko z'ubushakashatsi zanditswe n'abanyeshuri barangiza ikiciro cya mbere n'icya kabiri cya Kaminuza, cyanecyane mu ishami ry'indimi. Benshi bakoze ubushakashatsi ku ngeri zinyuranye z'umuco nyarwanda. Ikibabaje ni uko izo nyandiko zaheze mu nzu z'ibitabo za Kaminuza, ntizigire icyo zimarira abadashobora kugerayo kuko batamenya cyangwa ngo bamenyeshwe ibikorerwa iyo. Ba nyirubushakashatsi nabo iyo bamaze kubumurika bakabona amanota, abenshi baherukira aho kuko icyabaharanyaga kiba kirangiye. Turabigarukaho mu gace gakurikira kerekeye umuco w'ubushakashatsi.

Umuco w'ubushakashatsi mu Rwanda

Ibyemezo bigomba gushingira ku bumenyi bwizwe gihanga

Mu Rwanda, ubushakashatsi bwaba bwaratangiye gukorwa ku buryo butaziguye mu gihe igihugu cyari indagizo y'Ababirigi. Ikigo k'Igihugu Gishinzwe Ubushakashatsi mu Buhinzi (Institut des Sciences Agronomiques du Rwanda), mu magambo ahinnye y'Igifaransa ISAR cyatangiye mu 1933 ari ikigo gikora inyigo ku buhinzi muri Kongo-Mbirigi no muri Ruanda-Urundi (Institut National pour l'Etude Agronomique du Congo-Belge), mu magambo y'impine INEAC. Icyo kigo cya INEAC cyaje kubyara ISAR aho u Rwanda rumariye kubona ubwigenge muri 1962. Kuri ubu, ISAR yimuriwe mu Kigo Gishinzwe Ubuhinzi bita mu Cyongereza *Rwanda Agricultural Board* (RAB). Naho Ikigo cy'Ubushakashatsi mu Bumenyi n'Ikoranabuhanga cyo cyatangiye muri 1947/1948 ari Ikigo cy'Ubushakashatsi mu Bumenyi cya Afrika yo Hagati (IRSAC). Icyo gihe imirimo yacyo yarebaga Kongo-Mbirigi na Ruanda-Urundi. IRSAC yaje guhinduka Igiko k'Igihugu Gishinzwe Ubushakashatsi n'Ubumenyi (INRS) muri 1964. INRS ni yo yahindutse Ikigo cy'Ubushakashatsi mu Bumenyi n'Ikoranabuhanga (IRST) muri 1989 (UNR, ISAR, & IRST, 2000). Uretse ibyo bigo by'ubushakashatsi, haje kuvuka n'amashuri makuru na Kaminuza mu Rwanda: Kaminuza Nkuru y'u Rwanda (UNR) muri 1963 n'Ishuri Rikuru Nderabarezi (IPN) muri 1966. Imwe mu nshingano z'aya mashuri ni ubushakashatsi bwiyongera ku kwigisha no gukora ibikorwa biteza imbere abaturage. Muri 2016, mu Rwanda habarurwaga amashuri makuru 45 arimo 35 yigenga n'andi 10 ya Leta (MINEDUC, 2016).

N'ubwo hashize imyaka myinshi ubushakashatsi bukorwa ku buryo butaziguye, imbogamizi zinyuranye zatumye butagira byinshi buhindura mu mibereho y'abaturage. Raporo yakozwe ku bufatanye bwa UNR, ISAR na IRST ku miterere y'ubushakashatsi mu gihugu, igaragaza ko umuco w'ubushakashatsi utarashinga imizi mu Rwanda. Ibi bigaragazwa by'umwihariko n'ibi bibazo byanditse muri iyo raporo, magingo aya bikaba bikigaragaza (UNR, ISAR, & IRST, 2000, p. 52):

- Ibyemezo byinshi bifatwa ntibishingira ku bumenyi bwizwe ku buryo bwa gihanga. Nyamara biragaragara ko isi igenda iba nk'umudugudu kandi kuyibamo bigasaba ko ibikorwa bigomba kuba bifite ikerekezo kidahubukiweho.

- Ubushakashatsi bukorwa usanga akenshi budakemura ibibazo bifatika by'abaturage kuko kenshi ababukora n'abagomba gukemurirwa ibibazo usanga ntaho bahurira. Nta buryo busobanutse buhari bwo kugeza ibyavuye mu bushakashatsi ku bo bugenewe kandi n'isuzuma ryabyo ntirikunda gukorwa.

- Abakora ubushakashatsi baracyari mbarwa. N'abahari usanga bahora mu mahugurwa atarangira nyamara umusaruro ukaba muke.

Uwavuga rero ko umuco w'ubushakashatsi utarashinga imizi mu Rwanda, ntiyaba aciye inka amabere. Ibikorwa by'ibigo by'ubushakashatsi binyuranye, kenshi ntibitugeraho uko tubyifuza n'igihe tubyifurizaho, cyangwa ngo bitugezeho ibyo twifuza byose mu buzima bwacu bwa buri munsi. Abitwa abashakashatsi nabo, bashimishwa no kwitwa iryo zina, ariko bigahera mu magambo. Abarimu benshi ba za Kaminuza ubusanzwe baba ari n'abashakashatsi, ariko usanga akazi kabo k'ibanze ari ukwigisha gusa. Abagereza nabo, usanga akenshi atari urukundo bafitiye ubushakashatsi, ahubwo baba bagamije ikizatuma bazamurwa mu ntera mu kazi, bityo n'umushahara ukiyongera. Iyaba nabyo byakorwaga.

Bimwe mu bigo by'ubushakashatsi na za Kaminuza usanga nta ngengo y'imari yihariye bigenera ubushakashatsi. N'iyo ihari, usanga idahagije ndetse kenshi ugasanga ikoreshwa indi mirimo idafite aho ihuriye n'ubushakashatsi. Ibi nabyo bituma umuco w'ubushakashatsi utimakazwa. Nk'uko twabisobanuye mbere, abarangiza Kaminuza ari nabo bagombye kuzahura umuco w'ubushakashatsi kugira ngo babe ba *bandebereho*, usanga iyo barangije bacana ukubiri na bwo. Umuntu ntiyabibarenganyiriza, kuko akenshi usanga n'isomo ry'uko ubushakashatsi bukorwa nta ngufu rihabwa, ndetse rimwe na rimwe ugasanga uryigisha nta bunararibonye mu bushakashatsi afite. Ibi bituma yigisha amahange gusa, imyitozo ikaba mike cyangwa ntinakorwe na busa. Bigaragazwa kenshi n'imishinga y'ubushakashatsi ikorwa n'abanyeshuri bitegura kurangiza ikiciro cya mbere ndetse n'icya kabiri. Usanga bahuzagurika cyane, bakazumva ibyo bagombaga gukora n'uko bagombaga kubikora barangije inyandiko yabo. Habamo ndetse n'abarinda barangiza nta na kimwe bumvise muri ibyo byombi, kubera gucungira gusa ku nama z'abarimu babayoboye muri ubwo bushakashatsi. Ntitwirirwa tugaruka ku ngorane abanyeshuri bagira mu guhitamo ingingo bazakoraho ubushakashatsi. Kuba bahura n'iyi ngorane, umuntu yakwemeza ko baba batarigishijwe neza ngo bumve ibibazo aho biri n'uko biteye. Twibutse ko iyo nta kibazo gihari, nta n'ubushakashatsi bukorwa. Ubushakashatsi bubereyeho gukemura ibibazo no gutuma ubuhanga n'ubumenyi bitera imbere.

Hari abahuza umuco w'ubushakashatsi n'umuco wo kudasoma, ukunze kuvugwa muri Afurika. Bamwe bati *"turandika bisomwe na nde?"* Aha ni ho bamwe bahera bavuga ngo iyo ushaka guhisha umunyafurika ikintu, uracyandika. Abandi bati *"Turandika bigurwe na nde?"* Aha hakaziramo ikibazo cy'ubushobozi. Gusa n'ababubufite, usanga mu by'ukuri, batitabira kugura ibyandikwa. Umuco wo kudasoma rero uzambya iterambere kuko n'ubushakashatsi bukozwe butamenyekana ngo bushyirwe mu bikorwa haba mu gufata ibyemezo, nk'uko twabivuze, cyangwa se kugeragezwa mu bikorwa nyirizina.

Kimwe mu byafasha kwimakaza umuco w'ubushakashatsi mu burezi bw'u Rwanda, ni imikoranire ya hafi kandi inoze hagati ya za Kaminuza, inzego kimwe n'ibigo bya Leta ndetse n'iby'abikorera. Ibi bigo usanga byita ku byatuma Umunyarwanda arushaho gutera imbere no kumererwa neza. Kaminuza nk'isoko y'ubuhanga n'ubumenyi bunyuranye, zagombye kwifashishwa uko bikwiye nk'uko ahandi bigenda. Imyitozo y'ubushakashatsi abanyeshuri bahabwa, ikaza ikemura ibibazo by'ingutu byugarije Abanyarwanda. Ibi byatuma n'abarangije kwiga bagumana umuco wo kwita ku bibazo bifatika bigaragara mu gihugu.

Umwanzuro

Uyu mutwe wari ugamije kwerekana isano hagati y'ubushakashatsi, ururimi n'uburezi. Nk'uko byagaragajwe, ubushakashatsi buvumbura ubumenyi, ubumenyi bukigishwa hifashishijwe ururimi. Birakwiye rero kwimakaza umuco w'ubushakashatsi mu Rwanda cyanecyane mu mashuri makuru na Kaminuza kuko ari ho inyigisho z'ubushakashatsi zitangirwa. Birakwiye kandi ko habaho ubufatanye hagati y'abashakashatsi n'abaturage hakitabwa no ku rurimi bahuriyeho kuko ari rwo rwumvikanisha neza ibikenewe na rubanda rwa giseseka. Iyo urebye abagerageza gukora ubushakashatsi mu Rwanda, usanga bakunze gukoresha indimi mvamahanga cyanecyane Icyongereza n'Igifaransa. Ibyo bikorwa mu gihe mu Rwanda abaturage bagera kuri 99.4% bazi Ikinyarwanda. Ibi nabyo bituma umuco w'ubushakashatsi uba umwihariko wa bamwe. Reka dusoze twibutsa ko gushyira hamwe, ari byo byubaka igihugu kuko nta mugabo umwe. Bisaba ko abantu baba bahuriye ku rurimi rumwe cyangwa ku ndimi zimwe; iyo bitabaye ibyo baba batatanya imbaraga.

Indangasoko

Abdelilah-Bauer, B. (2006). *Le défi des enfants bilingues: Grandir et vivre en parlant plusieurs langues*. Paris: Editions La Découverte.

Abdulaziz, Y. L. (1993). The language situation in Africa today. *Nordic Journal of African Studies, 2*(1), 79 – 86.

Alexander, N. (1999). An African renaissance without African languages? *Social Dynamics, 25*(1), 1 – 12.

Baker, C. (2006). *Foundations of bilingual education and bilingualism. Fourth edition.* Clevedon : Multilingual Matters.

Benson, C. (2003, October). *Mother tongue-based education: What, why and how?* Laos: Paper written for consultative meeting on bilingual education at UNICEF Vientiane.

Canagarajah, A. S. (2013). *Translingual practice: Global englishes and cosmopolitan relations.* New York: Routledge.

Collier, V. P. (1989). How long? A synthesis of research on academic achievement in a second language. *TESOL Quarterly, 30*(3), 509 – 531.

Cummins, J. (2000). Putting language proficiency in its place: Responding to critiques of the conversational / academic language distinction. In J. Cenoz, & U. Jessner, *English in Europe: The acquisition of a third language* (pp. 54 – 83). Clevedon: Multilingual Matters.

Gafaranga, J. (2015). Translinguistic apposition in a multilingual media blog in Rwanda: Towards an interpretive perspective in language policy research. *Language in Society, 44,* 87 – 112.

Garcia, O. (2009). Education, multilingualism and translanguaging in the 21st century. In A. Mohanty, M. Panda, R. Phillipson, & T. Skutnabb-Kangas, *Multilingual education for social justice: Globalising the local* (pp. 128 – 145). New Delhi: Orient Blackswan.

Guverinoma y'u Rwanda. (2008). *Ibyemezo by'Inama y'Abaminisitiri yo ku wa 8 Ukwakira 2008.* Kigali: Primature.

Guverinoma y'u Rwanda. (2017). *Imyanzuro y'Inama y'Igihugu y'Umushyikirano ya 15 yo ku wa 18 na 19 Ukuboza 2017.* Kigali: Primature.

Habyarimana, H. (2014). *Investigation of attitudes and classroom practices of educators and learners in relation to English as the medium of instruction at four primary schools in Rwanda.* Johannesburg: Unpublished PhD thesis. University of the Witwatersrand.

Halliday, M. (1978). *Language as social semiotic: the social interpretation of language and meaning.* London: Arnold.

Kagwesage, A. M. (2013). Coping with English as language of instruction in higher education in Rwanda. *International Journal of Higher Education, 2*(2), 1 – 12.

Kamanzi, T. (2007). Uruhare rw'ururimi n'amateka mu ruhererekane rw'umuco. *Kaminuza y'u Rwanda, Komisiyo y'Ubushakashatsi, 2007,* 12 – 17.

King, M, & van den Berg, O. (1992). *One nation, many languages: What policy for schools? Focus Series Three* . Pietermaritzburg: Centaur Publications in association with the Independent Examinations.

Makalela, L. (2014). Teaching indigenous african languages to speakers of other african languages: The effects of translanguaging for multilingual development. In C. Van der Walt, & L. Hibbert, *Multilingual universities in South Africa: Rejecting society in higher education* (pp. 88 – 104). New York: Multilingual Matters.

Makalela, L. (2016). Ubuntu translanguaging: An alternative framework for complex multilingual encounters. *Southern African Linguistics and Applied Language Studies, 34*(3), 187 – 198.

Maniragaba Baributsa. (1987). *Umuco w'Abanyarwanda n'ingingo zawo: 1. Umuco mwiza mu bantu ni ishingiro ry'amajyambere nyayo.* Ruhengeri: Université Nationale du Rwanda.

Marinova-Todd, S. H., Marshall, D. B., & Snow, C. E. (2000). Three misconceptions about age and L2 learning. *TESOL Quarterly, 34*(1), 9 – 34.

MINECOFIN. (2005). *Report on 2002 third population and housing census, 2005.* Kigali: National Institute of Statistics of Rwanda.

MINECOFIN. (2014). *Fourth population and housing census, Rwanda, 2012. Thematic report: Education characteristics of the population.* Kigali: National Institute of Statistics of Rwanda.

MINEDUC. (2016). *2016 education statistical yearbook.* Kigali: MINEDUC.

Minisiteri y'Uburezi. (2011). *"Cabinet paper" yerekeranye no kwigisha mu Kinyarwanda mu mashuri y'incuke no mu cyiciro cya mbere cy'amashuri abanza.* MINEDUC: Kigali.

Minisiteri y'Uburezi. (2009, Werurwe). *Inyandiko ikubiyemo amasomo yigishwa mu mashuri abanza n'ayisumbuye no kubasaba gukurikirana ishyirwa mu bikorwa ryayo.* Kigali: MINEDUC.

Mukama, E. (2007). Rethinking languages of instruction in African schools. *Policy & Practice. A Development Education Review, 4,* 53 – 56.

Mukama, E. (2008). Students' interaction with web-based literature: Towards dissolution of language boundaries. *Int. J. Knowledge and Learning, 4*(5), 478 – 495.

Nahimana, F. (1988). *Conscience chez nous, confiance en nous. Notre culture est la base de notre développement harmonieux.* Ruhengeri: Imprimerie Nationale du Rwanda.

Ndayipfukamiye, L. (1994). Code switching in Burundi primary class-rooms. In C. M. Rubagumya, *Teaching and researching language in african classrooms* (pp. 79 – 95). Clevedon: Multilingual Matters.

Nikolov, M., & Djigunovic, J. M. (2006). Recent research on age, second language acquisition, and early foreign language learning. *Annual Review of Applied Linguistics, 26,* 234 – 260.

Niyibizi, E. (2015). *Phase learners' and teachers' attitudes and experiences with the Rwandan language-in-education policy shifts.* Johannesburg: University of the Witwatersrand: Unpublished PhD thesis.

Niyibizi, E. (2016). The Rwandan teachers' and learners' perceived speaking proficiency in both Kinyarwanda and English after 2008 – 2011 consecutive Language-in-Education Policy shifts. *The Rwandan Journal of Education, 3*(1), 91 – 116.

Niyibizi, E., & Ahimana, E. (2018). Literacy trajectories in African languages and English: Comparative exploration among Rwandan, Malawian and Zambian Learners. *Sembura Ferment littéraire, 1,* 198 – 210.

Niyibizi, E., Makalela, L., & Mwepu, D. (2015). Language-in-education policy shifts in an african country: Colonial confusion and prospects for the future. In L. Makalela, *New directions in language and literacy education for multilingual classrooms* (pp. 123 – 151). Cape Town: CASAS.

Niyomugabo, C. (2012). Kinyafranglais as a newly created "language" in Rwanda: Will it hamper the promotion of the language of instruction at Kigali Institute of Education? *Rwandan Journal of Education, 1*(1), 20 – 30.

Niyomugabo, C., Sibomana, E., & Niyibizi, E. (2018). A reflection on the need for a language management scheme at the University of Rwanda's College of Education. *International Journal of Humanities, Literature & Arts, 1*(1), 1 – 11.

Ntakirutimana, E. (2011). *Le Rwanda et la politique du saumon: Un retour à la source pour un développement durable intégré.* Butare: Éditions de l'UNR.

Ntakirutimana, E., Lyambabaje, A., & Iyakaremye, J. (2016). *Compétences linguistiques et apprentissage des sciences au Rwanda.* Paris: Éditions Universitaires Européennes.

Ntakirutimana, E., Williams, E., Nayimfashe, L. M., & O'Sullivan, B. (2004). *Rwanda language baseline study* . Kigali: MINEDUC/CfBT.

Piaget, J. (1926). *The language and thought of the child* . New York : Harcourt Brace Johanovich.

Piaget, J. (1981). *Intelligence and affectivity. Their relationship during child development.* Palo Alto: Annual Reviews.

Roquefort (de), B. (1829). *Dictionnaire étymologique de la langue française.* Paris: Decourchant.

Singleton, D. (1989). Language acquisition: the age factor. *Multilingual Matters*, 94 – 138.

Skutnabb-Kangas, T. (2000). *Linguistic genocide in education – or worldwide diversity and human rights.* Mahwah, NJ: Erlbaum.

Spolsky, B. (2004). *Language policy.* Cambridge: Cambridge University Press.

UNESCO. (1953/1968). *The use of vernacular languages in education [L'emploi des langues vernaculaires dans l'enseignement].* Paris: UNESCO.

UNESCO. (2003). *Education in a multilingual world [L'enseignement dans un monde multilingue].* Paris: UNESCO.

UNR, ISAR, & IRST. (2000). *Les états généraux de la recherche au Rwanda. Compte rendu du séminaire organisé à l'Université Nationale du Rwanda, 9 – 14 juillet 2000.* Butare: Editions de l'UNR.

Vygotsky, S. L. (1978). *Mind in society: The development of higher psychological processes.* Cambridge MA: Harvard University Press.

Warsame, A. A. (2001). How a strong Government backed an African language: The lessons of Somalia. *International Review of education, 47*(3 – 4), 341 – 360.

Wells, G. (1999). *Dialogic inquiry: Towards a sociocultural practice and theory of education.* Cambridge: Cambridge University Press.

Williams, E. (1996). Reading in two languages at Year 5 in African Primary schools. *Applied Linguistics, 17*(2), 189 – 209.

Williams, E. (1998). *Investigating bilingual literacy: Evidence from Malawi and Zambia.* London: DfID Education Research.

Williams, E., Nayimfashe, L., Ntakirutimana, E., & O'Sullivan, B. (2004). *Proficiency in French, English and Kinyarwanda in the primary and secondary sectors of the Rwandan education system.* London: CfBT Education Trust for the Department for International Development.

UBUVANGANZO, UMUCO N'UBUSHAKASHATSI

Jean-Chrysostome Nkejabahizi

Iriburiro

Nubwo mu isi ikataje mu ikoranabuhanga, uruhare rw'ubuvanganzo n'umuco ntiruvugwe cyane mu guhindura ubuzima n'imibereho ya muntu, ahubwo hakibandwa gusa ku by'ubuhanga n'ubumenyi; biragaragara ko imibanire (uko abantu bumva umuryango muto cyangwa mugari) n'umuco bigira ingaruka zikomeye ku buzima bw'abantu ku giti cyabo n'ubw'urubumbambaga muri rusange. Ntitwiriwe tuvuga uruhare rwabyo mu by'ubukungu n'ubucuruzi bubyubakiyeho nk'ubukerarugendo, gucuruza ibivabugeni binyuranye birimo inyandiko z'ubuvanganzo n'ibindi.

Kuri ubu, abanyenganda n'abacuruzi bashaka kurema cyangwa guhindura umuco w'abaguzi, binyuze ahanini mu kwamamaza. Ubwinshi bw'imodoka, kubera ibyotsi zicucumura, bihumanya ikirere, terefone ngendanwa n'ubundi buryo bw'itumanaho ryihuse byahinduye uburyo bwo gushyikirana hagati y'abantu, basigara babana ku izina gusa. Kwandarika hose amashusho y'imibonano mpuzabitsina byahinduye isura y'urugo n'umubano w'abashakanye, bituma ubutinganyi n'andi mahano bihinduka "umuco". MacDonald yinjiye mu mirire y'abatuye isi, ivuyanga ibyari umuco gakondo wabo. Ibyitwa "ubwenge butari nturukabwonko" (*intelligence artificielle/artificial intelligence*) byatumye imashini ihigika muntu ku murimo yakoraga, maze aho kuyigenzura ikaba ari yo imugenzura. Ibyo byose byubakiyeho igisa n'"umuco mushya", bikaba ari iriba rikomeye n'inganzo y'ubumenyi bidakwiye gukerenswa mu rwego rw'ubushakashatsi.

Umuco wisanzurira mu buvanganzo n'ururimi bwanditsemo, bisigasira iterambere[3] ry'abaruvuga; byombi bikaba inzira abakora ubushakashatsi banyuramo ngo bamenye amateka, imibereho, ubuhanga byaranze abantu runaka mu gihe iki n'iki. Turabisuzuma mu ngingo enye: kugaragaza ko ubuvanganzo n'ubushakashatsi birangwa n'umuco wa ba nyirabyo, tuvugamo ubushakashatsi ku muco n'aho umuco uhurira n'ubuvanganzo. Ingingo ya kabiri ni uruhare rw'isesenguranyandiko n'ijoranganzo mu bumenyi nyamuntu, tuvuga zimwe mu nzira zikoreshwa; kuko gukora ubushakashatsi ku buvanganzo bw'ahantu n'abantu runaka ari ukugaragaza uruhare rwabo mu gukungahaza ubumenyi rusange bw'inyoko muntu. Iya gatatu ni ukuntu muri Afurika no mu Rwanda by'umwihariko, hakwiye guhangwa cyangwa kubyutswa umuco w'ubushakashatsi, ibyo bigahuzwa kandi n'ikoranabuhanga[4]. Abategetsi, abikorera n'abanyabwenge bakabiha agaciro, kuko ari byo pfundo ry'iterambere rirambye, nk'uko UNESCO idahwema kubyibutsa.

Ubuvanganzo n'ubushakashatsi birangwa n'umuco wa ba nyirabyo

Umuntu yandika, ahanga ahereye ku byo azi, agahimbiraho ibindi. Mu rwego rw'ubuvanganzo bigaragarira mu kuvuga aho inkuru ibera. Muri Afurika y'iburengerazuba hakunda kuvugwamo ibitekerezo bya ba *griots*, bameze nk'abatekereza n'ababitswabanga bo mu Rwanda rwo hambere; hakabamo ibisa n'imigani ishingiye ku byo bemera: umuntu ashobora kuroga undi kugira ngo amurye, akihindura cyangwa agahindura undi inyamaswa n'ibindi[5] Ibihugu byegereye ubutayu bwa Sahara bigaruka kenshi ku bushyuhe budasanzwe buharangwa, abahishoye babura amazi, bagahorana ibikezikezi, bikanga kugera aho ari, haba ishuheri ihora ibuyereza umucanga umeze nk'inyanja, wubaka imisozi, urema imibande; hakaba na *harmattan* ibazanira imvura igihe k'Impeshyi. Mu bihugu byiganjemo idini ya kiyisiramu, bagaruka ku myambarire yabo (*boubou*), ntibatana no kuvuga iby'abagabo bashaka abagore benshi, abangavu bakatwa ibice bimwe by'igitsina (*excision/genital mutilation*). Inkuru nyinshi muri Afurika usangamo iyimukacyaro (urubyiruko rw'abahungu n'abakobwa bajya gushakira amaramuko mu migi n'akaga bahura na ko), ubukoroni n'ingaruka bwabagizeho, bukaza gusimburwa n'ubutegetsi bw'igitugu butuma ubwigenge na demokarasi bikomeza kuba gusa inzozi n'ibindi. Biragoye kubona muri iki gihe inkuru ibera mu

---

3 Reba C. Kanimba Misago, 2007, "Uruhare rw'umuco mu iterambere", in *Uruhare rw'umuco mu kubaka Umuryango nyarwanda*, Eds de l'université nationale du Rwanda, p. 63 - 85.

4 Mbere ya 1994, hariho ikinyamakuru *Education, Science et Culture/Uburezi, Ubuhanga n'Umuco* cyabanje kwitwa *Education et Culture/Uburezi n'Uburere* cyayoborwaga na Minisiteri ifite uburezi mu nshingano zayo. Kuba cyarazimiye ni igihombo gikomeye.

5 Soma inkuru ndende ya Alain Mabanckou yitwa *Le porc-épic* (Paris, Seuil).

Burayi itavugwamo ibifasha abantu mu ngendo (ifarasi cyangwa igari rikururwa na yo, imodoka, gari ya moshi, metro) cyangwa amazina y'imihanda.

Hari no kuvuga igihe inkuru ibera, haba mu rwego rw'amateka (inkuru yo mu kinyejana cya 17 si kimwe n'iyo mu kinyejana cya 20), haba mu kuvuga ibihe bisanzwe bijyana n'urusimburane rw'ubushyuhe n'ubukonje (ubutita) kuko nko mu Burayi byigaragaza cyane kandi bikagena uko abantu bitwara, imyambarire ndetse n'imikorere. Uko abakinankuru bitwara, ibyo bavuga nubwo aba ari ibihimbano, ntihaburamo akabara gatuma umusomyi yibwira cyangwa yemera ko ibyo umubarankuru cyangwa umuhanzi avuga ari ukuri. Hari igihe bavuga ahantu akumva asanzwe ahazi, bavuga imigenzereze agasanga iri mu byo amenyereye. Icyo gihe kumva ibyo asoma no kubihuza n'ukuri kwe biramworohera, agatangira kwisanisha n'umukinankuru. Iyo binyuranye n'ibyo azi, na bwo bituma abyibazaho; rimwe na rimwe bikaba byatuma inkuru asoma ayikunda cyangwa ntimushimishe. Bivuga ko buri gihe ibyo umuntu asoma abihuza n'ibyo azi, amenyereye, akunda cyangwa yakuriyemo.

Mu bijyanye n'Ubumenyi nyamuntu n'imibanire, biragoye kuvuga imiterere cyangwa imibereho y'abandi utayigereranyije n'iyawe. Abanyaburayi babaye ingenzi za mbere mu kinyejana cya XVI/XVII, batangira "kuvumbura" utundi duce tw'isi dutuyemo abantu batandukanye na bo. Inshuro nyinshi abo bandi bagiye babita ko ari inyeshyamba *"sauvages"* kuko wenda basanze bataramenya ibyo kwambara, bagitunzwe no guhiga, bamwe ndetse bakirya inyama mbisi bakinywera n'amaraso. Batangajwe no gusanga basenga ibisozi birebire, izuba n'inyenyeri kuko bo muri ibyo bihe bari barayobotse ubukirisitu ubu butangiye kubashiramo; bakaba bagenda basubira mu byo bitaga ubupagani (gutura ibitambo by'abantu, ubupfumu bwo kuraguza imburungushure z'ikirahuri, amakarita, imirongo yo mu biganza cyangwa imiterere y'ibyo mu kirere). Byatumye abashakashatsi ku mibereho n'imibanire y'abantu barema amashami abiri atandukanye, bitewe nuko bavuga iby'iwabo mu bihugu bita ko byateye imbere cyangwa ibyo mu bihugu bita iby'inyeshyamba. Iby'iwabo byitwa "iyígamíbaánire" (*sociologie/sociology*), iby'inyeshyamba bikitwa kumenya amatsinda y'abantu basigaye inyuma (*anthropologie/anthropology*), "icéengerambága mbáandamóoko" (*éthnologie/ethnology*), "iséseengurambága mbáandamóoko" (*éthnographie/ethnography*).

Ubushakashatsi ku muco muri rusange

Ubushakashstsi ku muco ni kimwe mu byaranze ishami ry'ubumenyamuntu bwibanda ku matsinda y'abantu ngo basigaye inyuma guhera mu kinyejana cya XIX. Abagiye mu mato kureba uko hirya y'iwabo hateye, bazanaga inkuru z'uko basanze hifashe; bakunganirwa na raporo z'abakoroni n'abamisiyoneri. Nyuma abashakashatsi na bo bagiye bakora ingendo zo kwigerera "hirya iyo" ndetse bagena n'ibyo bagomba kwitaho mu bushakashatsi bwabo. Muri rusange, ubumenyamuntu kwari ukwiga iby'andi moko, ni ukuvuga abatari abanyaburayi, bahabwaga amazina anyuranye: *"primitifs"*, *"sauvages"* (Perrot, 2004), abantu bafatwa nk'abatagira umuco n'ivutsabushya *"civilisation"* (Mauss, 1950) ahanini bashaka kuvuga abantu bataramenya kwandika.

Iryo shami ry'ubumenyi rero rigenda rihabwa amazina anyuranye bitewe n'ibyo bashyiraga imbere mu nyigo zabo, mu bihugu bitatu by'ingenzi (u Bufaransa, u Bwongereza na Reta zunze ubumwe z'Amerika). Igice kimwe cy'abashakashatsi kibandaga ku kugaragaza uko abo bantu basanze ahandi bateye (isura: ibara ry'uruhu, uko umutwe uteye, iminwa, izuru, umusatsi), igihagararo (indeshyo) n'ibindi. Ni byo bise *anthropologie physique/physical anthropology* cyangwa isesengurabwoko mu Kinyarwanda. Bakabihuza no kwerekana uko ayo moko y'abantu basigaye inyuma agenda yiyuburura, atera imbere; bakabyiga bahereye ku guhinduka mu gihagararo n'isura, "bava mu gusa n'inyamaswa (ubunyeshyamba), bakagenda basa n'abantu, bagana iterambere". Ni byo byiswe *évolutionnisme/ evolutionism* n'abashakashatsi nka Frazer (1903) wize cyane ibijyanye n'imyemerere (imihango, imiziro, ibirangabwoko), avuga ko abantu babanza kugira idini gakondo, nyuma bakemera imana nyinshi mbere yo kuyoboka Imana imwe rukumbi. Yunganirwa na Taylor (1881) uvuga ko muntu abanza kurangwa n'ibisa n'ubupfumu cyangwa amayobera (maji), agakurikizaho kuyoboka idini mbere yo guhanga ibijyanye n'ubumenyi. Morgan (1877) we yize iby'amasano, ahereye ku Bayindiyosi b'Abayirokwa (Iroquois). Avuga ko abantu babanza kurangwa n'ubunyamaswa, batunzwe no guhiga no gusoroma ibyimejeje; nyuma bakaba indwanyi n'abanyarugomo, bakiga guhinga no korora, amaherezo bakaba abantu bazima bafite ubucuruzi, inganda n'ubumenyi.

Ibyo kandi bigaragarira mu kugenda umuntu atera imbere mu bwenge. Uwitwa Flynn (1984) yitiriwe ikiswe *"effet Flynn/Flynn effect"* bapimiraho ubushobozi bw'ubwonko (QI), abantu bagatera imbere mu bikoresho bifashisha mu buzima bwabo bwa buri munsi, imyambarire, imirire, imihango n'imigenzo bigusha ku iyobamana ryabo, uko bashaka abagore cyangwa abagabo, uko bayobora umuryango mugari babamo; muri make uko babaho, ururimi bakoresha n'ibindi. Iyo mihindagurikire y'urubumbambaga ni byo byitwa *anthropologie sociale/social anthropology* (reba Augé, 2010). Gusa hari n'abayita *anthropologie culturelle/cultural anthropology* cyangwa *"culturalisme/culturalism"*. Malinowski yakurikiranye iby'imiterere y'umuryango mu basangwabutaka bo muri Ositarariya (1913), imigenzo (1933) n'iby'igitsina (1929) ahuriyeho na Mead (1928; 1935) witaye ku buryo imibonano mpuzabitsina ikorwa mu moko atandukanye. Inyito z'ubwo bumenyi nyamuntu zigenda zitandukana rero bitewe nuko uri mu Bufaransa, Amerika cyangwa u Bwongereza; nyamara ubusanzwe ni kimwe kuko uko abantu babaho n'ibibaranga bihariye, cyangwa ibibatandukanya n'abandi (umuco) udashobora kubivangura.

Birerekana ko ibyo kuvuga ko iyigamuntu rireba gusa abantu cyangwa amoko atagira umuco n'iterambere hari abari bamaze kubirenga, bemera ya mvugo ya Kinyarwanda igira iti: "agahugu umuco, akandi umuco". Ni byo Amselle (2005) yita *"universalité des cultures/culture's universality"*, aho ubu hari urugamba rwo kurengera urwo runyuranyurane rw'imico (indimi, imyemerere, kwidagadura n'ibindi.) rimwe na rimwe rugaragara mu gihugu kimwe cyangwa mu rubumbambaga rumwe; bikaba bizwi cyane mu Bwongereza nka *"multiculturalism"*, mu gihe abantu bamwe mu Bufaransa ndetse na Canada iryo jambo *"multiculturalisme"* (Polony, 2015; Bock-Côté, 2016) ritabajyamo. Nyamara ni ngombwa ko buri wese yubaha iby'abandi (Descola, 2005; Affergan, 1999), ntiyibwire ko ibye ari byo bizima gusa.

Hari kandi abiga urubumbambaga bibanda cyane ku by'ubukungu, byabyaye *anthropologie économique/economic anthropology* (Dupuy, 2011 [2001]), abandi bibanda ku miterere cyangwa imyubakire y'inzego n'ibyiciro by'abagize urubumbambaga, ari byo byitwa *anthropologie structurale/structural anthropology*, byatejwe imbere cyane na Levi-Strauss (1958) na Bourdieu (2015/16). Amashami yageze aho arasandara, inzira ziba urufaya bitewe ahanini n'uko byigishwa muri za kaminuza; buri mwarimu cyangwa umushakashatsi agamije kugaragaza umwihariko we. Nka van Gennep (1909), Evan-Pritchard (1951) bibanze ku kugaragaza uko amoko y'abantu agenda ahanga ibyo akeneye, bitewe n'aho bari n'igihe bagezemo; babyita *"fonctionnalisme/functionalism"* naho Balandier (1982) na Glucksman (1965) bashimangira ingaruka z'ubukoroni n'impinduka zabaye bitewe nuko abantu bagiye bagana ukwishyira ukizana, babyita *"anthropologie dynamique/ dynamic anthropology"*. Inzira z'imyigishirize rero zabaye nyinshi muri za kaminuza: mu Bufaransa (Durkheim, 1947; 1975 na Mauss, 1950), mu Budage (Weber, 1922), mu Bwongereza (Fortes, 1953) n'ahandi.

Umuco n'ubuvanganzo muri rusange

Ubuvanganzo, cyanecyane nyemvugo, ni umuyoboro ugaragarizwamo umuco wa ba nyirabwo cyangwa bukawuherekeza, kuko bugaragara nka kimwe mu biwugize. Boas (1940, p. 28) avuga ko "hari isano ya hafi cyane hagati y'ubuvanganzo nyemvugo n'imibereho ya buri munsi y'abantu. [...]. Ibyo bishyika mu buzima, babona ko ari ingenzi, bizigaragaza mu gitekerezo cyangwa bibe imbarutso bubakiraho inkuru. Ibyinshi abantu barenguriraho imibereho yabo mu buvanganzo, uzasanga rwose biganisha ku byo bamenyereye. Byongeye kandi, uburyo bwo kubara inkuru bizerekana neza uko abantu bumva ikiza n'ikibi. Ni nk'uburyo ubwoko cyangwa umuryango runaka bukoresha mu kwivuga uko bari cyangwa bateye"[6]. Ibyo bemera (iyobokamana), ibyo batinya cyangwa bubaha bakabiziririza, imigenzo bagomba kubahiriza, ijyana n'imibereho cyangwa imirimo yabo ya buri munsi; nk'igihe k'ihinga cyangwa isarura. Urugero ni ugutanga imbuto cyangwa ibyakorwaga igihe cy'umuganura mu mihango y'ubwiru mu Rwanda. Hari kandi ibiranga ibihe by'ingenzi mu mibereho ya muntu: ibyubahirizwa igihe umwana avutse cyangwa apfuye, ahabwa izina, ameze amenyo; yinjizwa mu rwego rw'abakuru, ni ukuvuga abaye umwangavu (hari aho abakobwa bakatwa imyanya imwe y'igitsina, hari aho bahonyorwa amabere) cyangwa ingimbi (bamwe bakorerwaho imihango ibamenyereza kuba umugabo, intwari ndetse bagasabwa gukora ibijyane no kwigerezaho; ahandi bigishwa iby'imibonano mpuzabitsina, n'ibindi). Byose usanga bifite imvugo n'amagambo, imitongero, indirimbo cyangwa imbyino bibiherekeza.

Ntushobora gusesengura umuco uwo ari wo wose ngo uwutandukanye n'ubuvanganzo buwushamikiyeho. Umuco na wo ubona mu buvanganzo inzira wisanzuriramo, umenyekana. Nta muco ukurira mu bimenyetso cyangwa ibikorwa gusa, nta jambo ribiherekeza. Urugero nko mu Rwanda, kugangahura, gutsirika, kuvura cyangwa kuroga buri gihe hari imitongero ibiherekeza ari na yo y'ingenzi (Bigirumwami, 2004). Uko kuba umuco n'ubuvanganzo ari indatana, ni ho hava kwitiranya umuco na *folklore* (reba van Gennep, 1924). Ni ijambo ry'Icyongereza risobanura uburyo bwo kumenya cyangwa kugira ubumenyi kuri rubanda; rigizwe n'ibice bibiri: *folk*, rubanda (abaturage) na *lore* (ubumenyi), inkoranya *Le Petit Larousse* (Cousin, Garnier, & Demay, 1999) isobanura ivuga ko ari "uburyo bwo kugaragaza ibijyanye n'umuco byose (imyemerere, imihango cyangwa imigenzo, imigani, ibitekerezo n'ibikabyankuru, imanza n'iminsi mikuru cyangwa ibirori n'ibindi.), by'umwihariko, ubuvanganzo nyemvugo mu rubumbambaga rw'abatarangwaho umuco wo kwandika cyangwa se abantu bo mu cyaro"[7].

Ubushakashatsi ku muco wifashishije ururimi n'ubushakashatsi ku rurimi binyuze mu muco, byombi birajyana; ari na ho haturutse ibyo abahanga bamwe bise

---

6 "Il y a un rapport étroit entre la littérature orale et la vie quotidienne des gens. [...]. Ces incidents de la vie quotidienne qui leur paraissent importants, réapparaîtront accessoirement dans une histoire, ou en formeront l'intrigue. La plupart des allusions que font les gens à leur mode de vie refléteront très exactement leurs habitudes. En outre, le développement de la trame de l'histoire indiquera clairement l'idée que se font les gens du bien et du mal. Il s'agit, dans un sens, d'une autobiographie de la tribu".

7 "ensemble des manifestations culturelles (croyances, rites, contes, légendes, fêtes, etc.), et, particulièrement, littérature orale des sociétés sans écriture ou paysannes".

sociolinguistique (Hymes, 1964), cyanecyane muri Amerika, ni ukuvuga kwiga ururimi uhereye ku baruvuga (umuco, imibereho); abandi bakabyita *ethnolinguistique (Calame-Griaule, 1977)*, bashimangira ukuntu "ikiri mu mvugo runaka ntawagitandukanya n'imigirire n'umuco w'abavuga urwo rurimi"[8]. Ni mu rurimi rero abantu berekaniramo uko cyangwa uburyo babaho, ibyo bemera, ibigenda bihinduka cyangwa ibibatandukanya muri iyo mibereho, uko umuryango wabo wubatse; mbese ururimi ni nk'indorerwamo y'urubumbambaga, aho abantu babonera ishusho y'umuco wabo. Ni yo mpamvu Sapir (1921) na Whorf (1956) bemeza ko "amagambo ururimi rukoresha agaragaza imibereho mu rubumbambaga n'umuco bafite"[9]. Nguko uko usanga kwiga iby'umuco, urubumbambaga, ubuvanganzo n'ururimi ari ihuriro ry'urujya n'uruza rw'ingeri zinyuranye zigusha ku bumenyamuntu, ubumenyamibanire, iyigamoko n'imiryango, babihuza n'iyigandimi *(linguistique/linguistics)*, cyanecyane agace karyo k'iyiganyito *(sémantique/semantics)*.

Urugero rw'urwo ruvange ni icyo bita ubu *"cultural studies"* usanga bihuza ibyo byose tumaze kuvuga, bibanda cyanecyane ku gisa no guhangana hagati y'"umuco wa rubanda" n'ubutegetsi usanga bufitwe ahanini n'abakomeye. Byavukiye mu Bwongereza muri za 1960, igihe uwitwa R. Hoggart yashingaga ikiswe *Center for Contemporary Studies*, nyuma bikaza kugera muri Reta zunze ubumwe z'Amerika, bakabihuza n'ikiswe *French Theory* (ubushakashatsi mu bya firozofiya bwa ba Derrida (1967), Foucault (1966) n'abandi); mu Buholandi bikigishwa byitwa *cultural analysis* cyangwa isesenguramuco guhera mu 1990.

Uko kwiga umuco uranga rubanda cyangwa abaturage basanzwe mu mibereho yabo ya buri munsi, babisesengura bahereye cyanecyane ku itangazamakuru *(media studies)*, by'umwihariko iryifashisha amashusho agaragaza nyine uko abantu babaho, uko bumva ibintu n'ingaruka iryo tangazamakuru rigira ku mibereho yabo (Ang, 1990). Nko kwamamaza, amafirimi, bigira ingaruka ku myumvire n'imibereho y'abuhirwa ayo mashusho *(visual studies)*. Abashakashatsi rero basanga abaturage aho bari, bakaganira na bo ngo bamenye icyo babitekerezaho, bagasesengura ibyandikwa. Baracengera kandi, bakagera no mu duce dutuwemo n'abakene, abashomeri, abatarize, abimukira n'abandi "basigaye inyuma", ngo bamenye imibereho yabo (Zukin, 1995); bakareba uko bagerageza kwihagararaho imbere y'iterambere rishaka gusibanganya "ikibaranga" cyangwa gukora nkaho batariho (Mattelart & Neveu, 2003). Ubu hari ubushakashatsi bunyuranye ku "mvugo

---

8   E. Sapir, 1921, *Le langage*, Paris, Payot, p. 214.

9   "The vocabulary of a language reflects the social and cultural life of a society" (hypothesis Sapir & Whorf), in B. Lee Whorf, 1956, *Lainguistics and Anthropology: Selected Writings of Benjamin Lee Whorf*, p. 125.

zihariye" (Messili & Ben Aziza, 2004) zikoreshwa n'abo basigaye inyuma, akenshi usanga banatuye ukwabo ahantu hadashobotse mu migi, bakagira injyana na muzika yihariye ibaranga nka *pop music* (Adorno, 1941; Mauch, MacCallum, Levy, na Leroi (2015), *rock'n'roll* (Chastagner, 1998), *hip hop* (Colins, 2006), *reggae* (Dumerc, 2014), *rap* (Sberna, 2001), *slam* (Bourdieu, 1982; Petotin, 2009) n'ibindi.

Ku rundi ruhande, abakurikirana *cultural studies* usanga mu bo bavuga ko barengera atari rubanda mu buryo bw'imibereho gusa, nka bimwe bya K. Marx byo kurengera abakozi bo hasi cyangwa abakene banyunyuzwaga na ba nyiri inganda, bakaba baragombaga kwihagararaho (Roach, 1997), bakumvikanisha ijwi ryabo binyuze mu kwigaragambya (Neveu, 2002). Ibyo bifitanye isano kandi n'ibyitwa *Postcolonial studies (Smouts, 2007).* Ahubwo muri *cultural studies* harimo no kwivumbura ku ndangagaciro na kirazira urubumbambaga rugenderaho. Urugero ni ishusho y'umuryango, ubusanzwe uba ugizwe n'umugabo, umugore n'abana. Imyumvire ikwirakwizwa na *cultural studies* irimo "kwigobotora amabwiriza yerekeye umuryango urubumbambaga rugenderaho": ibyiswe *"mai 68"* mu Bufaransa, irengerabagore *(féminisme/feminism)* ribangamiye "ububyeyi" bw'umugore nk'uko byakwirakwijwe na de Beauvoir (1949), aho bemeza ko umubiri w'umugore afite uburenganzira bwo kuwukoresha icyo yishakiye; gushyingira abahuje igitsina bikemerwa, nk'uko bikwirakwizwa na *gender studies* na za muvoma LGBT.

Kwiga ibikoma kuri muntu n'uko yagiye atera imbere, yiyungura ubwenge, ahanga ibishya; ibyo ukabisesengura uhereye ku ndimi, imitekerereze n'imikorere ye, aho aba n'ibindi, Abanyaburayi ni bo ba mbere bakoze ubushakashatsi ku banyafurika n'andi moko, rimwe na rimwe bakabigoreka (Asante, 2003). Bivuga ko abo banyafurika bagomba gukora ubwabo ubushakashatsi ku mico n'imibereho yabo ngo bakosore ibyo abo bazungu bavuze nabi; bapfa nanone kutagwa mu mutego wo kwitaka no kwishimagiza, nta mpamvu.

Uruhare rw'isesenguranyandiko n'ijoranganzo

Nk'uko twabonye ko ubuvanganzo bufitanye isano ya hafi n'urubumbambaga bwavukiyemo cyangwa bugenewe, habaye impaka nyinshi ku buryo ijoranganzo rikwiye gukora, bamwe bashaka kugaragaza isano iri hagati y'ibivugwa mu nyandiko n'ibyaranze urubumbambaga umwanditsi yabayemo, ubuzima bwe; abandi bashaka kwibanda ku nyandiko gusa, nta kuyitiranya na nyirayo, bakayisesengura mu buryo "bwa gihanga" aho kuba "amarangamutima".

Nyamara n'abahisemo ubwo buryo bwa gihanga, ikigomba kwitabwaho ntibakivugaho rumwe: hari abashyira imbere ibarankuru (umugendo w'inkuru, imivugano, kujya imbu kw'abakinankuru mu bikorwa byabo n'ibindi), abandi bakibanda ku kivugwa (ingingo n'ibitekerezo), gucukumbura ibitekerezo byihishe by'abakinankuru, abandi bakimika iby'ukuntu inyandiko yakiriwe n'abasomyi (gusomwa, gukundwa no kugurishwa, kujorwa) n'icyo igomba kungura umusomyi mu rwego rw'imibereho na poritiki. Abandi bagasesengura bibanda ku hantu havugwa mu nkuru, bagerageza gusobanura impamvu havugwa, uko havugwa, n'ibindi. Izo nzira zose turazivugaho muri make ariko duhamya ko nta nzira kamara, kuko inyandiko ni insobe, ni uruhurirane rw'ibyo byose, ku buryo n'umusesenguzi nta cyo yagombye gutonesha cyangwa gusuzugura.

Urusobe rw'isesengurirambaga

Isesengurirambaga ryita icyarimwe ku kiri mu nyandiko imbere n'ibituruka hanze yayo, ni ukuvuga inyandiko ubwayo n'ibitayirimo cyangwa ibitayigize ariko bifitanye isano na yo (igihe, ahantu, uko yakozwe). Si ugushakisha imyumvire y'umwanditsi cyangwa gusesengura ibyo ahoza mu kanwa (bisa n'ibyamusajije) nk'uko tubisanga kwa Bachelard (1942; 1946) cyangwa Durand (1963); si no gusesengura ingengabitekerezo yiganje, nk'uko byakozwe na Adorno (2011), Marx 2008 [1859]), Goldmann (1967). Hari isano ya hafi urubumbambaga rufitanye n'ubuvanganzo. Imvugo yabaye umugani ngo "ubuvanganzo ni indorerwamo y'urubumbambaga" yigaragaza buri munsi kubera ko umwanditsi, mu guhanga kwe no kuranga indi si yiremera ari yo y'abakinankuru be, abo bakinankuru ashobora kubarema ahereye ku bigaragara mu rubumbambaga n'amateka nyayo umuhanzi ubwe yabayemo. Ni cyo gitera Hébert (2001, p. 13) kuvuga ko "inyandiko twayifata nk'ishusho y'urubumbambaga byitwa ko yerekana, ikimenyetso cy'urubumbambaga yavukiyemo cyangwa... ikirango cyakorewe kandi kigakorwa n'urwo rubumbambaga"[10]

Isesengurirambaga rero ni uruhurirane rw'inzira n'uburyo bunyuranye bwo gusesengura inyandiko nk'uko tubisanga no mu guhuza ururimi, umuco n'urubumbambaga (*ethnolinguistique/ethnolinguistics*), isesengurajambo (*analyse du discours/discourse analysis*) cyangwa isesenguramvugo (*pragmatique/pragmatics*). Ni iyo mpuzaburyo bw'isesengura ijyana n'ubwinshi bw'inzira zo gusoma no kumva inyandiko bugize ipfundo ry'imiyobora (*théorie/theory*) ya Cros (2003), iyo avuga ngo nta "buryo budasubirwaho, rukumbi, ngenderwaho bwo gusomamo cyangwa kumva inyandiko"; kubera ko iyo usoma inyandiko, uba uri imbere y'uruhuri rw'inyito zinyuranye kandi zihindagurika aho kuba igisobanuro ndakuka. Mu

---

10 "le texte peut être pris comme une icône de la société qu'il est censé représenter, comme indice de la société dans laquelle il a été produit ou comme... symbole produit dans et par cette société".

nyandiko rero idanaze cyangwa iboshye butambaro, Cros (2000, p. 54) asangamo "utuyira tuganisha ku bisobanuro binyuranye ndetse bivuguruzanya, hakaba aho usanga nta kintu gihari, ibisa n'utwobo, ahandi hakaba utuyira tw'ubusamo"[11].

Twe dusanga ahubwo inyandiko ntawushobora kuyumva cyangwa kuyicengera ngo ayiheze, bitewe nuko yigiramo bimwe abanyabugenge bita "ibiyoongobezarumuri" (*trous noirs/black holes*), biyongobeza ibisobanuro; maze hakaba amabanga y'inyandiko atazigera amenyekana. Bivuga ko, mu by'ukuri, ibyo umusomyi (aba-) ashobora gushyikira nk'igisobanuro, ari nk'akamuri gake karokotse wa mwobo ucuze uburindi. Iyo myobo tuvuga hano, irimo imyumvire byitwa ko igendanye n'igihe, usanga yemera ko ibintu bisomwa cyangwa bikumvwa mu murongo runaka; wabyumva ukundi ugateshwa agaciro. Urugero ni ukuntu ikitwa "uburenganzira" cyumvwa muri iki kinyejana cya XX-XXI; nk'iyo bavuga uburenganzira bw'igitsina gore byabyaye "guhakana ubugore", kwigarama ububyeyi, kuvanamo inda, kubana kw'abahuje igitsina, kwihinduza igitsina n'ibindi; uburenganzira bwo gufasha umuntu kwiyahura cyangwa ukamunogonora. Iyo nshoza kandi inahindagurika bitewe n'ibyo abafite ingufu bifuza. Muri iki gihe abaherwe, abanyenganda n'abanyemari bashaka kwikubira ubukungu bw'isi, bagenda bakuraho uburenganzira bw'abakozi (umushahara ukwiye, ikiruhuko, kudapfa kwirukanwa n'ibindi); byahindutse "ntawuburana n'umuhamba". Undi mwobo ni igihe, kubera ko hari inyito n'ibisobanuro bigenda bitakara cyangwa biteshwa agaciro uko imyaka igenda ihita. Urugero ni "ukuri" kuko ubu bavuga ko nta kuri guhuriweho na bose kubaho, buri wese afite ukuri kwe, agakora icyo yumva kimubereye atitaye ku by'abandi. Hari kandi umuco cyangwa gushaka gusanisha icyo ubwiwe, ikivuye ahandi (nk'indangagaciro) n'umuco wawe, ngo ukigire icyawe "*inculturation*".

Gusa iyo myobo ni ingenzi cyane kuko yifitemo "akamuri", igatuma abasesenguzi bagira ishyaka ryo gushakashaka, bakimba ubutarambirwa nk'abacukura mu kirombe ngo bavumbure cyangwa bacengere ibanga rihishe mu magambo kugeza ku kitso n'akaninuriro "*point d'ironie/irony mark*" (Jobard, 1842); amaherezo bagashirwa bateye muri ka kobo intanga nyito "*spermesan*" yabo, ngo inyandiko irusheho kurumbuka.

Isesengurantego cyangwa isesenguramisusire ryifashisha amahame y'iyigandimi mu gusesengura inyandiko. Ryatangijwe na Jakobson (1973) na bagenzi be barimo Troubetzkoy, bari bagize "*Cercle linguistique de Moscou*" mu Burusiya mu myaka ya 1920; nyuma yimukiye i Prague byitwa "*Cercle linguistique de Prague*". Kuri bo,

---

11   il n'y a pas "de lecture définitive, exclusive, canonique" car lorsqu'on lit un texte, on se trouve devant une volatilité et non une exactitude sémantique. Il relève dans le tissu textuel des "trajets de sens complexes et contradictoires, des blancs, des lacunes, des raccourcis".

ubuvanganzo nubwo bufite ikiburanga kihariye, ariko bushingiye mbere na mbere ku mvugo; ari na yo mpamvu, mu isesengura, inyandiko nyirizina ari yo igomba kwitabwaho yonyine; aho kureba igihe, ahantu, amateka, impamvu byaranze abayikoze.

Ku basesenguramisusire (*formalistes/formalists*), inyandiko mvanganzo irihagije, ni yo mpamvu igomba kwigwa cyangwa gusesengurwa bagendeye ku biyigaragaramo nyabugeni, aho kugendera ku biri hanze yayo. Ni cyo gitera Jakobson (1977, p. 16) kuvuga ngo "icyo ubuhanga busesengura inyandiko bugomba kwiga si ubuvanganzo, ahubwo ni "ikiranganganzo" (*"literaturnost"*), ni ukuvuga igituma inyandiko iba inyandiko mvanganzo[12].

Uko gushaka kwiga inyandiko ku buryo bwa gihanga, ureba cyanecyane igituma inyandiko runaka yitwa ubuvanganzo nyabugeni, usanga bikora gusa ku nyandiko ya gisizi aho usanga injyana, amahuza, isubirajwi bizana inshurango mu nyandiko, bigatuma yitandukanya n'imvugo isanzwe, tutibagiwe no kuzimiza ukoresheje ishushanyamvugo. Iyo ugerageje gukoresha ubwo buryo ku nyandiko itari iya gisizi, bigusaba kureba uburyo ikivugwa cyangwa inkuru *"fabula"* yabazwe, bikayiha imisusire nyabugeni ngo bibyare inyandiko y'ubuvanganzo. Ni aha usanga ubu buryo buhurira cyane no gusesengura ibarankuru *"narratologie/narratology"* byazanywe na Genette muri za 1966.

Abacengeranganzo batwawe n'iyigandimi rigezweho, bagiye kurivomamo ibikoresho, ibitekerezo n'inzira kugira ngo bavugurure ijoranganzo. Kugeza ubwo ijoranganzo barigira rimwe mu mashami y'iyigandimi: ni iyigandimi ry'imvugo rishingiye ku kivugwaho aho gushingira ku nyumve n'inyumvisho. Ni ryo ryabyaye ikeshamvugo, izimburanganzo n'iyigabimenyetso.

Inshoza y'insobeke *"structure"* imaze imyaka irenga 30 ihindagurika (uje wese abonamo umwanya akayikoresha uko yishakiye). Ubundi insobeke ni "urujyaano" (*système/system*) rukora rukurikije amategeko y'ubwuzuzwe (ikintu kirangiye), ubwuzuzanye n'ubufatanye (ikintu kigira icyo gikora ku kindi), kwibogora (ibintu bikisubiza mu mwanya) no guhinduka (ikintu kitari intayega), uburutanwe n'ukwigumamo *"immanence"* (ikintu kikagirwa n'amategeko yacyo bwite). Ik'ingenzi mu nsobeke, si akantu kamwe ukwako cyangwa se kureba byose icyarimwe, ahubwo ni amasano ingingo zifitanye.

---

12 "L'objet de la science littéraire n'est pas la littérature mais la "littérarité" ("literaturnost"), c'est-à-dire ce qui fait d'une oeuvre donnée une oeuvre littéraire".

Niba ururimi rugaragara nk'urujyano, ingingo zirugize nta buzima bwite zifitemo. Inyito cyangwa agaciro kazo gashingiye ku mikoreshereze yazo mu rujyano; mu masano izo ngingo zifitanye hagati yazo, mu mumaro n'umwanya zifite mu rujyano. Mu kurondora injyano z'ibimenyetso, de Saussure (1995[1916]) ntiyigeze arengurira ku rujyano rw'ibimenyetso mvanganzo. Ashingira urujyano ku rurimi, atari ku ijambo (igikorwa cy'umuntu ubwe).

Isesengurarurimi rihera ku ndanguruzi ya Jakobson (1963, pp. 209 – 222) yerekeye ubwumvane, rigerageza gushakamo ya mimaro itandatu ndangamvugo. Mu nyandiko ushobora kubonamo imimaro myinshi icyarimwe, ariko ni ngombwa kureba uwiganje kurusha iyindi. Bityo nko mu gisigo, umumaro uganje ni "ngénamvúgo" (*fonction poétique/poetic function*), mu nkuru ndende higanje umumaro "nyérekezo" (*fonction référentielle/referential function*) kubera ko inkuru ndende yerekeza ku isi baranga. No mu ndondore higanje umumaro "nyakubwiirwa" (*fonction conative/conative function*) na nyerekezo. Umuntu yavuga ko amashuri y'iby'icengeranzo, mu kinyejana cya 20, yasaga n'akomeza kuzenguruka atabizi kuri iyo ndanguruzi[13].

Ijoranganzo rya kera (mbere ya 1920) ryibandaga ahanini ku mumaro nyakuvuga, ni ukuvuga ko ryitaga ku muhanzi, ubuzima n'imibereho ye n'uburyo bwe bwo kubona isi. Ryitaga no ku mumaro nyerekezo (imfutuzi, isi yagaragajwe, ingingo zijyanye n'ubuzima n'imibanire cyangwa imibereho, izijyanye n'uburyo bwo kubona no kumva ibintu, izijyanye na poritiki n'ibindi). Hagati ya 1920 na 1940, cyanecyane muri Amerika, havutse icyo bise ijoranganzo rishya *"new criticism"* ryashyize imbere umumaro ngenamvugo.

Jakobson (1963, pp. 43 – 67) azanamo n'izindi nshoza nko "kubyarwa" no "kugendera". Iryo gendera rifite umwanya mu myubakire y'inyandiko, aho usanga ibyanditswe mbere [muri iyo nyandiko ku mapaji abanza cyangwa izayibanjirije] bisa n'ibiyobora ibiza kwandikwa, rikagira n'uruhare mu buryo iyo nyandiko isomwamo (yumvikana). Gusoma bishingiye ku "ifinda" (*codification*), tuvuge ry'ikivugwamo cyangwa ingingo; nyuma hakaba hari irindi finda "ririyobora" kubera ko ririhatira cyangwa rikarihinyuza bitewe n'izindi mfindo zirimo[14] (Bergez et al., 1990, p. 195). Spitzer (1970) mu gitabo yise *Etudes de style* (1970, p. 368) avuga ko "isesenguramisusire atari ukwita ku miterere y'inyuma y'inyandiko ngo

---

13 imfútuuzi ni *contexte/context*, umugénabútumwá ni *destinateur/addresser*, ubutumwá ni *message*, umugenérwa ni *destinataire/addressee*, ihúuza ni *contact* naho gupfúundika ni *code*.

14 Les notions d'engendrement et de surdétermination. La surdétermination vaut aussi bien pour la constitution du texte, où ce qui est déjà écrit constitue un ensemble de contraintes pour ce qui est à écrire, que pour la lecture du texte. Le lecteur établit un "code", par exemple thématique, on dira qu'un autre code la "surdétermine" en ce sens qu'il exerce des contraintes et la réoriente en fonction du jeu des autres codes impliqués".

wirengagize icyo ihatse, nta cyo byaba bivuze – ahubwo ni ugufata ikivugwa ubwacyo nk'imisusire isharaze mu rujyano rw'ikiriho... Ik'ingenzi hano, ni uruhare rw'imiterere mu 'kubaka ikivugwa'"[15]. Cros (2003, p. 35) aribaza ati: "Ni gute kundi umuhanzi w'inyandiko yamenya ukuri kw'ibintu atabayemo, nyamara agenda yinjiramo, atari ukuvuga ibyo abayemo icyo gihe yandika cyangwa se agahera ku gutekereza no gusesengura"?[16]

Genette (1976[1969], p. 17) muri *Figures II*, asaba "gufata igihangano nyandiko cyose, cyangwa agace kacyo, mbere na mbere nk'inyandiko, ni ukuvuga urudanage rw'amashusho mvugo, aho igihe, (cyangwa nk'uko bikunda kuvugwa, ubuzima) bw'umwanditsi wandika n'ubw'umusomyi usoma byifatanya, bikibohabohanaho ku rupapuro n'igitabo cyose"[17]

Mu ibarankuru, bareba "abakórabíkorwá" (*actants*) kuko umukinankuru arangwa ahanini n'ibyo akora mu nkuru. Ni ho haturutse igishushanyo ngaragazabikorwa (*schéma actanciel/actantial model*) cya Greimas kigaragaza uburyo umunyarubuga asabwa n'umugenera gushakisha intego agirira cyangwa ku nyungu z'umugenerwa. Ibyo akabifashwamo n'abunganizi ariko hakaba n'abamwitambika imbere ngo atabigeraho ari bo ba kidobya cyangwa abamurwanya. Ibarankuru kandi ryita ku mubarankuru nyirizina ryiga icyo twise "ireebero", Genette (1983, p. 9) yita *"point de vue/point of view"*. Ashobora kuba "ruményabyóose" (*omniscient*), aba azi byinshi kurusha abakinankuru, bikitwa ko arebera kure (*focalisation zero/zero focalisation*). Ibi ni byo bikunda kugaragara mu nkuru nyinshi, zaba ndende cyangwa ngufi; aho usanga ahanini ibarwa muri ngenga ya gatatu. Tutibagiwe ko mu nkuru imwe ababarankuru bashobora kuba barenze umwe. Ashobora no kuba azi ibingana n'abakinankuru, akitwa ko arebera imbere mu nkuru (*focalisation interne/internal focalization*). Ibi tubisanga ahanini mu nkuru zibazwe muri ngenga ya mbere, igihe umubarankuru ari n'umukinankuru. Umubarankuru ashobora kandi kuba azi bike ku bakinankuru bikitwa ko arebera inyuma (*focalisation externe/external focalisation*). Ibi biba igihe abakinankuru ibyinshi ari bo babyivugira, umubarankuru agasa n'ugenda yuzuriza binyuze mu bisa n'intekerezo.

---

15 "Le formalisme ne consistera pas à privilégier les formes aux dépens du sens, ce qui ne veut rien dire – mais à considérer le sens lui-même comme forme imprimée dans la continuité du réel (...). Ici ce qui importe, c'est le rôle de la forme dans le "travail du sens".

16 "Comment le producteur du texte peut-il saisir la réalité qui lui est extérieure, et dans laquelle il se trouve cependant immergé, autrement qu'en exprimant l'immédiateté de son vécu ou encore par le détour de la réflexion de l'analyse?"

17 "considérer toute oeuvre, ou toute partie d'oeuvre littéraire, d'abord comme texte, c'est-à-dire comme un tissu de figures, où le temps, (ou comme on dit, la vie) de l'écrivain écrivant et celle du lecteur lisant se nouent ensemble et se retordent dans le milieu paradoxal de la page et du volume".

Ababarankuru rero bari kwinshi. Ashobora kubara inkuru adakinamo akitwa *"hétérodiégétique/heterodiegetic"* cyangwa "umubázi wó haanzé"; ni na byo bikunze kugaragara mu nkuru ndende n'ingufi. Ashobora kubara inkuru akinamo akitwa *"homodiégétique/homodiegetic"* cyangwa "umubázi wó muu mbere" nk'uko ashobora kubara inkuru akinamo ari na we munyarubuga akitwa *"autodiégétique/autodiegetic"* cyangwa "umumenyabaanga". Uyu mubazi kandi ashobora kubara ibintu byahise, icyo gihe ibarankuru ryitwa *"ultérieure/subsequent"* cyangwa "iriizanyuma".

Ibarankuru rishobora kuvuga ibitaraba, rikitwa *"antérieure/anterior"* cyangwa "mbaanziriza". Hari n'igihe ariko ribara ibiriho biba icyo gihe ngo rikitwa *"simultanée/simultaneous"* cyangwa "mpuurirana". Ibi bigaragara nk'igihe abanyamakuru babwira cyangwa bereka ababakurikiye inkuru n'amashusho y'ibibera ahantu runaka ako kanya (kogeza umupira, gukurikirana ibirori cyangwa indi mihango).

Ibarankuru kandi rigendera ku rwego ibivugwa biriho. Hari inkuru nyirizina cyangwa nyamukuru. Igihe ari yo ibarwa, ibarankuru rizitwa *"intradiégétique/intradiegetic"* cyangwa "muu nda y'ínkurú". Ni byo bikunze kugaragara henshi. Rishobora kubara ibitajyanye n'inkuru nyirizina, bikitwa *"extradiégétique/extradiegetic"* cyangwa "haanzé y'ínkurú". Bashobora no kubara ikiri intekerezo ku nkuru nyirizina bikitwa *"métadiégétique/metadiegetic"* cyangwa "mbáandankúru".

Ibi byose tuvuze ku ibarankuru ni byo bigize icyo Genette (1972, p. 252) yita *"la voix/the voice"* (ijwi) ry'umubarankuru. Genette yagendeye kandi ku mimaro yashyizwe ahagaragara na Jakobson (1963) avuga ko umubarankuru ashobora kugira imimaro ikurikira: *narrative* cyangwa rubariro, *régie/controlled* cyangwa "mbónezankúru", agenda agaragaza ibice bikuru byayo n'uko igenda itera imbere; umumaro "nyabwuúmvane" cyangwa *"de communication/communicational"* mu kugaragaza uruhare rw'umugenerwa, umumaro "ruhamyá" cyangwa *"testimonial ~ d'attestation/testimonial ~ proof funtion"*, umubazi agaragaza isano ye n'inkuru abara; hakaba n'umumaro "ntéekerezo" cyangwa *"idéologique/ideological"* urangwa no gutanga ibisobanuro cyangwa kuvuga uko abona ibintu.

Muri iri sesengura kandi biga ibijyanye n'igihe biranga ahanini isano hagati y'igihe ibivugwa byabereye koko ukurikije inyurabwenge n'igihe bibera ukurikije uko bivugwa mu nkuru, ukagenda ureba uko bikurikirana (*ordre/succession*), igihe bimara (*durée/duration*) n'inshuro bigarukwaho (*fréquence/frequency*). Ku bijyanye n'uko bikurikirana, ugenda ureba ibyabaye by'ingenzi, ukabishyira ku murongo wifashishije inyuguti nkuru za "abacada" abandi bita *alphabet*; hanyuma zikunganirwa n'imibarwa igaragaza uko bikurikirana mu nkuru ibarwa. Inyuguti uzishyira ku gishushanyo uhereye kuri A ugana kuri Z; imibarwa yo ugahera ibumoso ugana iburyo uhereye kuri rimwe (1). Uko ugenda ubihuza biguha ifoto y'imiterere y'inkuru, niba hari aho basubira inyuma (*analepses/analepsis*), niba hari ibivugwa mbere yuko bishyika (*prolepses/prolepsis*) n'ibindi.

Ku birebana n'inshuro, umubarankuru ashobora kubara rimwe ikintu cyabaye rimwe, ashobora kubara inshuro imwe icyabaye kenshi; cyangwa kubara inshuro nyinshi icyabaye kenshi cyangwa inshuro nyinshi icyabaye rimwe.

Iyo mu kubara inkuru hajemo "ukuraanga" (*description/digression*) byitwa *"pause"* cyangwa "akaruhuuko", hakaba n'icyo twita "akabariro" (*scène/scene*) ari byo gutinda amaso uyahanze ku kintu kiri kuba, abo ubwira bagasa n'abakirebera igihe kimwe nawe. *"Sommaire/summary"* cyangwa "impiné" iba igihe ibintu washobora kuvuga mu magambo arambuye kandi wenda bimara igihe kirekire (iminsi, ibyumweru, amezi, imyaka) ubivuga mu nteruro cyangwa igika kimwe gusa aho kurambura. Usesengura areba n'ibyo umwanditsi asimbuka bita *"ellipse/ellipsis"* cyangwa kwirengagiza, "irékankána" iyo urebye umugendo rusange w'ibikorwa uko byagombye gukurikirana (Genette, 1972, p. 129).

Ikindi bitaho muri ubu buryo ni ukureba niba igikorwa kiri mu nyandiko kivugwa ku buryo buziguye ari bwo bw'ibarankuru (*diegesis*), bukoreshwa ahanini mu nkuru ndende na ngufi cyangwa butaziguye ari bwo *mimesis* nko mu ikinamico. Tutibagiwe ko mu nkuru ndende n'ingufi bashobora kubivanga ariko nta kurenza igipimo. Icyo gihe unarebaho igihe inshinga zitondaguwemo. Ni indagihe isanzwe, ni impitagihe, ni indagihe y'ibarankuru, ni imbundo; ukagerageza no gushaka impamvu aha n'aha byakoreshejwe bityo. Ahandi ureba umurongo umubarankuru ahitamo, wita nko ku tuntu wakwita duto ariko ukabona atwibandaho cyangwa adutsindagira, hakagira n'ibyo anyereraho gusa cyangwa yirengagiza, ugashaka impamvu. Aha ni ho haturuka kuvuga ko umusomyi afatanya n'umuhanzi kwandika inkuru.

Isesenguransobeke ryunganirwa n'"iseseengurabimenyeetso" cyangwa "iséseenguramáreénga" *"sémiotique/semiotics"* babihuza n'ibigaragara mu mikorere, mu mico, imyumvire ya ba nyiri ubuvanganzo cyangwa abavugwa mu nyandiko. Bikorwa basesengura amagambo mu bigize inyito zayo *"analyse sémique/semic analysis"*, noneho uko bikorerwa buri jambo bikaba ari byo bikugeza ku gisobanuro rusange k'inyandiko yose.

Ibi ariko bisa n'inzozi kuko bishoboka ku kandiko kagufi cyane gusa. Kuko "indémanyíto" (*sèmes/semes*) ugomba kubanza kuzihuriza mu "mbonezangiingo" (*classèmes/classemes*), bikakugeza ku magambo (*lexèmes/lexemes*) afite icyo ahuriyeho naho yaba atandukanye mu nyito. Ibi na byo bikakugeza ku mirongo migari y'insobanuro ziri mu nyandiko, za *classèmes* zikaguha "inyíto mpamé" (*isotopies/isotopia*), bityo bityo. Ibi birenda gusa n'ibyo dusangana abitwa Groupe μ (1982) y'i Liège mu cyo bise *nouvelle rhétorique* (Perelman & Olbrechts-Tyteca, 1958) cyangwa inozamvugo rishyashya, rishingiye kuri *elocutio* (uburyo bwo kuvuga) basesengura ibijyanye n'imivugo cyangwa imizimizo biremye ishushanyamvugo.

Ikindi nuko Greimas avuga ko hari inyito mpame zitagaragara ariko zihari, noneho akabangikanya ukuhaba n'imvuguruza bibyara igisobanuro cyuzuzanya. Ni byo yahurije mu gishushanyo kitwa "mpaándenyé ntáanganyíto" *"carré sémiotique/ semiotic square"*. Biragoye ariko kubikoresha nko mu nkuru ndende yose, bisaba gukora ibishushanyo byinshi ugaragaza ingingo zitandukanye.

Isesengurirambaga rero ritandukanye no kureba umwanya w'ubuvanganzo mu rubumbambaga byakorwaga mbere uhereye ku cyo rigamije, atari gusa kubera ko ryibanda ku buvanganzo risesengura inyandiko, ahubwo kubera ko ikirishishikaje muri ibyo – binyuranye n'ibyo gusesengura imibereho n'imibanire y'abantu –, ari ikiri imbere mu nyandiko, ni ukuvuga "uko inyandiko ubwazo zubatse, imikorere yazo n'icyo zihatse, umurego urimo, uruhurirane usangamo rw'ubumenyi n'imvugo bitandukanye" (Cros, 2003, p. 37). Iryo sesengura, byitwa ko rireba gusa inyandiko nyirizina cyangwa icyo ihatse, igituma yitwa mvanganzo. Ababyumva gutyo bahamya ko "niba usanze mu gihangano mvanganzo ibijyanye n'indangagaciro z'urubumbambaga, ibiranga imibereho, uko imyumvire yagiye ihindagurika mu mateka n'aho abantu bari n'ibindi, ibyo byose birahinduka; umwanditsi agasa n'ubisenya ngo yongere abihuze mu buryo bwe; bimwe akabyimura, ibyari ukuri kw'amateka cyangwa ingengabitekerezo akabiha igisobanuro gishya, noneho bikabyara umwihariko, "ubwigire bw'inyandiko" cyangwa ibyo Cros yita "indangagaciro nyirizina z'igihangano"[18]

Nyamara ni ngombwa guhuza inyandiko mvanganzo n'urubumbambaga ikomokamo ku bijyanye n'imvugo ikoreshwa. Kubera ko "imyumvire cyangwa ibitekerezo byagaragajwe n'umusesenguzi akenshi aba ari imvugo ye n'ibitekerezo bye bwite kurusha uko ari ibiri mu nyandiko yasesenguwe"[19] (Mukařovský, bivugwa

---

18 "si on rencontre dans une oeuvre littéraire des systèmes de valeurs sociales, des modes de vie, l'évolution des structures mentales, des paysages, etc; tous ces éléments subissent une transformation, une déconstruction et une réorganisation, un déplacement et une resémantisation de la réalité historique, idéologique engendrant l'"autonomie du texte" ou ce qu'E. Cros appelle les "valeurs implicites d'une oeuvre".

19 Il y a une nécessité de correler le texte littéraire avec son contexte social au niveau du langage. Parce que "la vision du monde dégagée par le théoricien est souvent le produit de son propre discours que le produit du texte littéraire analysé".

na Zima, 2000, p. 139). Ni yo mpamvu "Bakhtine inyandiko ayinjiza mu mateka n'urubumbambaga abona ko na byo ari inyandiko umwanditsi asoma kandi yibonamo azandika"[20] (Kristeva, 1969, p. 144).

Guhuza ubuvanganzo n'urubumbambaga kandi ni "ukureba uko inyandiko yakiriwe (ibikorwa byose ngo igere ku basomyi, ikigero yasomwemo cyangwa uburyo yitabiriwe), ubihuza n'uko abayakiriye bamerewe, babayeho, ibyo bakunda n'ibibabangamiye n'ibindi. [...]. Mbese ni ukureba uruhare rw'igitabo mu buzima bw'urubumbambaga n'ibijyanye n'ubukungu"[21] (Zima, 2000, p. 213). Ku bwa Goldmann (1964, p. 338), "inyandiko ihabwa igisobanuro gishya kiberanye n'ibyubahirizwa n'indangagaciro by'urubumbambaga rwayakiriye"[22]. Ni yo mpamvu Mukařovský na Vodička bavuga ko "igisobanuro mvanganzo gihora gitegerejwe, urugendo mpuzanyandiko ruhuza igihe n'uko inyandiko runaka yakozwe n'igihe n'uko yakiriwe"[23] (bisubirwamo na Zima, 2000, p. 213).

Isesengurangingo

Ni uburyo bwatejwe imbere cyane n'abantu nka Richard (1964), Starobinski (1970), Poulet (1967[1971]), Rousset (1954), bagendeye ku "iyígamíteékerereze" (*psychanalyse/psychoanalysis*). Bamwe barigaya "kutita ku miterere y'inyandiko", ntirigendere ku bintu bifatika, bigaragara (Genette, 1966, pp. 91 – 100). Abarishyigikiye bemeza ko ikivugwa cyangwa ingingo ziri mu nyandiko ari "inzozi" cyangwa "indoto" z'umuhanzi (Bachelard, 1938, 1942, 1943, 1946), wiremera isi ye, akayirota; ari ho hava nyine guhanga (kurotora). Uwitwa Poulet abyita *"cogito"* (urutéekerezo, ikíiyumviiro) y'umuhanzi. Uko kwitekerereza isanzure cyangwa isi yihariye, ahereye ku buryo yiyumva ubwe mbere yo gusingira ibimukikije, ni byo bibyara ingingo. Ikarangwa (zi-) mbere na mbere no kugaruka kenshi mu nyandiko imwe cyangwa nyinshi, zaba iz'umuhanzi umwe cyangwa abahanzi batandukanye; baba baturuka hamwe (akarere, igihugu) cyangwa barabayeho mu gihe kimwe, baba se batandukanye (ahantu, igihe n'amateka).

Nyamara nta ngingo ibaho gutyo gusa, itagendeye ku miterere y'inyandiko. Smekens (1987, p. 68) avuga ko ingingo ari "akarango (nyamisusire) k'igihangano cy'umwanditsi runaka cyangwa se izindi nyandiko izo ari zo zose. Ni byo Hjemslev

---

20 "Bakhtine situe le texte dans l'histoire et dans la société envisagées elles-mêmes comme textes que l'écrivain lit et dans lesquels il s'insère en les écrivant"

21 La sociologie de la littérature consiste à "situer la réception (sociologie du livre et de la lecture) dans un contexte sociologique. [...], rendre compte de la fonction du livre par rapport à des processus sociaux et economiques"

22 le texte est investi d'un signifié nouveau qui correspond aux normes et valeurs de la collectivité qui l'a accueilli".

23 C'est pourquoi Mukařovský et Vodička disent que "la signification littéraire est un *devenir*, un processus intertextuel qui relie le champ de la production à celui de la réception"

(1971, p. 70) yita "imisusire y'ikivugwa" ahuriyeho n'abandi nka Meschonnic (1970), basobanura ko ntawushobora gusesengura ingingo cyagwa ikivugwa mu nyandiko abitandukanya n'imisusire cyangwa imyandikire. Ingingo zisobanura impamvu umwanditsi yahisemo kwandika muri ubu buryo (kuzimiza n'ishushanyamvugo, amagambo yakoreshejwe, ibihe by'inshinga, kuranga n'ibindi.) aho gukoresha buriya; imyandikire na yo ikaberana nyine n'ikivugwa. Bitandukanye n'ijoranganzo rishingiye ku mateka cyangwa ubuzima bw'umuhanzi abitwa ba Sainte-Beuve bakoraga, igihe yemezaga ko "inkomoko – n'igisobanuro – k'igihangano nyandiko kiri mu mibereho y'umuntu wagihanze, wacyanditse" (Proust, 1954, p. 220)[24].

Hari abatandukanya ingingo *"thème/theme"* n'igitekerezo *"motif/motivation"*, basa n'aberekana ko igitekerezo cyagutse kandi kitagusha ku bifatika cyangwa ibigaragara, mu gihe ingingo ari agace cyangwa uburyo bwo gufutura kurushaho igitekerezo (Ducrot & Todorov, 1972, pp. 283 – 285).

Gusesengura ikivugwa mu nyandiko mvanganzo cyangwa isesengurangingo bifitanye isano n'uko inyandiko yakirwa n'urubumbambaga cyangwa umusomyi. Abatangije ibyiswe "umuyobora w'íyakiiranyandiko" (*théorie de la réception/ theory of reception*) bagendeye ku bitekerezo by'abanyafirozofiya nka Gadamer (1996) mu buryo bwo kumva ibintu, gushaka igisobanuro uhereye ku bisanzwe bizwi (*herméneutique/hermeneutics*) hamwe no kugaragaza uko wumva cyangwa ubona ibintu/isi, ibigukikije (*phénoménologie/phenomenology*) bakunze kwitirira umudage Husserl (1950). Kwiga iby'iyakiranyandiko rero byaje kwitirirwa abarimu bo muri kaminuza ya Constance mu 1967; usanga ari uruvange rw'indi miyoboro yabanje nk'isesenguramatwara rya K. Marx kubera ko rigusha ku mibereho, ibijyanye n'uburezi n'ibindi by'umuhanzi n'umusomyi.

Abagendera ku matwara ya K. Marx bahamya ko abasomyi baramutse bahawe ibikoresho bimwe n'ubushobozi bungana, inyandiko iyo ari yo yose bayumva kimwe. Ngo mu nyandiko haba harimo "igisobanuro gihishe" umusomyi usesengura agomba gutahura. Icyo gisobanuro bakerekeza cyanecyane ku buryo urubumbambaga rutuma habaho inyandiko ivuga cyangwa igiye mu murongo uyu n'uyu; nk'uko n'inyandiko na zo zigira uruhare mu guhindura isura y'urubumbambaga. Ni byo bituma Sartre (1947) yibaza uwo umuhanzi agenera inyandiko ye igihe yandika; agashimangira ko ari umwanditsi, ari umusomyi, bagomba kugira uruhare rugaragara muri poritiki; ni ukuvuga guharanira guhindura ibintu mu rubumbambaga.

---

24 "La littérature n'est pas pour moi distincte ou du moins séparable de l'homme et de l'organisation"

Jauss (1978) na Iser (1985) ni bo bagerageza kubivugurura berekana ko abantu badashobora kumva inyandiko kimwe cyangwa ngo bayishime/bayinenge ku buryo bumwe. Iser ahuza na Cros twabonye haruguru mu kuvuga ko mu nyandiko habamo uduce tutanditseho, utwobo umusomyi agenewe kuzuza cyangwa gutaba ngo yumve neza ukuntu ibiri ku rupapuro byuzuzanya; bitabujije ko inyandiko ubwayo isa n'iyobora umusomyi mu buryo agomba kuyisoma no kuyumva. Hari igisobanuro ikongorera cyangwa igutungira agatoki, ariko amaherezo ukihitiramo ikikubereye.

Barthes (1973) we yibanda ku munezero umusomyi akura mu gusoma inyandiko runaka. Araruhuka, agatwarwa, akishima ariko akanakoresha ubwonko. Inyandiko zinezeza ngo ni izigoye kumva, umusomyi akaba agomba 'kwiremera" igisobanuro; ngo zituma atekereza ku "mayobera ya kamere muntu". Uko gushyushya ubwonko Umberto Eco abyerekeza ku gushakisha inyito n'ibisobanuro by'amagambo n'imvugo umwanditsi yakoresheje, mu nkoranya n'intango z'ibisobanuro birambuye (*encyclopédie/encyclopedia*); nuko umusomyi akimena umutwe, agashakisha, akavumbura binyuze mu gusigura. Ibyo bikamuha kwishima kuko nyine hari icyo yagezeho.

Bakhtine (1978) avuga ahanini ku kiganiro kiba hagati y'umwanditsi n'umusomyi kiyongera ku kiba hagati y'umwanditsi n'abakinankuru ndetse n'abakinankuru hagati yabo (*dialogisme/dialogism*). Umusomyi rero ni we utuma iryo "húuzamájwi" (*polyphonie/polyphony*) rijya ahagaragara. Bifite aho bihurira n'isesengurangingo ndetse n'isesengurirambaga, kuko ab'i Constance bemezaga ko inyandiko itagira uburyo bumwe rukumbi yumvikanamo. Bizaterwa n'umwuka uranga ahantu, igihe umusomyi arimo n'uko amerewe igihe asoma kimwe n'umwanditsi ubwe n'ibyo umusomyi amuziho. Inyandiko y'umwanditsi w'icyatwa, ukomeye, wabonye ibihembo mpuzamahanga, bigisha mu mashuri na za kaminuza; umwanditsi umusomyi aba hari izindi nyandiko ze yasomye, akunda, si kimwe n'inyandiko y'umuntu abonye bwa mbere, atazi imyandikire ye (amagambo cyangwa imvugo akunda gukoresha, uburyo asetsa, aca igikuba, atera amatsiko n'ibindi). Mu yandi magambo, umuco w'umusomyi n'ikiciro abarirwamo mu rubumbambaga ni byo bimuha igisobanuro k'ibyo asoma; mbese igisobanuro ntikiri mu nyandiko nyirizina, ahubwo kiri mu buryo isomwa. Barsky, (2012, p. 148) akongeraho ko "umunezero uva mu nyandiko igihe uyisoma, ari nk'uwo dusanga mu buzima busanzwe; ni imvange iryoshye y'ibyo udashobora guteganya, ibipfa kwizana, ugatungurwa ndetse ntunamenye iyo bigana"[25].

---

25 "Le plaisir du texte est ici semblable au plaisir de la vie, heureux mélange d'indétermination, de hasard, de surprise et d'incertitude".

Isesengurarari

Rishingiye ku bitekerezo bya Sigmund Freud twavuga ko ryatangiye mu kinyejana cya XIX, ku bijyanye n'inzozi, agerageza gusobanura avuga ko akenshi zivuga ku buryo bw'amarenga ibyifuzo bihishe umuntu yapfuritse kure iyo mu bwonko, mu cyo twakwita "intábíizi" (*l'inconscient/unconscious*) yanga ko byajya ahagaragara, bikamukoza isoni kuko urubumbambaga yarerewemo rutabyemera. Freud rero yasesenguraga inyandiko mpangano z'ubuvanganzo harimo n'ibikabyankuru. Avuga ko intabizi igira uruhare runini mu myitwarire ya muntu, cyanecyane n'ibyifuzo bishingiye ku gitsina. Ibi bigera no mu buvanganzo, bimwe Roland Barthes yise kwishimishiriza mu gusoma. Ikibazo nuko mu gusesengura hari ubwo umusomyi yitirira umwanditsi ibyifuzo bye bwite ndenguriragitsina.

Freud avuga ko intabizi irimo ibice bitatu: "inkuruzi" (*ça/id*), hakaba "inge" cyangwa *ego*, isa n'umuhuza hagati y'inkuruzi n'"inkúmirizi" (*surmoi/superego*) kugira ngo bya byifuzo bigayitse bitazamuka.

Ibi nanone bigendana n'ibigero biranga uko umuntu agenda akura. Freud avuga ko hari ibigero bitatu, buri gihe abihuza n'irari ry'umubiri: "mbonezakanwa" (*stade oral/oral stage*), "mbonezanyuma" (*stade anal/anal stage*) na "mbónezagítsina" (*stade phallique/phallic stage*); bigakurikirwa n'igihe twakwita "isiinziriza" (*période de latence/latency period*) hagati y'imyaka itanu n'"imbáanzirizabúgiímbi" (*pré-adolescence/preadolescence*), bigasozwa n'"ubukáanguragítsina" (*stade génital/genital stage*). Buri kigero kigira "ibitéerapfúnwe" (*complexes*) binyuranye, ari byo bya byifuzo bihishe mu ntabizi nk'icyo bitirira Œdipe, uvugwa mu migani ya kigereki, cyo kwica se ngo arongore nyina (*complexe d'Œdipe/Oedipe's complex*) banita ipfunwe ry'"ubwíiyuumvakóne" (*complexe de castration/castration complex*), ni ukuvuga ko umwana umaze kugimbuka bakamubuza kwikuba kuri nyina cyangwa bashiki be, aba yumva ararikiye, ari nko kumukona.

Freud asobanura ko gutsikamira ibyo byifuzo ubibuza kuyobora ibitekerezo n'ibyifuzo byawe ari byo bizana iterambere n'ivutsabushya mu bantu, ariko bikagira n'ingaruka ku myifatire imwe n'imwe nko gushakira ibyishimo mu kwibabaza (*masochisme/masochism*) cyangwa mu bugome no kubabaza abandi (*sadisme/sadism*). Hari ariko no kwikinisha, gukora amahano ari yo mibonano y'abafitanye amasano ya hafi n'ibindi. Iyo bitabaye ibyo, za ngufu nturukarari ugerageza kuziyobora mu bindi wishimishirizamo ari byo guhanga, kubaka, gukina, ubushakashatsi, ubuvanganzo n'ibindi. Nk'uko bigaragara, Freud agerageza gusobanura imyifatire, imigirire y'abantu agendeye gusa ku byifuzo mbonezarari ribarimo.

Isesengurarari rero ryifashisha ibyo bitekerezo bya Freud mu gucengera inyandiko iyo ari yo yose. Hari ibyo Freud yita *condensation* (ikintu gishobora guhagararira ikindi kihishe inyuma yacyo, hakaba icyo yita *déplacement/displacement* (akantu kadafite agaciro gashobora kuduhishurira ikindi kintu gikomeye), hakaba na *refoulement/repression* (uburyo bwo kwirwanaho ngo utagaragariza bose iby'irari rikurimo).

Jacques Lacan (Lemaire, 1977, pp. 237 – 252) umwigishwa wa Freud, yavuze ko intabizi ikoze nk'imvugo. *Déplacement* avuga ko yenda gusa cyane n'umuvugo w'iyitirira (*métonymie/metonymy*), *condensation* akayigereranya n'ihwanisha (*métaphore/metaphor*).

Ntawahakana ko ubu buryo bushobora gufasha kumva ibintu bimwe na bimwe byerekeye umuhanzi mu buzima bwe no mu byo yandika, ariko kugendera ku irari ryihishe muri muntu ngo usobanure ibimwerekeye byose, ukanabikoresha mu nyandiko zose ni ugukabya. Ni uburyo bwo gushakira ibisobanuro mu byo umuntu agaragaza ku bushake cyangwa se atabishaka, no mu buryo umuhanzi ubwe akirigitwa. Usanga harimo ibisa n'ubuhanga bw'icengeramuntu, birengagiza akamaro k'ingufu nzima ziramira umuntu.

Ibyatangijwe na Freud, bikamamazwa na Mauron (1976), banabyita "iyígamyuúmvire" (*psychocritique/psychocriticism*). Ni ugusesengura ingingo umuhanzi akunda kugarukaho, yimakaje, rimwe na rimwe atanabizi. Ni yo mpamvu abahanga muri iryo sesengura bahamya ko igihangano icyo ari cyo cyose umuntu yakigereranya n'inzozi zujujwe, umuhanzi tukamubona yiyerekana uko ari, agasa n'uwivamo. Cya gihangano kikamera nk'indorerwamo areberamo ishusho ye. Bati umuhanzi agira ibyifuzo, imigambi akomeyeho, ibishuko cyangwa rukuruzi/irari ashaka gushimisha cyangwa gushira abinyujije mu gihangano ke.

Ntitwiriwe tuvuga ibyo gusesengura ahantu havugwa mu nkuru (imigi cyanecyane) n'indenguro y'amagambo cyangwa amazina ajyana na byo, bamwe bita "*géocritique/geocriticism*", abandi bakavuga "*écocritique/ecocriticism*" bitewe nuko bavuga ahantu gusa cyangwa babihuza no kurengera ibidukikije; byatangijwe na Westphal (2005). Twirengagije kandi ibyo kugereranya inyandiko, byaba ku muhanzi umwe cyangwa benshi, mu bihe, ahantu n'indimi bitandukanye (Claudon & Haddad-Wotling, 1992).

Ubwo buryo bunyuranye bw'ijoranganzo usanga bimwe ari udushami tw'ibindi abashakashatsi bagiye batandukanya, bashaka "kwandika izina", ngo byitwe ko bavumbuye uburyo bushya. Ni byo Compagnon (1999) yita "*le démon de la théorie*" cyangwa shitani yo gushakisha imiyobora ku ngufu. Igisubizo dusanga kiri mu guhuriza hamwe ibifitanye isano, ari byo twise isesengura rikomatanya *"polycritique/ polycriticism"* cyangwa rijyanisha *"systémique/systemic approach"* (Nkejabahizi, 2018b); ribarirwamo iryibanda ku kurengera igice iki n'iki cy'abantu. Ubu hakaba hazwi cyane "iréengerabágoré" *(féminisme/feminism)* rigendana n'"ireengerantiinganyi", abihinduza igitsina, "abasáangiragóre/gabo", bahuriye mu ishyirahamwe ryitwa LGBT[26]; "iréengerabiírabura" *(négritude/negritude)* n'ibindi. Ariko birengagiza ko hari n'abana, abamugaye, abasaza, imbabare, abakozi n'abandi. Guhuza ibyo byiciro byose mu buvanganzo n'ijoranganzo ni byo twise "iséseengura mvúganizi" *(plydroitisme/polydroitism)*[27].

Umuco, ubushakashatsi n'ikoranabuhanga

Ubuvanganzo n'ubushakashatsi bigira, byanze bikunze, akarango gashingiye ku muco w'uwabukoze naho yagerageza kutabogama ate, ntikaburamo. Ni ngombwa ko habaho umuco w'ubushakashatsi, "utaratera imbere mu Rwanda" kandi ari bwo "soko y'ubumenyi n'inkingi y'iterambere rirambye".

Abanyaburayi bo barabimenyereye (babigize umuco), ni yo mpamvu ari bo usanga barafashe iya mbere mu kwandika ku mibereho n'imibanire by'abandi batuye isi, bagakora ubushakashatsi ku ndimi zihavugwa bazisesengura, bakandika ibibonezamvugo, bagatangiza ibyo kwigisha gusoma no kwandika muri izo ndimi mu mashuri abanza. Kwari ukugira ngo zibafashe gushyikirana na ba nyirazo no gucengera imibereho yabo binyuze mu biganiro bagiranaga, kuko ayo makuru nta ho bari kuyasoma handi.

Ibyo ahanini babyandikaga mu ndimi zabo, ku buryo aho Abanyafurika bajijukiye, amakuru aberekeye bajya kuyashaka muri izo nyandiko z'abazungu. Rimwe na rimwe bagasanga barabavuze uko batari, ibyo bikabababaza (Cheikh Anta, 2000a; 2000b)). Igihe Abanyafurika ubwabo batangiye kwikorera ubushakashatsi ku biberekeye (umuco, amateka), bisanga barigishijwe mu ndimi z'amahanga, ari zo bumva ziboroheye mu gusobanura ibitekerezo byabo. Bigafasha ba banyaburayi, bakomeza kwivomera amakuru kuri bo aho kugirira akamaro ba nyiri ubwite ari bo banyafurika. Ni yo mpamvu gukora ubushakashatsi mu rurimi runaka bikungahaza ba nyirarwo. Ubwenge bwabo burafunguka, ubumenyi bafite bukaguka, bikaba

---

26 Lesbians, Gays, Bisexuals, Transexuals.

27 Reba Nkejabahizi, J.-C. (2016). Le polydroitisme, une manière d'exorciser le démon de la théorie. *Synergies France, 10*, 191 - 207.

byatuma uwo ari we wese agira uruhare kuri ubwo bumenyi; agatanga igitekerezo ke mu mvugo cyangwa mu nyandiko, yumva adahejwe, yisanzuye kandi nta pfunwe.

Ururimi kandi rwakozwemo ubushakashatsi ruraguka kuko rwunguka amagambo n'inshoza bishya rutari rusanganywe; umuco w'abaruvuga ukaboneraho kwivugurura no gukura, kuko nyine "ubwenge burarahurwa". Ibyo utari uzi bikwizanira ku mbehe kuko biri mu rurimi rwawe wumva, bikakungura ibitekerezo n'imikorere. Ibirebana n'ubuhinzi n'ubworozi bya kijyambere, kwirinda indwara, ibiza, ikoranabuhanga, iyaba byageraga ku muturage mu rurimi rwe kavukire; yabyumva, bikamugirira akamaro, na we akabigiramo uruhare kurushaho. Ni yo mpamvu ibyavuzwe mu ntangiriro y'igitabo ko "muri iki gihe, abashakashatsi bo mu Rwanda bakunze gukora ubushakashatsi bifashishije indimi mvamahanga, cyanecyane Icyongereza n'Igifaransa; ibyo bigakorwa mu gihe mu Rwanda abaturage barenga 99.4% bazi gusa Ikinyarwanda nk'ururimi bashobora kumva no kuganiramo, ari na rwo rurimi rwabo kavukire", ari ibyo kuvugururwa, nubwo atari ubwa mbere bivugwa ariko ntihagire igihinduka. Ururimi ni nk'umukaya, iyo rudakoreshejwe ruranyunyuka, ingufu zigatakara. Ibi bisobanura ko indimi zitagendana n'igihe tugezemo k'ikoranabuhanga, ngo zishakemo amagambo aryerekeye, zizasigara inyuma ari nta kamaro; amaherezo zikazapfa, zigasigara gusa mu mateka.

Ikoranabuhanga tuvuga si ugukoresha terefone ngendanwa gusa, si *me to you* na *mobile money*; ni no kwinjiza mu muco, ni ukuvuga imibereho ya buri munsi, ibijyanye no gukoresha "bwaangu" (mudasobwa), ariko cyanecyane abantu bagashobora kubyikorera. Urugero ni "ingazabugeenge" *"logiciels/software"* zinyuranye, kwifashisha iryo koranabuhanga mu buvuzi, mu buhinzi n'ubworozi no kubyaza umusaruro ibiboneka n'ibyera mu gihugu. Aha ni ho hagaragara akamaro ko gushyira ingufu mu guhindura mu Kinyarwanda ibyanditse mu ndimi z'ahandi, bigaragara ko ari ingenzi mu iterambere ry'Abanyarwanda.

Dutanga urugero ku bintu bimwe na bimwe Abanyarwanda bagombye gusobanurirwa kurushaho imiterere cyangwa imikorere yabyo kugira ngo biyungure ubumenyi, bitewe n'icyo buri wese akora; babe baheraho mu guhanga udushya kuko ni yo nzira rukumbi y'iterambere rirambye. Ibyo ni nk'imiterere y'ibihingwa (ikigori, igisheke n'uko kivamo isukari) mu buhinzi; indwara ya kanseri, imikorere y'"umuyóborabútumwá" mu mubiri *"système nerveux/nervous system"*, isuzumirashusho nyarukuruzi (IRMN/MRI) mu buvuzi; tereviziyo mfindishamibare (TNT) mu itumanaho; ururangabihe ubu ruvugwa cyane kubera ko imihindagurikire yarwo igira ingaruka zikomeye ku mibereho y'abaturage, harimo n'ibiza; kuremera urusoro hanze y'umubiri (FIV) ku bijyanye n'imyororokere n'ibindi. Ubwo bumenyi bwose Abanyarwanda bakeneye kubugira kuko, byanze, bikunze, bizagira ingaruka ku mibereho n'umuco byabo. *Nta kundi bizabageraho nibidasobanurwa mu rurimi rwabo kavukire*[28].

Umusozo

Ubushakashatsi ku bumenyi nyamuntu buri mu byatumye inyoko muntu itera imbere mu nzego zinyuranye kuko kumenya muntu kurushaho (umuco we, uko agenda yiyungura ubwenge n'ubumenyi, ibimuranga, ibyo akunda cyangwa akeneye, bitewe n'aho ari mu gihe runaka), biri mu bituma habaho ivutsabushya n'iterambere. Iyi nyandiko iragaragaza akamaro ko gukora ubushakashatsi ku muco, binyuze no mu buvanganzo; n'ukuntu abakora ubwo bushakashatsi inzira banyura ari nyinshi. Ibyo bigaterwa n'ibyo baha agaciro kurusha ibindi n'ibibashimisha. Biratangaje kuba, kugeza ubu, *anthropologie/anthropology* ubusanzwe bivuga ubuhanga busesengura ibyerekeye muntu (*anthropos*) muri rusange, hari abagikomeza kubyita ko bireba gusa imiryango y'abantu bitwa ko bakiri inyuma mu majyambere. Birakwiye rero ko Abanyafurika n'Abanyarwanda by'umwihariko basobanurirwa mu rurimi rwabo iby'ubwo bumenyi kandi bakabigiramo uruhare kugira ngo barusheho kwimenya, kujijuka no gutera imbere.

Ubuvanganzo na bwo ni bumwe mu buryo bwo kugaragaza imyumvire, imico n'iterambere ku bantu aba n'aba n'imiryango. Ni yo mpamvu hariho guhuza ubuvanganzo n'urubumbambaga bwavukiyemo n'abo bugenewe, hakaba n'ingeri z'ubuvanganzo zishyira imbere cyane imibereho n'imiterere y'urubumbambaga uru n'uru. Umuco n'ubuvanganzo rero ni magirirane, maze kubusesengura bikaba ingirakamaro mu bumenyi nyamuntu. Gusa rero inzira zabaye urufaya, akenshi bibanda ku kantu kamwe; bihinduka nka bimwe by'abahigi benshi bayobya imbwa uburari. Twe tukaba dusanga ubwo buryo bwose bukwiye guhurizwa hamwe, umusesenguzi akaba ufasha abasomyi kurushaho kunurirwa na bwa buvanganzo; kuko inyandiko ari urubera rw'amabara menshi, maze kuyagaragaza mu rusobe rwayo igihe usesengura, bikaba ari byo bituma inyura abayakira.

Mu Rwanda natwe dukeneye kwimakaza umuco w'ubushakashatsi n'ubushakashatsi ku muco; kuko ari inkingi y'iterambere rirambye nk'uko bigaragara cyanecyane mu bihugu byo muri Aziya kandi n'abahanga banyuranye bakaba badasiba kubishimangira, harimo n'Ishami ry'Umuryango w'Abibumbye ryita ku Bumenyi, Ubuhanga n'Umuco (UNESCO). Ni ingenzi kandi gukora ubushakashatsi mu ndimi kavukire (ari yo mpamvu muri iyi nyandiko hagaragaramo amagambo menshi

---

28 Reba Nkejabahizi J.-C. (2018). *Ihinduranyandiko nkarishyabwenge. Umuco, ubumenyi n'ikoranabuhanga* (Ntikiratangazwa).

tutamenyereye mu Kinyarwanda), kugira ngo Abanyarwanda batazasigara inyuma, ngo bahezwe cyangwa biheze muri rya sango rya "mpanguhe" inyoko muntu ihuriyeho.

Indangasoko

Adorno, T. -W. (1941). On popular music. *Studies of Philosophy and Social Sciences, 9*, 17 – 48.

Adorno, T. -W. (2011). *Le conflit des sociologues. Théorie critique et science sociale.* Paris: Payot.

Affergan, F. (1999). *Construire le savoir anthropologique.* Paris: PUF.

Amselle, J. -L. (2005). *Anthropologie de l'universalité des cultures.* Paris: Flammarion.

Ang, I. (1990). Culture and communication: towards an ethnographic critique of media consumption in the transnational media system. *European Journal of Communication, 5*, 239 – 260.

Asante, K. M. (2003). L'idéologie de la supériorité raciale comme fondement de la déportation d'Africains par les Européens. In C. I. Henriques, & L. Sala-Molins, *Déraison, esclavage, et droit: Les fondements idéologiques et juridiques de la traite négrière et de l'eslcavage.* Paris: UNESCO.

Augé, M. (2010). *Pour une anthropologie des mondes contemporains.* Paris: Flammarion.

Bachelard, G. (1938). *La psychalyse du feu.* Paris: Gallimard.

Bachelard, G. (1942). *L'eau et les rêves. Essai sur l'imagination de la matière.* Paris: José Corti.

Bachelard, G. (1943). *L'air et les songes. Essai sur l'imagination du mouvement.* Paris: José Corti.

Bachelard, G. (1946). *La terre et les rêveries du repos. Essai sur les images de l'intimité.* Paris: José Corti.

Bakhtine, M. (1978). *Esthétique et théorie du roman.* Paris: Gallimard.

Balandier, G. (1982). *Sociologie actuelle de l'Afrique noire: Dynamique sociale en Afrique centrale.* Paris: Quadrige-PUF.

Barsky, F. (2012). *Introduction à la théorie littéraire.* Québec: Presses de l'université du Québec.

Barthes, R. (1973). *Le plaisir du texte.* Paris: Seuil.

Beauvoir (de), S. (1949). *Le deuxième sexe.* Paris: Gallimard.

Bergez, D., Barbéris, P., Biasi (de), P. -M., Fraise, L., Marini, M., & Valency, G. (n.d.). . *(1990).* Méthodes .

Bigirumwami, A. (2004). *Imihango, imigenzo n'imiziririzo mu Rwanda. (4ème éd.).* Kigali: Pallotti-Presse.

Boas, F. (1940). *Race, language and culture.* New York: Maxmillan.

Bock-Côté, M. (2016). *Le multiculturalisme comme religion politique.* Paris: eds du Cerf.

Bourdieu, P. (1982). *Ce que parler veut dire – L'économie des échanges linguistiques.* Paris: Fayard.

Bourdieu, P. (2015/16). *Sociologie générale (2 vol).* Paris: Seuil .

Calame-Griaule, G. (1977). *Langage et cultures africaines.* Paris: Maspero.

Chastagner, C. (1998). *666, quatre études sur le rockn'roll. La loi du rock.* Montpellier: Climats.

Cheikh Anta, D. (2000a). *Nations nègres et cultures. De l'antiquité égyptienne aux problèmes culturels de l'Afrique noire d'aujourd'hui.* Paris: PA.

Cheikh Anta, D. (2000b). *Civilisation ou barbarie: anthropologie sans complaisance.* Paris: PA.

Claudon, F., & Haddad-Wotling, K. (1992). *Précis de littérature comparée: Théorie et méthodes de l'approche comparatiste.* Paris: Nathan Université.

Colins, H. -P. (2006). *From black power to hip up: racism, nationalism and feminism.* Philadelphia: TUP.

Compagnon, A. (1999). *Le démon de la théorie. Littérature et sens commun.* Paris: Seuil.

Cousin, P. -H., Garnier, Y., & Demay, F. (1999). *Le Petit Larousse*. Paris: Larousse.

Cros, E. (2003). *La sociocritique*. Paris: L'Harmattan.

Derrida, J. (1967). *L'écriture de la différence*. Paris: Seuil.

Descola, P. (2005). *Par-delà nature et culture*. Paris: Gallimard.

Ducrot, O., & Todorov, T. (1972). *Dictionnaire encyclopédique des sciences du langage*. Paris: Seuil.

Dumerc, E. (2014). *Le reggae dans le texte: 1967 – 1988*. Paris: Camion blanc.

Dupuy, F. (2011 [2001]). *Anthropologie économique*. Paris: A. Colin.

Durand, G. (1963). *Les structures anthropologiques de l'imaginaire*. Paris: PUF.

Durkheim, E. (1947). *Les règles de la méthode sociologique*. Paris: PUF.

Durkheim, E. (1975). L'état des études sociologiques en France. *Textes, I*, 73 – 108.

Evan-Pritchard, E. (1951). *Anthropologie sociale*. Paris: Payot.

Flynn, J. -R. (1984). The mean IQ of Americans: Massive gains 1932 to 1978. *Psychological Bulletin, 95*, 29 – 51.

Fortes, M. (1953). The structure of unlineal descent groups. *American Anthropologist, 55*(1), 17 – 41.

Foucault, M. (1966). *Les mots et les choses: Une archéologie des sciences humaines*. Paris: Gallimard.

Frazer, J. -G. (1903). *Magie et religion. Les tabous*. Paris: Robert Laffon.

Gadamer, H. -G. (1996). *Vérité et méthode. Les grandes lignes d'une herméneutique philosophique*. Paris: Seuil.

Genette, G. (1966). *Figures*. Paris: Seuil.

Genette, G. (1972). *Figures III*. Paris: Seuil.

Genette, G. (1976[1969]). *Figures II*. Paris: Seuil.

Genette, G. (1983). *Nouveau discours du récit*. Paris: Seuil.

Glucksman, M. (1965). *Politics, Law and Ritual in Tribal society*. New Jersey: Aldine Transaction.

Goldmann, L. (1964). *Pour une sociologie du roman*. Paris: Gallimard.

Goldmann, L. (1967). *Littérature et société. Problèmes de méthodologie en sociologie de la littérature*. Bruxelles: ULB.

Groupe µ. (1982). *Rhéthorique générale*. Paris: Seuil.

Hébert, L. (2001). *Introduction à la sémantique des textes*. Paris: Honoré Champion.

Hjemslev, L. (1971). *Prolégomènes à une théorie du langage*. Paris: Minuit.

Husserl, E. (1950). *Idées directrices pour une phénoménologie et une philosophie phénoménologique pures*. Paris: Gallimard.

Hymes, D. -H. (1964). *Language in culture and society: A reader in linguistics and anthropology*. New York: Harper & Row.

Iser, W. (1985). *L'acte de lecture: théorie de l'effet esthétique*. Bruxelles: Mardaga.

Jakobson, R. (1963). *Essais de linguistique générale*. Paris: Ed. de Minuit.

Jakobson, R. (1973). *Questions de Poétique*. Paris: Seuil.

Jakobson, R. (1977). *Huit questions de poétique*. Paris: Seuil.

Jauss, H. -R. (1978). *Pour une esthétique de la réception*. Paris: Gallimard.

Jobard, M. (1842). Lacunes typographiques. In Industrie française, *Rapport sur l'exposition de 1839. Tome II* (p. 349 sq).

Kristeva, J. (1969). *Séméiôtiké: recherches pour une sémanalyse*. Paris: Seuil.

Lemaire, A. (1977). *Jacques Lacan*. Bruxelles: Mardaga.

Levi-Strauss, C. (1958). *Anthropologie structurale.* Paris: Plon.

Malinowski, B. (1913). *The family among the Austrian Aborigenes. A sociological study.* London: University of London Press.

Malinowski, B. (1929). *The sexual life of savages in North-Western Melanesia.* New York: Eugenics Publishing Company.

Malinowski, B. (1933). *Mores and customs of Melanesians.* Paris: Payot.

Marx, K. (2008 [1859]). *Sociologie critique. Pages choisies, traduites et présentées par Maximilien Rubel.* Paris: Payot.

Mattelart, A., & Neveu, E. (2003). *Introduction aux Cultural Studies.* Paris: La Découverte.

Mauch, M., MacCallum, R. -M., Levy, M., & Leroi, M. (2015). The evolution of popular music: USA 1960 – 2010. *Royal Society Open Science, 2*(5), 1 – 15.

Mauron, C. (1976). *Des métaphores obsédantes au mythe personnel. Introduction à la psychocritique.* Paris: José Corti.

Mauss, M. (1950). *Sociologie et anthropologie.* Paris: PUF.

Mead, M. (1928). *Coming of age in Samoa: A psychological study of primitive youth for western civilisation.* New York: Perenial Classics.

Mead, M. (1935). *Sex and temperament in three primitive societies.* London: Routledge.

Meschonnic, H. (1970). *Pour la Poétique.* Paris: Seuil.

Messili, Z., & Ben Aziza, H. (2004). Langage et exclusion. La langue des cités en France. *Cahiers de la Mediterranée, 69,* 23 – 32.

Morgan, L. -H. (1877). *Ancient society or researches in the line of human progress from sauvagery, through barbarism to civilization.* London: Macmillan & C.

Neveu, E. (2002). *Sociologie des mouvements sociaux.* Paris: La Découverte.

Nkejabahizi, J. -C. (2016). Le polydroitisme, une manière d'exorciser le démon de la théorie. *Synergies France, 10,* 191 – 207.

Nkejabahizi, J. -C. (2018a). *Ihinduranyandiko nkarishyabwenge. Umuco, ubumenyi n'ikoranabuhanga.* (Ntikiratangazwa).

Nkejabahizi, J. -C. (2018b). *Isesenguranyandiko n'ijoranganzo mu Kinyarwanda.* Butare: Editions of University of Rwanda.

Perelman, C., & Olbrechts-Tyteca, L. (1958). *La nouvelle rhétorique: Traité de l'argumentation.* Paris: PUF.

Perrot, N. (2004). *Moeurs, coutumes et religion des sauvages de l'Amérique septentrionale.* Presses de l'université de Montré.

Petotin, V. (2009). Slam, rap et "mondialité". *Études. Revue de Culture Contemporaine, 6*(410), 797 – 808.

Polony, N. (2015, Janvier 23). Le multiculturalisme tue la France. *Le Figaro.*

Poulet, G. (1967[1971]). *Les chemins actuels de la critique.* Paris: Plon.

Proust, M. (1954). *Contre Sainte-Beuve.* Paris: Gallimard.

Richard, J. -P. (1964). *Onze études sur la poésie moderne.* Paris: Seuil.

Roach, C. (1997). Cultural imperialism and resistance. *Media, Cultural and Society, 19,* 47 – 66.

Rousset, J. (1954). *La littérature à l'âge baroque.* Paris: Corti.

Sapir, E. (1921). *Language. An introduction to the study of speech.* New York: Harcourt/Brace.

Sartre, J. -P. (1947). *Qu'est-ce que la littérature?* Paris: Gallimard.

Saussure (de), F. (1995 [19016]). *Cours de linguistique générale.* Paris: Payot.

Sberna, B. (2001). *Une sociologie du rap à Marseille: identité marginale et immigrée.* Paris: L'Harmattan.

Smekens, W. (1987). Thématique. In M. Delcroix, & F. Hallyn, *Introduction aux études littéraires. Méthodes du texte* (pp. 96 – 112). Paris-Gembloux: Duculot.

Smouts, M. -C. (2007). *La situation postcoloniale.* Paris: Presses de Sciences-Po.

Spitzer, L. (1970). *Etudes de style.* Paris: Gallimard.

Starobinski, J. (1970). *La relation critique.* Paris: Gallimard.

Taylor, E. (1881). *Anthropology. An Introduction to the study of man and civilization.* London: Macmillan & Co.

van Gennep, A. (1909). *Les rites de passage: Etude systématique des rites de la porte et du seuil, de l'hospitalité, de l'adoption, de la grossesse et de l'accouchement, de la naissance, de l'enfance, de la puberté, de l'initiation, de l'ordination, etc.* Paris: Picard.

van Gennep, A. (1924). *Le folklore. Croyances et coutumes populaires françaises.* Paris: Stock.

Weber, M. (1971 [1922]). *Economie et société.* Paris: Plon.

Westphal, B. (2005). Pour une approche géocritique des textes. *Vox Poetica,* Byarebwe tariki 25 Werurwe 2019 bikuwe kuri http://www.vox-poetica.org/sflgc/biblio/gcr.htm.

Whorf, L. -B. (1956). *Linguistics and anthropology.* Massachusetts: MIT Press.

Zima, P. (2000). *Manuel de sociocritique. 2ème éd.* Paris: L'Harmattan.

Zukin, S. (1995). *The cultures in cities.* Oxford: Backwell.

AMAHAME NGENGAMYITWARIRE MU BUSHAKASHATSI

Pierre Canisius Ruterana

Intangiriro

Buri bushakashatsi bugomba gukurikiza amahame ngengamyitwarire ajyanye na bwo. Aya mahame yerekeranye n'uko umushakashatsi agomba kubanza kubaza ko abantu bazagira uruhare muri bwo niba bemera gukorana na we, kugabanya ibyago n'ingorane abazagira uruhare mu bushakashatsi bahura na byo, kutamenyekanisha amazina yabo no kubagirira ibanga, kwirinda imikorere irimo uburiganya, no guha abazagira uruhare mu bushakashatsi uburenganzira bwo kwivana mu bushakashatsi (Swedish Research Council, 2017; Bryman, 2008) guhera mu gihe k'imbata y'ubushakashatsi, mu ikusanyamakuru, mu isesenguramakuru no mu gihe cyo kugaragaza ibyavuye mu bushakashatsi. Uyu mutwe wa 4 w' iki gitabo urareba ibibazo bijyanye n'amahame ngengamyitarire bibaho mu byiciro bitandukanye mu bushakashatsi, kandi bishingiye ku bintu bibiri by'ingenzi, ari byo: uburyo ukora ubushakashatsi agomba gufata abantu akoraho cyangwa akorana na bo ubushakashatsi ndetse n'ibikorwa umushakashatsi agomba cyangwa atagomba gukora mu mibanire ye na bo. Ni ngombwa ko abakora ubushashatsi bamenyeshwa ibijyanye n'uko ukora ubushakashatsi yitwara kugira ngo bafate ibyemezo bazi ibyo bakora kandi bamenye ingaruka z'amahitamo bikoreye ubwabo. Kubera izo mpamvu, abashakashatsi bagomba kubahiriza amahame ngengamyitwarire nta kuyarengaho uko biboneye. Muri iki gice, turishingikiriza ku moko atanu y'ingenzi y'amahame ngengamyitwarire yagaragajwe na Bryman (2008), Diener na Crandall (1978) akomoka ku mahame shingiro arimo (1) guteza ingorane abagira uruhare mu bushakashatsi, (2) kwemera ku bushake kugira uruhare mu bushakashatsi, (3) kwinjira mu buzima bwite bw'umuntu, (4) gukoresha uburiganya n' (5) uburenganzira bwo kwikura mu bushakashatsi.

Guteza ingorane abagira uruhare mu bushakashatsi

Ikintu cya mbere k'ingenzi umushakashatsi agomba kwitwararika ni uko imigendekere y'ubushakashatsi yaba ishobora guteza ingorane iyo ari yo yose (ingorane iriho cyangwa ishobora kuzabaho) abazabugiramo uruhare. Abantu benshi bafata ubushashatsi bigaragara ko bushobora guteza ingorane abazabugiramo uruhare nk'ubutemewe. Bryman (2008) asobanura ingorane nk'ibyago bikora ku mubiri, ku mutungo, ku mubabaro ushingiye ku mitekerereze cyangwa imibanire n'abandi, ku buzima bwite no kugaragaza umwirondoro by'abagira uruhare mu bushakashatsi, bishobora kubaho, byaba ku buryo buziguye cyangwa butaziguye, mu gihe k'ikowa ry'ubushakashatsi. Ikindi kandi, ni ingenzi gukemurana ubushishozi kandi neza ibyo abantu batandukaniraho bishingiye ku muco, idini, politiki, imibanire n'abandi, igitsina cyangwa ibindi abazagira uruhare mu bushakashatsi batandukaniraho bishobora kubateza ingorane runaka ku byiciro byose bigize ubushakashatsi. Ku bwa Diener na Crandall (1978, p. 19), ingorane zikubiyemo ibintu byinshi harimo ingorane z'ibabazamubiri, kubangamira iterambere ry'abagira uruhare mu bushakashatsi, kwitakariza ikizere (ikibazo k'imitekerereze no kumva utamerewe neza), kubangamirwa n'abo mubana, umuhangayiko n'ikindi kintu cyose cyatuma abagira uruhare mu bushashatsi bakorerwa ibikorwa bibi kandi bigayitse.

Ibishobora guteza ingorane abagira uruhare mu bushakashatsi birebwa kandi n'amategeko ngengamyitwarire aho bisaba ubwitonzi n'ubushishozi mu kubika ibanga ry'amakuru yatanzwe mu gihe cy'ubushakashatsi. Ibi bisobanuye ko umwirondoro n'amajwi yafashwe by'abantu bigomba kugirwa ibanga. Iri hame risobanuye kandi ko hagomba ubushishozi bwinshi igihe cyo gushyira ahabona ibyavuye mu bushakashatsi kugira ngo hizerwe ko umwirondoro w'ababugizemo uruhare utagaragara cyangwa ngo ube wavumburwa. Kimwe mu bibazo byerekeranye n'ihame ryo guteza ingorane abagira uruhare mu bushakashatsi ni uko biba bidashoboka kumenya mu bihe byose ko iyo ngorane ishobora kubaho, n'ubwo ibi bitagomba gufawa nk'ibitavuze ko nta mpamvu yo gushaka uburyo bushoboka bwo kubarinda ingorane bahura nazo. Bityo rero, mu rwego rwo kugabanya ibyago byabateza ingorane, ukora ubushakashatsi agomba gutekereza uburyo abazagira uruhare mu bushakashatsi babimwemerera, uburyo yarinda uburenganzira bwabo bwo kutamenyekana no kugirirwa ibanga, uburyo bwo kwirinda imikorere irimo uburiganya mu gihe arimo gukora imbata y'ubushakashatsi ndetse no gutanga uburenganzira bwo kwikura mu bushakashatsi igihe icyo ari cyo cyose.

Kwemera ku bushake

Nk'uko Ikigo cy'Ubushakashatsi cyo muri Suwedi (Swedish Research Council, 2017) kibivuga, mu ihame ryo kwemera ku bushake, abagira uruhare mu bushakashatsi bagomba kugezwaho amakuru ahagije arebana n'ubwo bushakashatsi, n'uburyo bushobora kubagiraho ingaruka. Ahangaha, kwemera ku bushake bisobanura ko abantu bagomba gusobanukirwa neza ko barimo kugira uruhare mu bushakashatsi n'icyo ubwo bushakashatsi bubasaba. Kubera iyo mpamvu, bagomba guhabwa amakuru mu buryo bwumvikana hakoreshejwe imvugo bumva, bagasobanukirwa neza. Hanyuma, bagomba kwizezwa uburenganzira no guhabwa umwanya uhagije byo gutekereza niba bazagira uruhare muri ubwo bushakashatsi cyangwa niba batazarugiramo, bityo bikagabanya kuba hakoreshwa agahato, igitutu kitari ngombwa cyangwa itoteza. Abazagira uruhare mu bushakashatsi rero bagomba guhabwa hakiri kare amakuru arebana n'ibijyanye n'imyitwarire ifitanye isano n'ubushakashatsi, aha twavuga nk'intego z'ubushakashatsi, uburyo buzakoreshwa, ibishobora kuva muri ubwo bushakashatsi ndetse n'ibintu bitandukanye busaba, ingorane, imbogamizi n'ibyago ababugizemo uruhare bashobora guhura na byo, uruhushya rwanditse wahawe n'inzego bireba rwo gukora ubushakashatsi bwawe, izina ryawe n'ikigo ubarizwamo, n'ukuntu ibikoresho bizifashishwa mu bushakashatsi bizafatwa ndetse n'uko ibizava mu bushakashatsi bizakoreshwa.

Byongeye kandi, iri hame risobanura ko abashobora kuzagira uruhare mu bushakashatsi bagomba guhabwa amakuru menshi akenewe kugira ngo bafate ikemezo bazi impamvu bashaka cyangwa badashaka kugira uruhare mu bushakashatsi. Uburyo buhishira ukora ubushakashatsi uwo ari we ntibuba bwubahirije iri hame kuko abagira uruhare mu bushakashatsi badahabwa amahirwe yo kwanga gukorana n'ukora ubushakashatsi. Igihe cyose bishoboka, kugira uruhare mu bushakashatsi byagombye gushingira ku kwemera kuvuye mu bushake bw'abakorerwaho ubushakashatsi. Ibi byerekana ko ukora ubushakashatsi afite inshingano yo kubasobanurira ku buryo bwuzuye kandi bunoze: icyo ubwo bushakashatsi bugamije, ukora ubushakashatsi n'ubutera inkunga, impamvu bugiye gukorwa n'uko bugomba gushyigikirwa. Mu by'ukuri, ibi ni byo Erikson (1967) ashaka kuganishaho igihe avuga ko iyo haramutse habayeho guteza ingorane abagize uruhare mu bushakashatsi, nibura ntibazijujutira ko bashutswe cyangwa batahawe amakuru ahagije: 'Iyo bibayeho ko duteza ingorane abantu bemeye gukorerwaho ubushakashatsi, dushobora nibura kwisobanura tuvuga ko bari bafite icyo bazi ku byago bushobora guteza …' (Erikson, 1967, p. 369).

Ikindi gice kirebana no kwemera ku bushake ni ihame ry'uko abagira uruhare mu bushakashatsi bagombye kuba abakorerabushake, bakabikora badahaswe cyangwa ngo bashukwe. Aho bidashoboka ko abantu bemera kugira uruhare mu bushakashatsi, ugomba gutanga impamvu y'uko byagenze. Ugomba kumenya kandi ko hari aho kwemera ku bushake biba ngombwa ko kudakenerwa cyangwa kukaba gukeneye koroshywa.

Ku rundi ruhande, ubushakashatsi ku bana bari munsi y'imyaka 16, ubusanzwe ni ngombwa ko ababyeyi babo ari bo basabwa kubemerera kubugiramo uruhare cyangwa se abandi barezi bateganywa n'amategeko. Urubyiruko rufite imyaka 16 no hejuru yayo rufatwa muri rusange nk'urushobora kwemera ku bushake, ariko nanone ibi bihinduka bitewe n'ubwoko bw'ubushakashatsi. Gusaba umuntu ku giti ke kwemera kugira uruhare mu bushakashatsi bishobora kutaba ngombwa mu bikorwa by'ubushakashatsi bimwe na bimwe, nk'ubushakashatsi ku mibereho y'abaturage busa nk'aho bukorwa mu ibanga (urugero, ubushakashatsi busaba kwitegereza imyifatire rusange y'abaturage). Kwiga ku bantu mu ibanga ndetse n'uburyo bukoreshwa mu gutara amakuru ya bene ubwo bushakashatsi bishobora guteza ingorane umuntu agomba gutekerezaho.

Abashakashatsi bashishikarizwa kugisha inama inzego zibishinzwe zifite aho zihuriye n'ubwo bushakashatsi batekereza gukora. Aha ni ho basaba ubuyobozi bw'aho bashaka gukorera kuborohereza kugera ku kigo runaka ndetse bakanasaba kwemererwa kuvugana cyangwa gukorana ubushakashatsi n'abakozi b'icyo kigo. Nk'uko Cohen, Manion na Morrison (2000) babivuga, ngo ubu buryo bw'imikorere ni bwiza cyane kubera ko bitera ishema, bikanatanga icyizere ku bashakashatsi kuko biyumvamo ko ari abacukumbuzi bakomeye kandi bubahiriza amahame ngengamyitwarire. Gusa hari ahantu biba bitoroshye kwemererwa kuhakorera ubushakashatsi, nko mu mashuri (yaba ay'incuke, abanza, ayisumbuye ndetse n'amakuru), mu nganda, kwa muganga, n'ahandi. Bisaba ko abakora ubushakashatsi bemeza ba nyiri ibigo ku buryo budashidikanywaho ko ari abashakashatsi bahamye kandi bubaha ikiremwamuntu kugira ngo babemerere kugira icyo bakora mu bigo byabo. Ikindi kandi ni ngombwa kugirana ubucuti cyangwa umubano mwiza n'aho wifuza gukorera ubushakashatsi bwawe. Ni byiza ko abemeye kugira uruhare mu bushakashatsi bagira ubwisanzure ku mushakashatsi.

Urupapuro rwo kwemera ku bushake

Ubusanzwe abashakashatsi bahitamo kugaragaza ko abantu babemereye kugira uruhare mu bushakashashtsi bwabo babasinyisha impapuro zo kwemera ku bushake. Urugero, mu bushakashatsi Peel (2004) yakoze ku batinganyi b'abagore n'ab'abagabo, yakoresheje urupapuro rwo kwemera ku bushake rwagaragazaga intego z'ubushakashatsi ndetse n'imvano byabwo. Urwo rupapuro rwamenyeshaga abazabazwa ko kugira uruhare muri ubwo bushakashatsi ari ubushake bwabo, ko bafite uburenganzira bwo kwanga gusubiza ikibazo icyo ari cyo cyose, ko bashobora guhagarika ikiganiro igihe icyo ari cyo cyose kandi ko bashoboraga gukuramo amakuru batanze mu byumweru bibiri nyuma y'ikiganiro.

Yabamenyesheje kandi ko ikiganiro kizafatwa amajwi, ko nta muntu uzacyumva uretse we n'umuyobora mu bushakashatsi, ko ibice bike byacyo bishobora kumvwa n'abandi bantu bake, ko kizashyirwa mu nyandiko ariko ko amakuru yose agaragaza umwirondoro wabo azavanwamo. Hanyuma abari kubazwa basabwaga gushyira umukono wabo ku rupapuro rwo kwemera ku bushake kugira ngo bagaragaze ko bemeye kugira uruhare mu bushakashatsi ku bwende bwabo. Akamaro k'impapuro nk'izi ni uko ziha ababazwa amahirwe yo kumenyeshwa ku buryo bwuzuye uko ubushakashatsi buteye ndetse n'ingaruka kubugiramo uruhare bishobora guteza bikiri mu ntangiriro. Ikindi kandi, ukora ubushakashatsi aba afite impapuro zo kwemera ku bushake ziriho umukono haramutse habaye impungenge ababugizemo uruhare bagaragaje cyangwa zigaragajwe n'abandi. Ikibazo gikomeye ni uko kuba ababazwa basabwa gusinya urwo rupapuro bishobora gutera impungenge ku ruhande rwabo aho kuzoroshya ku buryo birangira banze kugira uruhare muri ubwo bushakashatsi.

Impapuro ngengamyitwarire zo kwemera ku bushake zigomba kuba zifite ibice bine: imvo n'imvano y'ubwo bushakashatsi, ibintu abazabugiramo uruhare bashobora gusabwa, ibibazo ku kwemera ku bushake n'amagambo make asoza ukwemera ku bushake. Mu mvo n'imvano y'ubushakashatsi, umushakashatsi ashyiramo amakuru akurikira: umutwe w'ubushakashatsi, ikigamijwe, uburyo ubushakashatsi buzakorwamo, ndetse n'ibishobora kuzabuvamo. Ni byiza gutanga iyi mvo n'imvano mu gika kimwe gusa, ntibitware igihe cy'abasubiza. Ku byerekeye ibyo ababazwa bashobora gusabwa, ukora ubushakashatsi agomba kugaragaza neza ibyo basabwa bijyanye no kugira uruhare kwabo muri ubwo bushakashatsi. Ibi bikubiyemo igihe cyabo bagomba gutanga, ibishobora kubabangamira n'ibishobora gutuma bumva batamerewe neza. Ukora ubushakashatsi agomba kandi gusobanura icyo azakora kugira ngo agabanye ingaruka z'ibi bintu basabwa (urugero, uburyo azarinda umwirondoro wabo kumenyekana). Ku birebana n'ibibazo ku kwemera ku

66

bushake kugira uruhare mu bushakashatsi, urupapuro ngengamitwarire rwo kwemera ku bushake ruba rurimo ibibazo byinshi byemeza ko ubazwa yasomye kandi yasobanukiwe amakuru y'ingenzi umushakashatsi yatanze arebana n'ubushakashatsi bwe. Byongeye kandi, ababazwa bamenya ibyo basabwa gukora n'icyo umushakashatsi yakoze kugira ngo ageragezе kugabanya ingaruka zabyo. Hanyuma rero, ababazwa bagomba kuba bemeye kugira uruhare mu bushakashatsi ku bushake kandi bamenye ko bashobora kubihagarika igihe icyo ari cyo cyose. Urugero rwa bimwe mu bibazo wabaza:

1. Usobanukiwe neza intego y'ubu bushakashatsi? (Yego/Oya)
2. Wasomye kandi wasobanukiwe neza icyo ubu bushakashatsi bugusaba? (Yego/Oya)
3. Wasobanukiwe ko ushobora guhagarika kubugiramo uruhare igihe icyo ari cyo cyose? (Yego/Oya)

Ku byerekeye amagambo make asoza ukwemera ku bushake, igice giheruka urupapuro ngengamyitwarire rwo kwemera ku bushake kigomba kugira amagambo agaragaza ko ababazwa bemeye kugira uruhare mu bushakashatsi bwawe ku bwende bwabo kandi ko basobanukiwe n'icyo basabwa gukoramo (ni ukuvuga, kwemera ku bushake). Mu mpera y'urupapuro rwo kwemera ku bushake ugomba kuhasiga umwanya ugenewe abagize uruhare mu bushakashatsi bwawe n'umwanya wawe (umushakashatsi) kugira ngo hashyirweho itariki n'umukono.

Urugero rw'ibikubiye mu rupapuro rwo gusaba kwemera ku bushake

Twagira ngo tugusabe kuganira natwe kuri ubu bushakashatsi... (umutwe wabo) kuko dutekereza ko ushobora kuba ufite amakuru wadusangiza. Intego y'ubu bushakashatsi ni... Ntituguhatira kuganira natwe kuri ubu bushakashatsi niba utabishaka. Niba wiyemeje kubugiramo uruhare, turagusaba kuganira natwe mu gihe kiyingayinga isaha ku birebana... Ntiduteganya ko hazabaho ingaruka kuri wowe bitewe n'uko waganiriye natwe. (Ntabwo) turi bugufate amajwi cyangwa ngo tuzagaragaze amazina yawe muri ubu bushakashatsi, kandi amakuru uzaduha azagirwa ibanga. Ushobora gusimbuka ibibazo ibyo ari byo byose udashaka gusubiza kandi ushobora no guhagarika ikiganiro turi kugirana igihe icyo ari cyo cyose. Inyungu iri mu kugira uruhare muri ubu bushakashatsi ni uko ushobora gufasha.... Ntabwo uzahemberwa kuba waganiriye natwe kandi nta n'amafaranga usabwa gutanga. Ibizava muri ubu bushakashatsi bishobora gutangarizwa mu nama zitandukanye cyangwa se mu binyamakuru bitandukanye ariko nta zina ryawe tuzagaragaza.

Kwinjira mu buzima bwite bw'umuntu

Igice cya gatatu k'impungenge zijyanye n'imyitwarire y'ukora ubushakashatsi ni ikirebana no kwinjira mu buzima bwite bw'umuntu bishobora gukorwaho. Uburenganzira ku buzima bwite ni ihame benshi muri twe bakomeyeho kandi kwica iryo hame mu izina ry'ubushakashatsi ntabwo abantu babibona nk'ibyemewe. Rifitanye isano n'igitekerezo cyo gusaba kwemera ku bushake. Impamvu ni uko ikigero ubazwa atangaho ukwemera ku bushake bwe hashingiwe ku gusobanukirwa neza icyo kugira uruhare mu bushakashatsi bishobora kumusaba, ni na cyo amenyaho mu buryo runaka ko yatanze uburenganzira ku buzima bwite bwe kubera impamvu runaka.

Ku birebana n'ubuzima bwite bw'umuntu ndetse n'ibanga, abashakashatsi bagomba kugirira ibanga abo bakorana mu bushakashatsi bwabo (Bryman, 2008). Abashakashatsi bagomba no kwirinda ibiranga umwirondoro w'umuntu bishobora gutuma hamenyekana ababajijwe, nk'amazina, muri raporo z'ubushakashatsi zabo. Israel na Hay (2004) bafata ibanga nk'ihame ngengamyitwarire rikomeye. Nk'uko babivuga, abantu batagize ibanga ry'ibyo babwirwa, 'ni nde wazavugana na bo mu gihe kizaza?' (Israel & Hay, 2004, p. 94). Ikindi kandi, uretse kuba kutabika ibanga bidakwiriye, bigaragara ko bishobora guteza ingorane abashakashatsi b'igihe kizaza.

Ku birebana n'umutekano wabo, abagira uruhare mu bushakashatsi bagomba kwizezwa ko amakuru yakusanyijwe atazatangazwa ku mugaragaro mu buryo bwatuma umuntu uyu n'uyu amenyekana. Ni muri urwo rwego ibirango nk'ibi bikurikira: ushaje/ ukiri muto, umwana/ ukuze, utuye mu mujyi/ mu cyaro, igitsina gore/ gabo, ukorera Leta/ uwikorera, n'ibindi ari byo bigomba gukoreshwa mu kugaragaza amagambo yatoranyijwe yavuzwe n'ababazwa. Ku bw'ibyo, kugira ngo wirinde kwica inshingano yawe yo kurinda ibanga ry'abagize uruhare mu bushakashatsi bwawe, ni ingenzi: (a) kubona uruhushya rwo gutanga amakuru n'ibimenyetso bigaragaza umwirondoro w'umuntu, cyanecyane amagambo yavuzwe n'umuntu, mbere yo gushyira ahabona ayo makuru; (b) kwereka abagize uruhare mu bushakashatsi bwawe ibyo uzagaragaza maze bakaguha uruhushya rwo kubikoresha; (c) kubasaba kwemeza imyanzuro yavanywe mu makuru batanze cyangwa se gutandukanya ku buryo bugaragara ibitekerezo byawe n'ibyo batanze igihe cyo kubyandika; no (d) gukoresha amazina atari ay'ukuri ku bantu/imiryango yagize uruhare mu bushakashatsi bwawe ku buryo batabasha kumenyekana. Muri make, abashakashatsi bagomba kwigengesera kugira ngo barinde ibanga ry'amakuru yatanzwe ku rwego rw'umuntu ku giti cye ndetse no ku rwego rw'imiryango. Umwirondoro w'ababajijwe ntugomba kugaragazwa keretse bahaye umushakashatsi uruhusa mu nyandiko mbere y'uko ubushakashatsi butangira. Igihe ibiranga umwirondoro w'umuntu byakoreshejwe mu bushakashatsi, abakora ubushakashatsi bagomba gusobanura impamvu ibi ari ngombwa n'uko ibanga rizarindwa. Igihe bishoboka, ababajijwe bafite umwirondoro wagaragajwe bafite uburenganzira bwo kureba ayo makuru yerekana umwirindoro wabo mbere y'uko akwirakwizwa. Abashakashatsi bagomba kumenya ibyago byaterwa no kumenyekanisha amazina y'umuntu no kwinjira mu buzima bwite bwe bivuye ku buryo bwose bwo kubika amakuru no kuyatunganya, harimo mudasobwa n'amadosiye, ibyabitswe kuri imeli (email), ibyafotowe, gasete zibikwaho amajwi n'amashusho cyangwa andi makuru ayo ari yo yose ahita agaragaza umwirondoro w'umuntu.

Gukoresha uburiganya

Bryman (2008) avuga ko gukoresha uburiganya bibaho igihe abashakashatsi basobanura ubushakashatsi bwabo mu ishusho y'ikintu kitari icyo buri cyo. Iyo babigenje gutyo, abashakashatsi baba bashaka kugabanya uko ababazwa bumva icyo ubwo bushakashatsi bugamije kugira ngo babashe kubasubiza ku buryo busanzwe. Nk'uko abahanga bamwe babivuga (Israel & Hay, 2004; Peel, 2004; Swedish Research Council, 2017), gukoresha uburiganya hari ubwo biba ngombwa mu bushakashatsi bukorwa mu ibanga, bikaba bishobora gusobanurwa mu ngero zimwe na zimwe. Ubushakashatsi bukorwa mu ibanga bivuga ubushakashatsi aho (a) umwirondoro w'ubukora cyangwa se (b) intego y'ubushakashatsi bitazwi n'ababugiramo uruhare. Ingero z'aho wahitamo gukora ubushakashatsi bwo mu ibanga zirimo izi zikurikira: (1) igihe bidakunda ko wamenyesha buri wese icyo urimo gukora bitewe n'ahantu hihariye urimo gukorera ubushakashatsi bwawe. Urugero, igihe ubushakashatsi ukora bwerekeranye no kwitegereza cyanecyane ahantu ha rusange cyangwa kuri murandasi. (2) Igihe kwitegerereza ahabona cyangwa kumenya neza intego y'ubushakashatsi bwawe bishobora kugira ikintu kihariye bihindura ku kibazo kirimo gukorwaho ubushakashatsi, izi zikaba ari impungenge nyamukuru ku ireme ry'ibizava mu bushakashatsi bwawe.

Abashyigikiye imigenzereze y'uburiganya mu bushakashatsi basobanura bavuga ko ababazwa bemera kugira uruhare mu bushakashatsi gusa iyo batabwijwe ukuri. Mu by'ukuri, umuntu yavuga ko ubushakashatsi bukozwe mu ibanga ndetse n'imigenzereze y'uburiganya bifite umwanya mu bushakashatsi cyanecyane aho bikoreshwa byagambiriwe n'ubwo bibonwa nk'ibintu bikurura impaka. Dufashe nk'urugero rw'ubushakashatsi aho ushaka gusobanukirwa neza ibanga n'umuco wo gukorera hamwe mu ruganda uru n'uru. Ubundi wiyumvisha neza ko gukoresha kwitegereza abakozi n'ibikorwa byaba uburyo bukwiriye bwo gukoresha muri ubwo bushakashatsi bwawe. Ariko kandi, uratekereza ko abakozi nibaramuka bamenye ko urimo kubitegereza, no kubacunga, bashobora kwitwara mu buryo butandukanye n'uko bisanzwe. Ni yo mpamvu, washobora kuba wahawe uruhushya rwo kubikora mu ibanga cyangwa se ukababwira inkuru itari iy'ukuri igamije gusobanura impamvu uri ahongaho.

Mu buryo bwemewe, kuvugisha ukuri bigomba kuba ishingiro ry'isano iri hagati y'abakora ubushakashatsi, ababazwa n'abandi bashaka kubugiramo uruhare. Gukoresha ubushakashatsi bukozwe mu ibanga cyangwa kubeshya ababazwa bigomba gusobanurwa neza kandi bigatangirwa uruhushya n'inzego zibifitiye ububasha. Iyo bibaye ngombwa ko ubushakashatsi bukorwa mu ibanga cyangwa bukoresha uburiganya, ababazwa bagomba gusobanurirwa impamvu nyuma y'ubwo bushakashatsi igihe bikwiye. Abashakashatsi ntibagomba gushishikarira kubeshya ababazwa cyangwa kubayobya kubera ko bibwira ko batazemera kubafasha. Abashakashatsi bagomba kugaragaza impamvu zumvikana z'uko ubwo bushakashatsi bwo mu ibanga bugomba gukomeza abatanga amakuru batagombye kubyemera, n'uburyo inyungu zizava muri ubwo bushakashatsi ari ingirakamaro kurenza kure kuba abakorerwaho ubushakashatsi batemeye kuganira na bo.

Gutanga uburenganzira bwo kwikura mu bushakashatsi

Uretse ingero z'ubushakashatsi bwo mu ibanga aho bidakunda ko buri wese uri kugenzurwa amenya icyo urimo gukora, abagira uruhare mu bushakashatsi buri gihe bagomba kugira uburenganzira bwo kwikura mu bushakashatsi ku rwego bwaba bugezeho urwo arirwo rwose. Igihe ababazwa bahisemo kwikura mu bushakashatsi, ntibagomba gushyirwaho igitutu cyangwa guhatirwa kutavamo hakoreshejwe uburyo ubwo aribwo bwose. Ababazwa bagomba guhabwa amakuru yerekeye uburyo bwo kwikura mu bushakashatsi ndetse n'igihe biba bitagishoboka gukuramo amakuru batanze (urugero, nka nyuma yo gushyira ahabona ibyavuye mu bushakashatsi).

Andi makuru y'ingenzi ajyanye n'uburenganzira bw'abagira uruhare mu bushakashatsi ni arebana n'agahimbazamusyi. Ibikorwa byo kureshya ababazwa, urugero nko kubaha serivisi zihariye cyangwa kubishyura amafaranga (bitari ukubishyurira amafaranga y'urugendo, cyangwa se rimwe na rimwe, ay'igihe batanze) no gushyiraho agahimbazamusyi kadakwiye, ubusanzwe bigomba kwirindwa. Abagira uruhare mu bushakashatsi bagombye kwiyemerera kugerwaho n'ingorane zishobora guterwa no kugira uruhare muri ubwo bushakashatsi ndetse n'igihe nta gahimbazamusyi bahawe. Kwishyura ibyo ababazwa batanze kugira ngo bitabire, urugero nk'amafaranga y'urugendo, bipfa kuba atari amafaranga bahabwa mu rwego rw'igihembo, birakorwa. Abakora ubushakashatsi bagomba gushishoza ku ihame ryo kwemera kugira uruhare mu bushakashatsi ku bushake iyo abatangamakuru bafite aho bahuriye mu kazi cyangwa se bafitanye isano yo mu muryango n'umushakashatsi. Ingero: gukorana n'abanyeshuri uri umwarimu wabo, gukorana n'abakozi uri umukoresha wabo, gukorana n'abarwayi uri umuganga wabo, kukorana n'abavandimwe muvukana, n'ibindi. Birashoboka ko ubushake bw'aba bantu bwo kugira uruhare mu bushakashatsi bushobora guturuka ku nyungu runaka baba babutegerejemo cyangwa se ku gutinya ingaruka zishobora kubabaho igihe batemeye kugira uruhare muri ubwo bushakashatsi.

Umwanzuro

Iki gice cyarebanaga n'ibibazo bijyanye n'amahame ngengamyitwarire mu bushakashatsi bishobora kubaho igihe umuntu arimo gukora ubushakashatsi. Ibi bibazo byerekeranye n'imyitwarire akenshi bifitanye isano n'ingorane abagira uruhare mu bushakashatsi bashobora kugira bitewe n'uruhare bagize mu bushakashatsi, kudasobanurira neza ababazwa iby'ubwo bushakashakatsi ngo bemere kubugiramo uruhare ku bushake, kutagaragaza umwirondoro wabo, kubagirira ibanga no kwinjira mu buzima bwite bwabo, gukoresha uburiganya no gutanga uburenganzira bwo kwikura mu bushakashatsi. Uburyo bwose buzakoreshwa mu bushakashatsi bugomba gusobanurirwa neza abazabugiramo uruhare, mu rurimi bumva kandi ku buryo bworoshye.

Indangasoko

Bryman, A. (2008). *Social research methods (3rd edition)*. Oxford: Oxford University Press.

Cohen, L., Manion, L., & Morrison, K. (2000). *Research methods in education (5th edition)*. New York: RoutledgeFalmer.

Diener, E., & Crandall, R. (1978). *Ethics in social and behavioural research*. Chicago: University of Chicago Press.

Erikson, K. T. (1967). A comment on disguised observation in sociology. *Social Problems, 14*(4), 366 – 373.

Israel, M., & Hay, I. (2004). *Research ethics for social scientists*. London: Sage.

Peel, E. (2004). Gaining informed consent. In S. Becker, & A. Bryman, *Understanding research for social policy and practice: Themes, methods, and approaches* (pp. 56 – 88). Bristol: Policy Press.

Swedish Research Council. (2017). *Good research practice*. Stockholm: Swedish Research Council. Retrieved on 12 September 2017 https://www.vr.se/download/18.5639980c162791bbfe697882/1529480529472/Good-Research-Practice_VR_2017.pdf.

IGICE II
Uko Bakora Ubushakashatsi

GUSESENGURA UBUSHAKASHATSI BWAKOZWE MBERE

Evode Mukama na Laurent Nkusi

Iriburiro

Mu bihugu byinshi byo muri Afurika harimo n'u Rwanda n'ibihugu birukikije, abantu ntibakunze kugira umuco wo kwandika no kubakira ku byanditswe mbere. Ibi rero bigira ingaruka mbi mu gutuma badashobora guhererekanya ubumenyi. Iyo umushakashatsi adahereye ku by'abandi banditse, biragoye kugira ngo abone ifatiro ry'ubumenyi bushya. Ntashobora kumenya niba hari igishya azanye mu bisanzwe bizwi cyangwa se ngo amenye niba hari ibisobanuro by'inyongera ashyize ahagaragara kugira ngo ibyari bisanzwe bizwi birusheho kumvikana. Abasoma ibyo yanditse na bo ntibiborohera kumenya niba hari icyuho aje kuziba mu bumenyi busanzwe buzwi. Ni yo mpamvu iki gice cyo *gusesengura ubushakashatsi bwakozwe mbere* (*literature review*) ari ingenzi. Kigamije rero kwerekana imirongo migari ishobora gufasha umushakashatsi gusesengura no kujora ibyanditse mbere hifashishijwe ingero zifatika.

Urugero rw'isesengura ry'ibyanditswe mbere

Reka duhere ku rugero rwatanzwe na Mukama (2014, pp. 127 – 128):

Imishinga yo kwiga bakoresha ikoranabuhanga

"Inyigo ku mishinga yo kwiga bakoresha ikoranabuhanga yakozwe na Scheiderman (1998) mu nyandiko yashyize ahagaragara, ayita *"Gusanisha- Guhanga-Gutanga: uburyo bwo kwigisha/kwiga bakoresheje ikoranabuhanga"* (*Relate - Create - Donate: a teaching/learning philosophy for the cyber-generation*). N'ubwo yabyize ahereye ku burambe mu kwigisha no mu kwitegereza uko abanyeshuri be biga aho gukoresha inzira y'ubushakashatsi, Scheiderman (1998, p. 25) afite umwihariko wo kugaragaza ko abanyeshuri bashobora kwiga bafatanyije mu matsinda imishinga ijyanye n'ubuzima bwabo bwa buri munsi, ibategura kwinjira mu kazi kandi ishingiye ku ikoranabuhanga. Shneiderman asobanura ko umushinga wo kwiga bakoresheje ikoranabuhanga ushingiye ku ntambwe eshatu zikurikira:

- *Gusanisha*: kuri iyi ntambwe abanyeshuri bibumbira mu matsinda maze bakungurana ibitekerezo kugira ngo basobanure, bacengere kandi bumve umushinga wo kwiga bagiye gukoraho. Byongeye, bafatira hamwe gahunda y'uko uwo mushinga bazawushyira mu bikorwa.

- *Guhanga*: kuri iyi ntambwe abanyeshuri bakora ubushakashatsi ku mushinga wabo, bakagereza gushaka igisubizo umuntu ari wenyine cyangwa afatanyije n'abandi.

- *Gutanga*: aha abanyeshuri bashyikiriza umushinga bakoze ba nyiri ukuwushyira mu bikorwa cyangwa bakawuha abaturage.

Morgan (1983) kimwe na Shneiderman (1998) bemeza ko kwiga bishingiye ku mishinga bihabwa agaciro n'inzira abanyeshuri banyuramo mu gukora umushinga n'umusaruro uva muri uwo murimo. Ibi biruzuzanya n'ubushakashatsi bwakozwe na Mukama na Andersson (2008) aho berekana ko kugira ngo abarimu bashya bakire impinduka zibereye mu kwiga gushingiye ku ikoranabuhanga bagomba guhabwa uburyo bwo guhanga ibintu bishya n'ubwo gukemura ibibazo bahura na byo mu buzima bwabo bwa buri munsi. Byongeye bagomba guhabwa umwanya wo kugaragaza ibyo bavumbura n'ibyo bunguka mu kwishakira ibisubizo. Ubundi bushakashatsi bwakozwe ku kwigira kuri mudasobwa abanyeshuri bafatanyije bwerekana ko bidahagije gushyira abanyeshuri mu matsinda ngo wizere ko bazasenyera umugozi umwe mu kubaka ubumenyi bishimiye bose nk'abagize itsinda. Mercer (1995) ashishikariza abanyeshuri gukorera mu matsinda mato no kwifashisha ikiganiro gisesengura kuko ari byo bibafasha kubaka ubumenyi bafatanyije. Iki kiganiro gisaba ko ibitekerezo by'umuntu bisesengurwa, ugitanze agahabwa umwanya wo kugisobanura, abandi na bo bagashobora kukijora, kucyubakiraho cyangwa se kukivugurura iyo bibaye ngombwa. Bityo abanyeshuri bakagenda baterana inkunga mu bitekerezo kugera aho bafatiye imyanzuro bumvikanyeho.

Gukoresha imishinga yo kwiga byizweho n'abashakashatsi benshi. Urugero ni nk'aho ChanLin (2008) agaragaza ko kwiga gushingiye ku mishanga bishobora gutuma abanyeshuri biyungura ubushobozi bwo gukora inshamake, ubwo kubakira ku byigwa, n'ubwo gukora imirimo isaba isesengura. Aha, ChanLin avuga ko mwarimu aba afite umurimo w'ubutoza kandi uyu murimo ukaba ari ingenzi mu gutuma abanyeshuri bagera ku ntego yabo. Abashakashatsi Ayas na Zeniuk (2001) bemeza ko imishinga yo kwiga ishobora gutuma abanyeshuri bahinduka abafatanyabikorwa mu bitekerezo hagati yabo. Aba bashakashatsi basobanura ko kugira ngo ubu bufatanyabikorwa bushinge imizi bugomba kuba bufite ubuyobozi buhamye kandi bwubakiye ku kemezo cya buri wese cyo gushigikira ko busugira. Naho Krajcik, Blumenfeld, Marx na Soloway (1994) bashimangira ko gukoresha ikoranabuhanga mu mishinga yo kwiga siyansi bifite imimaro myinshi harimo gutuma abanyeshuri bakemura ibibazo nyakuri bahura na byo mu buzima bwabo bwa buri munsi. Ikindi kandi iyi myigire yungura abanyeshuri ubushobozi bwo gukorera hamwe cyanecyane mu bushakashatsi bukorerwa muri laboratwari. Danford (2006) yandika ko kwiga bishingiye ku mishinga bifasha abanyeshuri kunguka ubumenyi nyakuri bukenewe mu kazi, ibigo biharanira inyungu bigashobora kubona abakozi badahenze (abanyeshuri) n'inzobere mu bumenyi runaka (abarimu). N'ubwo uburyo bwo kwiga bishingiye ku mishanga bwakoreshejwe na benshi, Hanney na Savin-Baden (2013) bemeza ko ubu buryo butaragira ihange(theory) rifatika. Basobanura ko ubu buryo butarasobanurwa ku buryo bwemewe na bose kandi ko butaragira ihangiro (framework) rimwe. Ni muri urwo rwego rero, ubu bushakashatsi bugerageza gutanga umusanzu wabwo mu kuziba icyo cyuho mu ruhando rw'ikoranabuhanga"[29].

Muri uru rugero, kugira ngo umushakashatsi akore isesengura ry'ibyanditswe mbere, biragaragara ko agomba kubanza gusoma ubushakashatsi bwakozwe mbere ku gitekerezo shingiro ashaka kwigaho. Ibi ni ingenzi cyane kuko bituma ubushakashatsi bugira ireme n'ubwizerwe.

Umumaro w'isesengura n'ijora ry'ibyanditswe mbere

Isesengura n'ijora ni inshamake si ukurondora abakoze ubushakashatsi ngo ube wagira uti "uyu yavuze biriya n'uriya avuga biriya" maze urekere aho. Ni ugucengera ibyanditswe mbere ukibaza impamvu abakoze ubwo bushakashatsi babukoze ku buryo runaka ntibabukore ukundi. Ibyo ushobora kubirebera ku iyoboramikorere (methodology); aho bwakorewe (context), ku ihangiro (theoretical framework), no ku byagezweho n'ubushakashatsi (findings/results).

---

29 Indangasoko kuri uru rugero murayisanga muri Mukama (2014).

Gusoma ubushakashatsi bwakozwe n'abandi, ukabusesengura, ukabujora kandi ukabwandika mu nshamake, bituma umushakashatsi yunguka ibitekerezo bishya ku buryo ashaka gukoramo ubushakatsatsi bwe. Byongeye, bituma ashobora kwerekana aho ubushakashatsi bwe bwuzuzanya cyangwa aho butandukanira n'ubw'abandi. Mu yandi magambo, gukora isesengura n'ijora ry'ibyanditswe mbere bigomba kuba bifite intego. Muri izo ntego umuntu yavuga iz'ingenzi zikurikira (Hart, 2001; Knopf, 2006):

- Kwerekana inshamake y'ibyanditswe mbere ku gitekerezo shingiro kigiye kwigwaho. Iyo umushakashatsi azi ibyakozwe mbere, bituma adata umwanya yongera gushakashaka ibyarangije kuvumburwa mbere y'igihe (reinventing the wheel).

- Kwerekana ibitarakozweho ubushakashatsi ku gitekerezo shingiro kigiye kwigwaho.

- Kwerekana niba ubushakashatsi bwakozwe mbere bufite inenge mu ihangiro ryabwo cyangwa se mu iyoboramikorere (methodology) maze ukerekana uburyo ubugiye gukorwa kuzabifutura ku buryo bwimbitse.

- Kwerekana ko ubushakashatsi bugiye gukorwa buje kuziba icyuho (gap); kwibanda ku bitaritaweho (silence) cyangwa gukosora amakosa cyangwa imyumvire itari yo ku gitekerezo shingiro kizibandwaho.

Kubera ko isesengura n'ijora ry'ibyanditswe mbere rigaragaza imbago (limitations) ryabyo, umushakashatsi ni ho ahera yerekane umusanzu we mu bushakashatsi agiye gukora. Ashobora kuvuga icyo aje kongera ku bumenyi busanzwe buzwi cyangwa se icyo aje guhinduraho. Ni ukuvuga ko mu by'ukuri ibibazo by'ubushakashatsi cyangwa inkeneragihamya (hypothesis) byagombye guturuka mu isesengura n'ijora ry'ibyanditswe mbere. Iyo ni yo mpamvu abashakashatsi benshi bakunda kugaragaza ibibazo by'ubushakashatsi cyangwa inkeneragihamya nk'agace kagize isesengura n'ijoro ry'ibyanditswe mbere.

Isesengura n'ijora ry'ibyanditse mbere rishobora gukoreshwa nk'ahantu hatatu hatandukanye: Aha mbere, isesengura n'ijora ry'ibyanditswe mbere rishobora kuba inyandiko yihariye kandi yihagije. Ikigamijwe aba ari nko kumva aho ubumenyi bugeze ku kibazo cyangwa ku gitekerezo shingiro runaka. Ik'ingenzi si ukugaragaza amakosa y'ubushakashatsi bwakozwe mbere gusa, ahubwo ni ukwerekana na none amasomo umuntu yakwigira ku byagaragajwe na bwo no ku myanzuro yabuvuyemo. Aha kabiri isesengura n'ijoro ry'ibyanditse mbere rikunze gukoreshwa ni aho rikorwa mu ikubitiro ry'umushinga w'ubushakashatsi bashaka gukora. Urugero ni nk'ubushakashatsi bukorwa n'abanyeshuri basoza amashuri makuru. Hari n'ubwo iri sesengura n'ijora rikorwa mu mishinga y'ubushakashatsi kugira ngo iterwe inkunga y'amafaranga. Ikigamijwe ahanini muri iri sesengura n'ijora ry'ibyanditswe mbere ni ukugaragaza ko ubushakashatsi bugiye gukorwa nta wundi wabukoze. Umushakashatsi aba ashaka kandi kugaragaza ko hari ikintu gishya aje kongera cyangwa guhindura mu bumenyi busanzwe buzwi. Hari n'izindi ntego umushakashatsi ashobora kuba agamije nk'uko zavuzwe hejuru. Aha gatatu isesengura n'ijora ry'ibyanditswe mbere rikunze gukoreshwa ni igihe barikoze nk'igice kigize raporo y'ubushakashatsi bwarangiye. Akenshi na kenshi iki gice kiba kije kuzuza isesengura n'ijora ry'ibyanditswe mbere ryakozwe mu mbanzirizamushinga. Iri sesengura n'ijora rifasha kwerekana isano iri hagati y'imyanzuro y'ubushakashatsi n'ubumenyi bwari busanzwe buzwi kugeza icyo gihe.

Kugaragaza umusanzu w'ubushakashatsi

Isesengura n'ijora ry'ibyanditswe mbere riba rigamije kuvuga muri make aho ubumenyi buba bugeze ku gitekerezo shingiro muri icyo gihe umushakashatsi agiye gukora ubushakashatsi bwe. Iri sesengura n'ijora kandi rifasha umushakashatsi kwerekana uruhare rwe mu kongera cyangwa mu guhindura imyumvire kuri ubwo bumenyi. Reka twifashishe urugero twabonye hejuru. Mukama (2014, p. 128) aragira ati:

> N'ubwo uburyo bwo kwiga bishingiye ku mishanga bwakoreshejwe na benshi, Hanney na Savin-Baden (2013) bemeza ko ubu buryo butaragira ihange (theory) rifatika. Basobanura ko ubu buryo butarasobanurwa ku buryo bwemewe na bose kandi ko butaragira ihangiro (framework) rimwe. Ni muri urwo rwego rero, ubu bushakashatsi bugerageza gutanga umusanzu wabwo mu kuziba icyo cyuho mu ruhando rw'ikoranabuhanga.

Muri uru rugero, Mukama arerekana ko icyuho kiri mu nyigo zakozwe mbere ari uko imyigire ishingiye ku mishinga idafite ihange n'ihangiro ryemeranyijweho n'abashakashatsi. Mukama aravuga ko umuganda w'ubushakashatsi bwe ari ukugira uruhare mu kurema ihange n'ihangiro ry'imyigire ishingiye ku mishinga n'ikoranabuhanga. Kuziba icyo cyuho ni uburyo bwo kungura ubumenyi. Ijambo ubumenyi rivugwa hano si ukuri kudakuka. Mu burezi kimwe no mu ngeri zindi zishamikiye ku bumenyi nyamuntu no ku mibanire y'abantu n'abandi, ubumenyi ni imyumvire igaragaza uko ibintu bigenda bahereye ku bushakashatsi bwakozwe. Ubwo bumenyi rero bushobora kuba bufite ikigero cy'ubwizerwe (degree of confidence) runaka. Nko mu bushakashatsi bwa Mukama (2014), biragaragara ko ishuri ry'ibitekerezo yubakiraho ubushakashatsi bwe ari irishingiye ku mibanire y'abantu n'imico yabo (sociocultural perspective). Ubumenyi busobanurwa hakurikijwe ishuri ry'ibitekerezo (school of thought) runaka. Mu gusesengura no kujora ibyanditswe mbere, umushakashatsi rero agerageza kwibaza ku bisobanuro bitangwa n'abandi bashakashatsi n'igihamya babitangira maze akareba ko ibimenyetso batanga bifite imbaraga zihagije zo kubyemeza. Ibisobanuro kandi bishingira ku ishuri ry'ibitekerezo ubushakashatsi bwakozwemo.

Ubwo rero umusanzu w'umushakashatsi ushobora kugaragara mu buryo bunyuranye: ese imyumvire ku byanditswe mbere n'abashakashatsi runaka umuntu yayemera? Ese yayemera ku ruhe rwego: arayemera cyane, cyangwa se by'igice cyangwa se na none ntayemera habe na mba? Ese hari ubundi bushakashatsi bwakorwa kugira ngo ubumenyi abandi bagaragaje busobanuke neza, bwumvikane kurushaho, bukosorwe cyangwa se bwaguke? Ubushakashatsi bwakorwa bukazana ibisobanuro byisumbuye ibisanzwe, ibikosora imyumvire isanzwe iriho, ibizana imyumvire mishya itari isanzwe izwi, ibyo byose ni umusanzu mu kongera ubumenyi cyangwa imyumvire ku gitekerezo shingiro runaka. Niba hari amakuru mashya ubushakashatsi buzanye atuma urwego rw'ikizere ku myumvire isanzwe izwi rwiyongera cyangwa se rugabanuka na byo ni uburyo bwo kongera ubumenyi.

Uko isesengura n'ijora ry'ibyanditswe mbere rikorwa

Kugira ngo umushakashatsi ashobore gusesengura no kujora ibyanditswe mbere ni ngombwa ko abikora kuri gahunda, ni ukuvuga ahereye ruhande kandi afite ikerekezo. Hari ingingo z'ingenzi zamufasha kubigeraho:

- Guhitamo igitekerezo shingiro cy'ubushakashatsi
- Gukusanya ibyanditswe mbere
- Kwinjira mu isesengura n'ijora ry'ibyanditswe mbere
- Kugaragaza intego nyamukuru y'ubushakashatsi
- Gutegura ibibazo by'ubushakashatsi
- Kugena umwanya w'isesengura n'ijora ry'ibyanditswe mbere muri raporo bushakashatsi

Guhitamo igitekezezo shingiro, intego n'ibibazo by'ubushakashatsi

Uko umushakashatsi agenda acukumbura ibyanditswe mbere, ni ko agenda abona ko hari ibishobora kuba bitaranditswe ku nsanganyamatsiko ari kwigaho. Ashobora no gusanga ibyanditswe bitarasobanuye ku buryo bwimbitse ingingo runaka. Birashoboka ko ashobora no gusanga hari ingingo ikocamye noneho akiyemeza kuyigaho. Iyo rero umushakashatsi amaze kubona icyuho agiye kuziba, cyangwa se ingingo agiye gukosora, cyangwa se kuyigaho kuko itavugwa mu byanditswe mbere, yandika igitekerezo shingiro kandi agategura ibibazo by'ubushakashatsi.

Amagambo "igitekerezo shingiro" (research idea) akoreshejwe muri iki gitabo asobanura ikerekezo cy'ubushakashatsi cyangwa se izingiro ry'ibikorwa bijyanye n'ubushakashatsi bugiye gukorwa. Abanyeshuri kimwe n'abandi bashaka gukora ubushakashatsi ku nshuro ya mbere bakunda kwibaza bene ibi bibazo: "Mbese nzavana he igitekerezo shingiro cy'ubushakashatsi bwange?" "Ese nabwirwa n'iki ko ubushakashatsi nshaka gukora abandi batabukoze?" Kwibaza ibibazo nk'iki ni ingenzi. Impamvu bikenewe turayibona twifashishije ingero. Akenshi na kenshi abashakashatsi bagira igitekerezo shingiro runaka bakunda kwibandaho. Iyo usesenguye neza igitekerezo shingiro, ushobora gusanga hari ibindi bitekerezo bito bigikubiyemo. Isesengura ry'igitekerezo shingiro rituma umushakashatsi agana ku ngingo nyamukuru ubushakashatsi bwibandaho. Ni ukuvuga ko igitekerezo shingiro cyo ku rwego rwa mbere ushobora kugisesengura kikumvikana kurushaho ku rwego rwa kabiri, n'icyo ku rwego rwa kabiri kikumvikana byisumbuyeho ku rwego rwa gatatu. Iryo sesengura rirakomeza kugeza igihe umushakashatsi agereye ku ngingo nyamukuru yo kwigaho.

Reka dufate urugero rw'igitekerezo shingiro cyo ku rwego rwa mbere tukite "Kuzamura ireme ry'uburezi". Umushakashatsi ahita yibaza ati: "Ese ireme ry'uburezi rireberwa hehe?" Abashakashatsi bamwe bashobora guhita batekereza ibikorwa kugira ngo ireme ry'uburezi ribeho. Ingero: guhugura abarimu, guhuza integanyanyigisho n'isoko ry'umurimo, politiki y'uburezi, imiyoborere myiza y'amashuri, igenamigambi n'imicungire y'imari, imyigire y'abanyeshuri, imyigishishirize y'abarimu n'ibindi. Abandi bashakashatsi bashobora gutekereza ko ireme ry'uburezi rigaragarira mu ngaruka z'uko uburezi buhagaze. Ingero: abakozi bakora akazi kinyamwuga, umusaruro w'umukozi warangije kwiga, iterambere ry'igihugu, ubushobozi bwo gukemura ibibazo by'abaturage, ihangwa ry'imirimo ugereranyije n'ibyo abanyeshuri bize n'ibindi. Ireme ry'uburezi rero ni igitekerezo cyo ku rwego rwa mbere. Impamvu zitera ireme ry'uburezi n'umusaruro w'uburezi bufite ireme biragaragaza igitekerezo shingiro cyo ku rwego rwa kabiri.

Ku rwego rwa kabiri, buri gitekerezo shingiro muri ibyo tumaze kuvuga haruguru, na cyo gishobora gusesengurwa kikavamo ibindi bitekerezo shingiro bito birushijeho gusobanuka. Reka dufate urugero rw'igitekerezo shingiro twavuze haruguru ku rwego rwa kabiri "imyigire y'abanyeshuri". Nk'uko tuzabibona mu gice cy'ikusanyamakuru n'isesenguramakuru, iyo agiye gukora ubushakashatsi, umushakashatsi yibaza ibibazo bibiri by'ingenzi mu bushakashatsi bw'ubumenyi

81

nyamuntu n'imibanire y'abantu: "iki?" na "gute?" (what and how). Mu gusesengura igitekerezo shingiro "imyigire y'abanyeshuri", umushakashatsi ashobora kwibaza ati: "Ni iki kigwa cyangwa se ni nde wiga?" "Umunyeshuri yiga ate?" Ibyo bibazo rero bishobora gutuma umushakashatsi yibanda kuri bimwe muri ibi bitekerezo shingiro bigaragaza imyigire y'abanyeshuri: gukoresha ikoranabuhanga mu kwiga, kwiga ibiteganyijwe mu nteganyanyishisho, ikoreshwa ry'imfashanyigisho mu kwiga, imikoreshereze y'ururimi rw'amahanga mu myigire, ibaza n'ibazwa, ubufasha bw'abarimu mu kwiga cyangwa mu kwiyigisha, ubufatanye hagati y'abanyeshuri, ingaruka zo kurya cyangwa kutarya saa sita mu myigire y'abana, gutsinda no gutsindwa, kuba umuhungu/kuba umukobwa mu myigire y'ikoranabuhanga na siyansi, uruhare rw'ababyeyi mu myigire, kwigana n'abanyeshuri benshi/bake, kwiga isomo ryihariye (kubara, gusoma, inyunguramagambo, ikibonezamvugo...) n'ibindi. Iri sesengura ry'imyigire y'abanyeshuri riragaragaza ibitekerezo shingiro byo ku rwego rwa gatatu. Rirerekana ko ikigwa kigenda gisobanuka kurusha ibindi bitekerezo shingiro byabanje.

Buri gitekerezo shingiro tumaze kuvuga ku rwego rwa gatatu na cyo gishobora gusesengurwamo ibindi bito kurushaho kugeza ubwo umushakashatsi agera ku ngingo ashaka kwigaho ku buryo ugisoma na we ashobora kwiyumvisha ko gikorwa mu gihe runaka, mu buryo runaka, ahantu runaka n'abantu runaka. Igishushanyo-mbonerahamwe 1 kirerekana uburyo igitekerezo shingiro kimwe gishobora gusesengurwamo ibindi bito byinshi bigishamikiyeho.

Gukusanya ibyanditswe mbere

Umushakashatsi akora umurimo wo gushakisha no kwegeranya ibyanditswe mbere yifashishije amagambo y'ingenzi (keywords) avanye mu gitekerezo shingiro. Nko mu rugero rw'igitekerezo shingiro "kwiga gushingiye ku mishinga n'ikoranabuhanga". Amagambo y'ingenzi ari muri iki gitekerezo shingiro ni abiri: "Kwiga gushingiye ku mishinga" ndetse n' "ikoranabuhanga".

Muri ibi bihe tugezemo, amasomero menshi asigaye akoresha ikoranabuhanga mu itumanaho n'isakazabumenyi. Umuntu ashobora kwifashisha murandasi agashakisha inyandiko zashyizwe ahagaragara yifashishije amagambo y'ingenzi ari mu gitekerezo shingiro cy'ubushakashatsi. Iyo ayo magambo y'ingenzi ayanditse mu mashakiro akoresha iryo koranabuhanga, ashobora guhita abona raporo z'ubushakashatsi bwashyizwe ahagaragara buhuriye kuri icyo gitekerezo shingiro. Kugeza magingo aya ariko, ibyanditswe mbere byinshi biri mu rurimi rw'icyongereza. Niba ntabyanditswe mbere mu rurimi rw'ikinyarwanda biri mu bubiko bwa

Urwego 1	Urwego 2	Urwego 3	Urwego 4	Urwego 5	Urwego 6

Politiki y'uburezi

Imiyoborere y'ishuri

Igenamigambi

Imyigire y'abanyeshuri

Ireme ry'uburezi

Imyigishirize y'abarimu

Ubushobozi bw'umukozi ukirangiza kwiga

Uruhare rw'abarangije kwiga mu iterambere ry'igihugu

Ubushobozi bwo kwihangira akazi ku barangije kwiga

Gukoresha imfashanyigisho

Ururimi rw'amahanga mu kwiga

Kurya/Kutarya ku ishuri mu myigire y'abanyeshuri

Ibaza n'ibazwa

Gukoresha ikoranabuhanga mu kwiga

Kuba umuhungu/ umukobwa mu myigire

Uruhare rw'ababyeyi

Kwigana n'abayeshuri benshi/bake mu ishuri rimwe

Kwiga isomo (imibare, Icyongereza, ibidukikije ...)

Ubufatanye n'abandi mu iyakure

Gushaka no gusobanukirwa amakuru yo kuri murandasi

Kwigira isomo runaka kuri mudasobwa

Kwiga uri wenyine ukoresheje telefoni igendanywa

Kwiga ufatanyije n'abandi bakoresha ikoranabuhanga

Ikoranabuhanga n'umuco w'igihugu

Kwiga ufatanyije n'abandi buri wese akoresha telefoni igendanywa

Kwiga bishingiye ku mishinga n'ikorana-buhanga

Kwigira kuri mudasobwa imwe abana ari benshi mu itsinda

Uko abanyeshuri bahanga ubumenyi bushya mu myigire ishingiye ku mishinga n'ikoranabuhanga

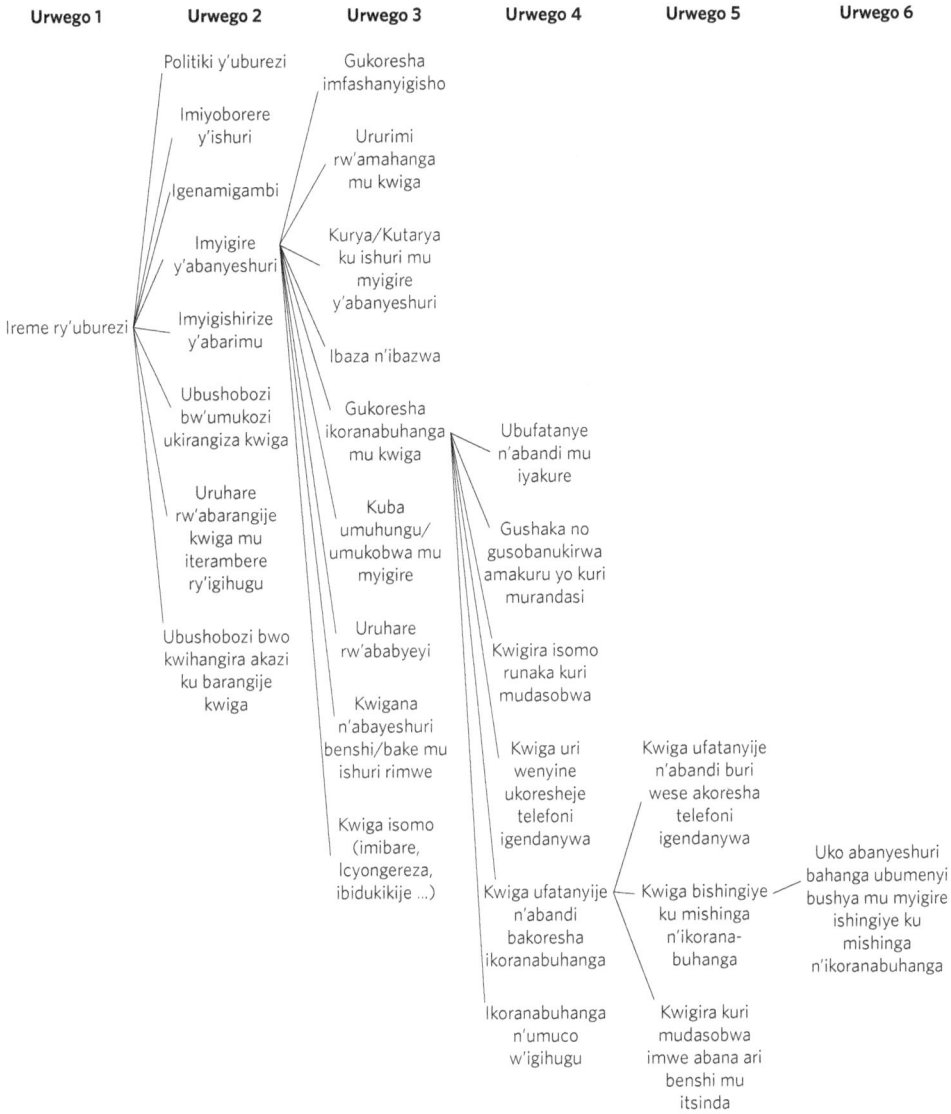

Igishushanyo-mbonerahamwe 1: Uburyo bwo gusesengura igitekerezo shingiro cy'ubushakashatsi

murandasi byaba byiza umushakashatsi abishatse nko mu cyongereza cyangwa mu zindi ndimi mpuzamahanga. Mu cyongereza, ayo magambo y'ingenzi azaba aya akurikira: "project-based learning" + "technology" niba umushakashatsi ashaka kubona amakuru ku bushakashatsi bwakozwe mbere ku "myigire ishingiye ku mishinga n'ikoranabuhanga".

Hari ubwo umushakashatsi ashobora gukoresha amagambo y'ingenzi abiri cyangwa se atatu ariko akabona ibyanditswe mbere bike cyane. Icyo gihe ashobora kwagura ishakisha. Urugero: niba mbere yari yakoresheje amagambo y'ingenzi abiri, ashobora kuyagabanya akandika rimwe "ubushakashatsi bushingiye ku mishinga". Aha abona ibyanditswe byinshi kurusha mbere kuko araba ashatse ibyanditswe mbere ku "myigire ishingiye ku mishinga" bitarimo "ikoranabuhanga" gusa.

Iyo noneho mu ishakisha akoze abonye ibyanditswe mbere byinshi cyane, biba ngombwa ko agabanya ubunini bw'igitekerezo shingiro. Niba igitekerezo shingiro cya mbere cyari "imyigire ishingiye ku mishinga n'ikoranabuhanga", ashobora kuyihindura atya "uko abanyeshuri bahanga ubumenyi bushya mu myigire ishingiye ku mishinga n'ikoranabuhanga". Ubwo amagambo y'ingenzi ariyongera: "guhanga ubumenyi+imyigire ishingiye ku mushinga+ikoranabuhanga". Mu cyongereza amagambo y'ingenzi yaba aya akurikira: "knowledge construction+project based learning+technology". Ibyanditswe mbere biraba birimo ubushakashatsi bwakozwe burimo uko ubumenyi bwubakwa, imyigire ishingiye ku mishinga n'ikoranabuhanga.

Mu gukusanya ibyanditswe mbere, umushakashatsi akwiye kwita kuri izi ngingo:

- Ibyanditse mbere bikwiye gutoranywa mu bushakashatsi bwarangiye kandi bwashyizwe ahagaragara. Ibyanditswe mbere bishobora kuba ari ibitabo, igice kimwe cyangwa se byinshi mu bigize igitabo (book chapters); ubushakashatsi bwashyizwe ahagaragara mu bitangazamakuru by'ubumenyi bwasomwe kandi bukemezwa n'abahanga (peer reviewed journals), inkoranyamagambo, raporo z'ubushakashatsi bwashyizwe ahagararaga nk'ibitabo birangiza amashuri makuru n'ibindi. Cyakora hari ubwo umushakashatsi ashobora kwifashisha raporo z'ubushakashatsi bwarangiye ariko zitarashyirwa ahagaragara iyo izo raporo zizewe rwose.

- Biba byiza gukoresha ibyanditswe mbere n'abashakashatsi bafite ubunararibonye ku gitekerezo shingiro runaka. Ibi byongererera agaciro ubushakashatsi burimo gukorwa.

- Umuyobozi w'ubushakashatsi ashobora kugira inama abanyeshuri be z'aho bashakira ibyanditswe mbere byizewe.

- Ni ngombwa cyane gukoresha ibyanditswe mbere bishya kubera ko ubushakashatsi bwubakira ku bundi kandi bugahora buhinduka. Kimwe mu byafasha kumenya ubushakashatsi bushya ni nko kwitabira inama z'ubushakashatsi, zaba izihuza abashakashatsi bake cyangwa se benshi mu mashuri makuru, mu gihugu imbere cyangwa se ku rwego mpuzamahanga. Cyakora hari aho biba bikenewe ko umushakashatsi akoresha ibyanditswe mbere bya kera nko mu nyigo z'amateka, cyangwa se ashaka kwerekana isoko muzi y'igitekerezo runaka.

- Umushakashatsi ashobora kwifashisha indangasoko y'ubushakashatsi bwashyizwe ahagaragara. Ibyo bishobora kumufasha kumenya abandi bashakashatsi banditse ku gitekerezo shingiro na we ashaka kwigaho.

Ese umushakashatsi yakusanya ibyanditswe mbere kugeza ryari? Mu gihe umushakashatsi akibona andi makuru mashya cyangwa se izindi ngingo nsha zivuguruzanya ku gitekerezo shingiro ke, akomeza gushaka ibyanditswe mbere. Ariko mu gihe nta gishya akibona, icyo gihe ntaba agikeneye gukomeza gukusanya ibindi byanditswe mbere. Cyakora ibyagezweho n'ubushakashatsi bishobora gutuma akenera kongera gushaka andi makuru mu byanditswe mbere kugira ngo arusheho kubyumva no kubisobanura. Iyi ngingo tuzayigarukaho mu gice k'iyoboramikorere / iyoboranzira.

Kwinjira mu isesengura n'ijora ry'ibyanditswe mbere

Gusesengura ibyanditswe mbere ni umurimo wo gucukumbura amakuru ariko kandi bigakorwa kuri gahunda. Gucukumbura amakuru ntibigenda umujyo umwe ngo ube wakwibwira ko ikibazo ubonye mu nyandiko ya mbere usanga igisubizo cyacyo mu nyandiko ikurikiyeho. Ahubwo ushobora gusanga igitekerezo cyatanzwe n'umushakashatsi umwe gifitanye isano n'inyandiko yarondoye mu ndangasoko. Icyo gihe ushobora guhita ujya gushaka izo nyandiko ukaba uretse gusoma izindi wari wateguye.

Ku rundi ruhande ni ngombwa ko umushakashatsi asoma ibyanditswe mbere kuri gahunda. Iyi gahunda tuvuga hano ni iyo kumenya uko yandika ibitekerezo by'ingenzi yagiye asanga muri buri nyandiko. Mbere na mbere, byaba byiza umushakashatsi abanje gusoma inshamake (abstract) y'inyandiko agiye gusoma kugira ngo ashobore guhitamo izifite aho zihuriye rwose n'insanganyamatsiko ashaka kwigaho. Ibyo bimurinda kandi guta umwanya no gusoma ibyo abonye byose. Mu gusoma rero inyandiko yatoranyijwe, hari abashakashatsi bakunda guca imirongo ku gika babonyemo igitekerezo kibashishikaje ku buryo mu gihe cyo kwandika bazakigarukaho. Akenshi aba bakunda kwifashisha ikaramu y'igiti cyanecyane iyo baca imirongo mu gitabo kugira ngo nibiba ngombwa bazayisibe. Hari abahitamo gukora inshamake y'igitekerezo nyamukuru kivugwa mu nyandiko bamaze gusoma. Ibi bishobora kubafasha kugenda basesengura kandi bajora buri

85

nyandiko. Dore bimwe mu bibazo bishobora kuyobora umushakashatsi mu gusesengura no kujora ibyanditswe mbere kuri gahunda:

- Ese ibibazo ubu bushakashatsi bwashakaga gusubiza ni ibihe? Byarasubijwe se?
- Ese aho ubushakashatsi bwabereye ni hamwe cyangwa se haratandukanye?
- Ese iyoboramikorere / iyoboranzira hari aho rihuriye n'iryakoreshejwe mu bundi bushakashatsi?
- Ese ibyagezweho n'ubushakashatsi biravuga iki?
- Ese imyanzuro y'ubushakashatsi hari aho ihuriye n'iyanditswe mu nyandiko zasomwe mbere? Ese iruzuzanya cyangwa irabusanye?
- Ni uwuhe mwanzuro cyangwa se ni iki gishya ubushakashatsi bwazanye mu bumenyi?
- Ni iki kitavugwa muri ubu bushakashatsi?
- Ni iki gishobora gukosorwa muri ubu bushakashatsi?

Kwibaza no kwisubiza bene ibi bibazo mu gihe umushakashatsi asoma ibyanditswe mbere bituma ashobora kubisesengura no kubijora. Umushakashatsi rero ashobora kwandika inshamake y'isesengura n'ijora kuri buri nyandiko y'ubushakashatsi asomye mu byanditswe mbere akurikije ibyo bibazo byo hejuru. Ibi bituma umushakashatsi atibagirwa ibyo yasomye kandi bimufasha kugereranya ibyanditswe mbere uko agenda abisoma. Cyakora nta tegeko ntakuka ririho rivuga intambwe ku yindi uko umushakashatsi agenda akusanya ibitekerezo asoma mu byanditswe mbere. Buri mushakashatsi ashobora gukoresha uburyo bumunogeye. Icyo umushakashatsi atagomba kwibagirwa ni ukwandika isoko y'aho yakuye amakuru: umwanditsi, umwaka, umutwe w'inyandiko ye, igitabo/igitangazamakuru cy'ubushakashatsi, nimero y'igitangazamakuru, nimero y'icapwa, amapaji inyandiko iherereyeho. Niba ari igitabo, agomba kugaragaza izina ry'icapiro n'umugi cyacapiwemo.

Mbere yo kwandika isesengura ry'ibyanditswe mbere byaba byiza umushakashatsi, cyanecyane ku mutangizi, abanje gusoma izindi nyigo zakozwe n'abandi bashakashatsi kugira ngo acengere uko bakoze uwo murimo. Byaba byiza kandi umushakashatsi w'umutangizi agishije inama abayobozi b'ubushakashatsi bwe kugira ngo bamubwire inyigo zifite isesengura n'ijora ry'ibyakozwe mbere bafata nk'intangarugero.

Si ngombwa ko ibyasomwe byose bigaragara mu isesengura ry'ibyanditswe mbere. Iri sesengura rigomba kuba ririmo amakuru afitanye isano n'ubushakashatsi buri gukorwa kandi agomba kuba hari icyo yungura mu kubwumva no kubusobanura.

Mu yandi magambo, isesengura ry'ibyanditswe mbere rigaragaza imyumvire ivugwa mu bushakashatsi ku gitekerezo shingiro. Imyumvire isa igomba kubumbirwa mu bika byegeranye. Umushakashatsi ashobora no kwerekana aho imyumvire yasomye mu nyandiko imwe bibusanira n'iyanditswe mu zindi nyandiko. Ni ngombwa kwerekana ibyibagiranye cyangwa ibitavugwa ariko hagamijwe gusobanura uko ubushakashatsi bugiye gukorwa buje kuziba icyo cyuho (Vithal & Jansen, 1997). Aha ni ho umushakashatsi ahera asobanura igishya ubushakashatsi bwe buje kongera mu bumenyi busanzwe buzwi.

Kugaragaza intego nyamukuru y'ubushakashashatsi

Igitekerezo shingiro gito ni cyo umushakashatsi aheraho kugira ngo agaragaze intego nyamukuru ashaka kugeraho mu bushakashatsi bwe. Igitekerezo shingiro gito kigaragara mu Gishushanyo-mbonerahamwe 1 ni "Kwiga gushingiye ku mishinga n'ikoranabuhanga". Dore rero imwe mu mpamvu nyamukuru umushakashatsi ashobora kugenderaho:

> **Urugero 1**: Impamvu nyamukuru y'ubu bushakashatsi ni ugusesengura uko abanyeshuri bahanga ubumenyi bushya mu myigire ishingiye ku mishinga n'ikoranabuhanga

Muri iyi mpamvu nyamukuru y'ubushakashatsi hari ingingo z'ingenzi ziyigize:

- *Inshinga igaragaza igikorwa cy'ubushakashatsi*: "gusesengura". Iyo nshinga yerekana imiterere y'ubushakashatsi. Hari ubushakashatsi bushingiye ku miterere y'ibintu cyangwa se imimerere yabyo, iyiga nyamimerere/nsesengurabitekerezo (qualitative studies). Hari n'abandi bakora ubushakashatsi bushingiye ku ibarura ry'ibintu cyangwa ingano yabyo mu mibare, iyiga barurishamibare (quantitative studies). Ibyo bikorwa byose bishobora kugaragazwa n'inshinga yakoreshejwe mu mpamvu nyamukuru. Ingezo z'inshinga zishobora gukoreshwa mu iyiga nyamimerere: kwiga, gusobanura, kugaragaza isano n'izindi. Ingero z'inshinga zishobora kugaragaza ubushakashatsi bushingiye ku iyiga barurishamibare: kubarura, kugereranya, n'izindi.

- *Igikorwaho ubushakashatsi (Object)*: "uko abanyeshuri bahanga ubumenyi bushya". Ikigwa kiragaragazwa n'igisubizo k'ikibazo: "iki?"

87

- *Abafite uruhare mu bushakashatsi (participants/subjects)*: "abanyeshuri". Abatanga amakuru y'ubushakashatsi baravugwa.

- *Aho ubushakashatsi bubera (context)*: "mu myigire ishingiye ku mishinga n'ikoranabuhanga". Ni igisubizo kuri cya kibazo: ubushakashatsi burabera hehe? Mu mpamvu nyamukuru, birumvikana ko abanyeshuri bahanga ubumenyi bushya mu *buryo* bwihariye bubera mu "myigire ishingiye ku mishinga n'ikoranabuhanga".

Akenshi na kenshi, impamvu nyamukuru y'ubushakashatsi iba ari imwe. Cyakora hari ubwo usanga hari abashakashatsi bagaragaje impamvu nyamukuru nk'ebyiri cyangwa eshatu n'ubwo atari benshi babikora batyo.

Dore izindi ngero zigaragaza impamvu nyamukuru y'ubushakashatsi:

Urugero 2: Impamvu nyamukuru y'ubu bushakashatsi ni ugusobanura ibitekerezo by'abanyeshuri bo mu mashuri makuru ku myigire yabo y'iyakure.

Urugero 3: Impamvu nyamukuru y'ubu bushakashatsi ni ukugereranya ubwitabire bw'abakobwa n'abahungu mu mashami ya siyansi mu mashuri yisumbuye.

Ikitonderwa:

- Inshinga zose zigaragaza igikorwa si ko zikoreshwa mu kwandika impamvu nyamukuru y'ubushakashatsi.
  - ... gusura amashuri y'abikorera ku giti cyabo.

  Inshinga "gusura" n'izindi nko "kuvuga", "gusarura" ntabwo zerekana igikorwa cy'ubushakashatsi. Ntabwo zigaragaza cyangwa ngo zisubize cya kibazo shingiro cy'ubushakashatsi: ni ibiki bibera hano? Biri gukorwa gute? Inshinga yakoreshejwe igomba kumvikanisha ku buryo busobanutse igikorwa cy'ubushakashatsi atari ukubishakisha. Urugero: ese iyo minisitiri w'uburezi asuye ishuri, ikiba kimujyanye ni ugusura ishuri gusa cyangwa se agirana ibiganiro n'abayobozi baryo ndetse n'abanyeshuri? Uko ni ugushakisha.

- Impamvu nyamukuru y'ubushakashatsi ntigomba kugaragaza mbere y'igihe umwanzuro:
  - … kugaragaza ko kwiga imibare bikomera.

- Impamvu nyamukuru y'ubushakashatsi ntigomba gutanga ibisobanuro by'igikorwa, uko gikorwa n'abagikora. Ntigomba kandi kugaragaza ibibazo by'ubushakashatsi:
  - … kwiga imitsindire y'abanyeshuri b'abanyarwanda barya gatatu ku munsi, mu gitondo, saa sita na nimugoroba mu masomo y'ibinyabuzima atangirwa aho inyamaswa zituye.

Gutegura ibibazo by'ubushakashatsi

Iyo umushakashatsi amaze kubona igitekerezo shingiro n'intego nyamukuru by'ubushakashatsi bwe, aba ashobora noneho gutegura ibibazo by'ubushakashatsi. Ibyo bibazo bigaragaza ingingo z'ingenzi zikubiye mu ntego nyamuru. Reka twifashishe ingero zifatika n'intego nyamukuru byubakiyeho.

Intego nyamukuru

Impamvu nyamukuru y'ubu bushakashatsi ni ugusesengura uko abanyeshuri bahanga ubumenyi bushya mu myigire ishingiye ku mishinga n'ikoranabuhanga.

Ibibazo by'ubushakashatsi

- Ni ubuhe bufasha umunyeshuri akenera kugira ngo yibande ku kigwa mu myigire ishingiye ku mishanga n'ikoranabuhanga?
- Ese gutekereza ku myigire yabo ishingiye ku mishinga n'ikoranabuhanga bifasha iki abanyeshuri mu kunguka ubumenyi bushya?
- Abanyeshuri bafatanya bate mu guhanga ubumenyi bushya mu myigire ishingiye ku mishanga n'ikoranabuhanga?

Iyo witegereje neza ibi bibazo uko ari bitatu, usanga hari ibyangombwa byujuje kugira ngo byitwe ibibazo by'ubushakashatsi:

- Ibyo bibazo byose uko ari bitatu bifitanye isano n'intego nyamukuru y'ubushakashatsi. Bigamije gusesengura iyo ntego.

- Ibyo bibazo uko ari bitatu bifitanye isano kandi hari amagambo y'ingenzi bihuriyeho. Urugero, ibi bibazo bihuriye ku "myigire ishingiye ku ikoranabuhanga".

- Buri kibazo gishobora kwigwaho no gushakirwa igisubizo ku giti cyacyo. Buri kibazo kandi kirihagije kandi amakuru gitanga ntaba asubiza ibindi bibazo bitandukanye n'icyo nyine.

Birashoboka ko umuntu ashobora kubaza ibibazo byinshi by'ubushakashatsi ariko mu rwego rwo gushyiraho imbago z'ubushakashatsi byaba byiza umushakashatsi abajije ibibazo by'ubushakashatsi bitatu gusa. Cyakora ibyo si itegeko. Kwiga ku ngingo nkeya zisobanutse bituma umushakashatsi azicukumbura ku buryo bwimbitse.

Umwanya w'isesengura ry'ibyanditswe mbere muri raporo bushakashatsi

Nk'uko umusomyi ashobora kubyibonera ubwe mu bitangazamakuru by'ubushakashatsi, raporo z'ubushakashatsi mu binyamakuru by'ubushakashatsi zikunze kugabanywamo ibice bikurikira:

- Iriburiro akenshi na kenshi usanga rikubiyemo imvo n'imvano, impamvu nyamukuru n'intego z'ubushakashatsi
- Isesengura ry'ibyanditswe mbere
- Iyoboramikorere / iyoboranzira (ikusanyamakuru n'isesenguramakuru)
- Ibyagezweho n'ubushakashatsi
- Isobanura bwite (discussion)
- Umwanzuro

Igice k'isesengura ry'ibyanditswe mbere gifite umwanya w'ibanze kuko aba ari nk'umusingi ibindi bice byose byubakiyeho. N'ubwo ari igice kihariye, hari ubwo usanga isesengura n'ijora ry'ibyanditswe mbere riza no mu iyoboramikorere. Icyo gihe umushakashatsi ashobora kuba agamije kwerekana urwego rw'imikorere (paradigm) runaka n'impamvu ari rwo yahisemo gukoresha. Ashobora ndetse no kugaragaza uko abandi bashakashatsi bakoresheje iyoboramikorere yahisemo, imbaraga n'intege nke zaryo. Ikindi kandi, ashobora kwerekana uko ubushakashatsi bwe buzakemura icyuho gishobora kuba kiri mu iyoboramikorere yashyize imbere.

Umwanzuro

Gusesengura no kujora ibyanditswe mbere ni umurimo usaba kuvuga muri make ibitekerezo by'ingenzi bikubiye mu nyandiko zinyuranye z'ubushakashatsi ku gitekerezo shingiro runaka. Uwo murimo usaba kugereranya no gucengera ingingo zashingiweho n'abashakashatsi kugira ngo bagere ku myanzuro yabo. Ni umurimo usaba gupfundura ingingo zapfunditswe n'abandi kugira ngo rirusheho kumvikana, gusesengurwa no kujorwa. Ibyo byose umushakashatsi abikora atagamije kwerekana aho ubushakashatsi bwe buhurira n'ubwakozwe mbere gusa, ahubwo aba ashishikajwe cyanecyane no kwerekana igishya agiye kongera ku bumenyi busanzwe buzwi ku gitekerezo shingiro runaka.

Indangasoko

Hart, C. (2001). *Doing a literature search: A comprehensive guide for the social sciences.* London: Sage Publishing.

Knopf, W. J. (2006). Doing a literature review. *PS: Political Science and Politics, 39*(1), 127 – 132.

Mukama, E. (2014). Bringing technology to students' proximity: a sociocultural account of technology-based learning projects. *International Journal for Research in Vocational Education and Training, 1*(2), 125 – 142.

Vithal, R., & Jansen, J. (1997). *Designing your first proposal.* Lansdowne, Cape Town: Juta & Company Ltd.

GUTORANYA ITSINDA NKESHWAMAKURU

Evode Mukama, Anne Marie Kagwesage, Dieudonne Uwizeye na Jean Baptiste Ndikubwimana

Iriburiro

Kugira ngo ubushakashatsi mu bumenyi nyamuntu no mu mibanire y'abantu bugire ireme, ni ngombwa ko amakuru atanzwe aba yavuye ku bantu bayafite kandi akaba yizewe. Guteganya uko *uzatoranya itsinda nkeshwamakuru* (sampling) bikorwa kare, mu gihe cyo gutegura umushinga w'ubushakashatsi. Byongeye, umushakashatsi agomba kumenya ibiranga *itsinda nshingirwaho* (population) rigizwe n'abantu cyangwa ibintu bitoranywamo *itsinda nkeshwamakuru* (sample). Zimwe mu mpamvu zituma umushakashatsi ahitamo itsinda nkeshwamakuru, aho gutara amakuru ku bantu bose bayafite, harimo ubushobozi, ari ubw'imari cyangwa ubw'umwanya, cyangwa se ubwo kugera kuri buri mutangamakuru wese aho aherereye hose. Itsinda nkeshwamakuru rero ni ikoraniro ry'abantu bake (ibintu bike) ritoranywa mu itsinda nshingirwaho rigizwe n'abantu benshi (ibintu byinshi) bahuje ibirango kugira ngo batange amakuru ku nsanganyamatsiko runaka yigwaho. Uyu mutwe w'iki gitabo ugiye kwibanda ku buryo bwo gutoranya itsinda nkeshwamakuru no guhitamo ingano yaryo.

Uburyo bwo gutoranya itsinda nkeshwamakuru

Abashakashatsi nka Cohen, Manion na Morrison (2000), Carlson na Hyde (2003), Kombo na Tromp (2006), Bryman (2008) hamwe na Kellstedt na Whitten (2013) bemeza ko habaho uburyo bubiri bw'ingenzi bwo gutoranya itsinda nkeshwamakuru: *irishingiye kuri tombora* (probability sample) n'*irishingiye ku guhitamo* (nonprobability sample). Mu itsinda nkeshwamakuru rya tombora buri muntu wese wo mu itsinda nshingirwaho aba afite amahirwe angana n'aya mugenzi we yo gutoranywa. Ni yo mpamvu turyita tombora kuko buri wese tombora ishobora kumugwaho. Naho mu itsinda nkeshwamakuru rishingiye ku guhitamo (baryita kandi itsinda nkeshwamakuru rishingiye ku mpamvu), igice kimwe cy'abantu bagize itsinda nshingirwaho bagihitamo, ikindi gice bakakireka kubera impamvu runaka. Buri wese ntabwo aba afite amahirwe angana n'aya mugenzi we mu gutoranywa. Tugiye kureba uko batoranya itsinda nkeshwamakuru muri ubwo buryo bwombi.

Amatsinda nkeshwamakuru ya tombora (Probability samples)

Gutoranya itsinda nkeshwamakuru mu buryo bwa tombora bikoreshwa cyanecyane iyo umushakashatsi ashaka kwitirira ibyavuye mu bushakashatsi abantu bose bahuje ibirango n'abatanze amakuru (generalization). Ni ukuvuga ko itsinda nkeshwamakuru rigomba kuba rihagarariye abantu bose bahuje ibirango ari bo twise itsinda nshingirwaho (population). Buri muntu wese ugize itsinda nkeshwamakuru rya tombora aba yatoranyijwe ku bw'amahirwe, bigendeye gusa ko ari muri iryo tsinda nshingirwaho. Habaho ubwoko butandukanye bw'itsinda nkeshwamakuru rya tombora nk'uko tugiye kubibona mu bika bikurikiyeho.

Gutoranya itsinda nkeshwamakuru rishingiye kuri tombora yoroheje (Simple random sampling)

Reka duhere ku rugero. Turashaka gutoranya itsinda nkeshwamakuru ry'abanyeshuri 80 mu itsinda nshingirwaho ry'abanyeshuri 100. Dushobora kwandika ku gapapuro izina rya buri munyeshuri muri abo 100 maze tukadushyira mu nkangara tuvangavanze. Gutoranya itsinda nkeshwamakuru ry'abanyeshuri ku buryo bwa tombora yoroheje birasaba kuvana muri iyo nkangara udupapuro tungana n'umubare dukeneye muri iryo tsinda ari wo 80. Kugira ngo ibi bishoboke, bisaba ko umushakashatsi aba afite urutonde rw'abagize itsinda nshingirwaho bose. Iyi ishobora kuba imwe mu mbogamizi zo gukoresha itsinda nkeshwamakuru rishingiye kuri tombora yoroheje kuko hari ubwo gukora urutonde rw'abaturage bose bagize itsinda nshingirwaho bigorana.

Gutoranya itsinda nkeshwamakuru rya gahunda (Systematic sampling)

Ubu ruryo bwo gutoranya itsinda nkeshwamakuru rya gahunda busaba ko habanza gukorwa urutonde rw'itsinda nshingirwaho noneho buri muntu agahabwa nimero. Urugero: umushakashatsi akeneye gutoranya itsinda nkeshwamakuru rigizwe n'abanyeshuri 25 mu rutonde rw'itsinda nshingirwaho ry'abanyeshuri 100. Buri munyeshuri wa kane ashobora gutoranywa akajya mu itsinda nkeshwamakuru. Dore uko ushobora kumenya umubare uhitamo kuri gahunda:

$$f = \frac{N}{sn}$$

f = Intera

N = Umubare w'abaturage bose bagize itsinda nshingirwaho

sn = Umubare w'abantu bagize itsinda nkeshwamakuru

Muri urwo rugero twatanze hejuru, kugira ngo umenye intera (f) ufatiraho umuntu ushyira mu itsinda nkeshwamakuru wabikora utya:

$$\frac{100}{25} = 4$$

Ni ukuvuga ko buri munyeshuri wa kane atoranywa akajya mu itsinda nkeshwamakuru rya gahunda. Kugira ngo abakobwa n'abahungu bagaragare mu itsinda nkeshwamakuru, byaba byiza ubanje gutondeka abakobwa bose hamwe, ukabona gukurikizaho abahungu. N'ubwo baba bakurikiranye ari abakobwa ukwabo n'abahungu ukwabo, urwo rutonde rukorwa ku buryo bwa tombora, kandi umuntu wa mbere uheraho mu gutangira gutoranya itsinda nkeshwamakuru rya gahunda atoranywa na we kuri ubwo buryo bwa tombora. Ibi bituma buri muntu wese akomeza kugira amahirwe yo gutoranywa angana n'aya mugenzi we ariko bikozwe kuri gahunda.

Gutoranya itsinda nkeshwamakuru ry'amatsinda ahuje ibirango (Stratified sampling)

Duhere ku rugero rw'umushakashatsi ushaka kwiga imyumvire y'abanyeshuri bo mu mashuri yisumbuye ku ruhare rw'urubyiruko mu kwihangira imirimo. Icyo gihe itsinda nshingirwaho ni abanyeshuri bo mu mashuri yisumbuye. Umushakashatsi ashobora rero kubashyira mu matsinda atandukanye akurikije icyo bahuriyeho. Urugero: itsinda ry'abakobwa n'iry'abahungu. Aya matsinda yombi agomba kuba na none ahuje ibirango n'itsinda nshingirwaho: ari abakobwa ari n'abahungu bahuriye kuba bose ari abanyeshuri bo mu mashuri yisumbuye. Byongeye, buri tsinda rifite ikirango ryihariye rihuje: kuba bamwe ari igitsina gore abandi ari igitsina gabo. Aha ni ho twahereye tuyita *amatsinda ahuje ibirango*. Niba rero umushakashatsi amaze kumenya ingano y'itsinda nkeshwamakuru, ashobora kwemeza umubare w'abanyeshuri akeneye muri buri *tsinda rihuje ibirango* noneho akabatoranya ku buryo bwa tombora cyangwa se kuri gahunda nk'uko twabisobanuye mu gutoranya itsinda nkeshwamakuru rishingiye kuri tombora yoroheje cyangwa ku rishingiye kuri gahunda. Mu kwemeza ibirango ngenderwaho mu kurema amatsinda ahuje ibirango, Cohen, Manion na Morrison (2000) bagira inama abashakashatsi yo gufata ibirango bike kuko byoroshya gukora itsinda nkeshwamakuru no gusesengura amakuru.

Gutoranya itsinda nkeshwamakuru rishingiye ku dutsiko tw'ahantu (Cluster sampling)

Dufate urugero rw'umushakashatsi ushaka kwiga uko abanyarwanda bafatanya mu guhangana n'ingaruka z'ibiza. Tuzi ko abagezweho n'ingaruka z'ibiza ari abantu benshi kandi banyanyagiye hirya no hino mu gihugu. Aha rero, umushakashatsi ashobora guhitamo umubare runaka w'uduce tumwe tw'igihugu (urugero: utugari cyangwa se imirenge), maze agakora ubushakashatsi ku itsinda ry'abagezweho n'ibiza bose bo muri utwo duce (clusters). Bene ubu bushakashatsi bukorerwa ahantu hato bukunze gukorwa cyane kabone n'iyo ikibazo kigwa kiba kiri ahantu hagari. Ntibizagutangaze rero ko ushobora kubona abashakashatsi bakora ubushakashatsi mu duce runaka kandi ubusanzwe icyo bigaho kibera mu gihugu hose. Ibi bikunze kugaragara nko mu bushakashatsi bukorerwa mu mashuri.

Gutoranya itsinda nkeshwamakuru ry'ibyiciro (Stage sampling)

Itsinda nkeshwamakuru ry'ibyiciro ni nk'igice kisumbuyeho ku itsinda nkeshwamakuru rishingiye ku duce tw'ahantu. Mu yandi magambo, umushakashatsi atoranya ku buryo bwa tombora ibice bike bizakorerwamo ubushakashatsi mu hantu hagari; noneho muri ibyo bice, agatoranyamo ibindi bice bito kurushaho, no muri ibyo bice bito agatoranyamo abantu akeneye gukoraho ubushakashatsi. Ibyo byose bigakorwa ku buryo bwa tombora.

Duhereye ku rugero twatanze haruguru rw'umushakashatsi ushaka kwiga uko abanyarwanda bafatanya mu guhangana n'ingaruka z'ibiza, ashobora guhitamo akarere kamwe kabayemo ibiza muri buri ntara. No muri utwo turere yahisemo, ashobora gutoranyamo imirenge ibiri; muri buri murenge agatoranyamo utugari tubiri. Hanyuma muri utwo tugari ashobora gutoranyamo umubare runaka w'abantu bagezweho n'ingaruka z'ibiza. Ikigamijwe ni ukugera ku mubare runaka w'abantu bagezweho n'ingaruka z'ibiza mu gace k'ahantu runaka.

Gutoranya itsinda nkeshwamakuru ry'ibyiciro binyuranye (Multi-stage cluster sampling)

Mu rugero tumaze kuvuga hejuru rw'umushakashatsi ushaka kwiga uko abanyarwanda bafatanya mu guhangana n'ingaruka z'ibiza, mu kiciro cya mbere yabanje gutoranya uduce tw'igihugu bahereyemo (clusters). Mu kiciro cya kabiri ahitamo abantu bagezweho n'ingaruka z'ibiza. Mu kiciro cya gatatu ashobora kubahitamo ahereye ku byiciro by'ubudehe bigaragaza ubukungu bwa buri muntu. Mu kiciro cya kane ashobora kubahitamo ahereye ku mashuri bize, gutyo gutyo. Mu yandi magambo, impamvu yo guhitamo itsinda nkeshwamakuru *ry'ibyiciro binyuranye* kuri buri kiciro igenda ihinduka.

Amatsinda nkeshwamakuru ashingiye ku guhitamo (Non-probability samples)

Umushakashatsi ashobora guhitamo itsinda nkeshwamakuru atagamije kwitirira ibyagaragaje n'ubushakashatsi abantu bose ahubwo agamije kumenya byimbitse ibijyanye n'iryo tsinda nkeshwamakuru yakozeho ubushakashatsi. Aha ahitamo uzamuha amakuru kubera ko nyine ari we ayashakaho nta wundi. Mu gihe mu matsinda nkeshwamakuru ashingiye kuri tombora buri muntu aba afite amahirwe yo gutoranywa ngo arishyirwemo, aha ho umuntu runaka bamutoranya babizi neza kandi babishaka ko ari we nyirizina bashaka ko atanga amakuru. Habaho amoko atandukanye y'itsinda rishingiye ku guhitamo. Ayo moko ni yo tugiye kureba mu bika bikurikiyeho.

Gutoranya itsinda nkeshwamakuru ry'umuhuro (Convenience sampling)

Duhere ku rugero rw'umushakashatsi ushaka kwiga uko ababyeyi batwite bakoresha telefoni igendanywa mu kwitabira serivisi zibafasha kubungabunga ubuzima bwabo n'ubw'umwana uri mu nda. Aha, uyu mushakashatsi ashobora kujya kwicara ku kigo nderabuzima, akajya yakira umubyeyi uje kwipimisha, akamusaba kuba yatanga amakuru akenewe. Ibyo arabikomeza kugeza igihe aboneye umubare akeneye muri iryo tsinda nkeshwamakuru ry'umuhuro. Uyu muhuro uba ku buryo butateganyijwe, ntabwo umushakashatsi aba yateganyije guhura n'umutanga-makuru runaka, ahubwo akorana n'abo abonye hafi kandi babyemeye kugeza yujuje umubare wa ngombwa. Abatanga amakuru ku nsanganyamatsiko y'ubushakashatsi ni abo umushakashatsi ahuye na bo bwa mbere nko mu ngero zikurikira:

- Niba umushakashatsi ashaka gusesengura imyumvire y'abagenzi kuri serivisi bahabwa mu gice cy'ubwikorezi, ashobora kubaza abagenzi 30 ba mbere ahuye na bo mu kigo cya Nyabugogo abagenzi bategeramo imodoka.

- Niba hari ubushakashatsi bwo kumenya uko gahunda yo gukingira abaturage yakozwe, umushakashatsi ashobora kujya ku bitaro bikuru bya Kigali akabaza ababyeyi ba mbere 40 baje gukingiza abana.

- Niba umushakashatsi ashaka gusesengura uko abasoreshwa bumva politiki y'umusoro mu Rwanda, ashobora kwinjira muri Banki akabaza usora wese waje kwishyura umusoro, ibihano bahabwa ku birarane ku musoro kuko ari bo bumva uburemere bw'umusoro ku ikubitiro.

- Niba umushakashatsi ashaka kumenya icyo ababyeyi batekereza kuri gahunda y'iminsi ya mbere 1000 yo kwita ku mwana yatangijwe na Ministeri y'Ubuzima mu Rwanda, ashobora kubaza ababyeyi ba mbere 20 bonsa baje ku kigo nderabuzima iby'iyo gahunda.

Birumvikana ko umushakashatsi ataba agamije kwitirira ibyavuye mu bushakashatsi abantu bose bahuje ibirango, ahubo aba agamije inyigo yizweho ku buryo bucukumbuye kuri abo bantu bakoranye (case study).

Gutoranya itsinda nkeshwamakuru ry'iringaniza (Quota sampling)

Iringaniza rikorwa iyo mu itsinda nshingirwaho (population), haciwemo amatsinda ahuje ibirango (strata) nk'uko twabivuze haruguru ku itsinda nkeshwamakuru rihuje ibirango. Ikigamijwe mu gukora itsinda nkeshwamakuru ry'iringaniza ni uko guhitamo abatanga amakuru bishingira ku iringaniza ry'amatsinda yaremwe bitewe n'umubare w'abo bahuje ibirango mu itsinda nshingirwaho. Buri tsinda muri ayo yaremwe riba rigizwe n'igice cyangwa umugabane w'abantu hakurikijwe iringaniza (Burchinal, 2008).

Urugero: umushakashatsi arashaka kwiga impamvu zituma abanyeshuri bakomoka mu mugi n'abo mu cyaro bahitamo kwiga amashami ajyane n'ikoranabuhanga mu mashuri makuru. Niba uyu mushakashatsi ahisemo gukorana n'itsinda nkeshwamakuru ry'abanyeshuri 48 kandi akaba azi ko 75% by'abanyeshuri bose bakomoka mu cyaro naho 25% bakaba bakomoka mu mugi, mu guhitamo abo 48 batanga amakuru, arasabwa gukora iringaniza agendeye ku mugabane w'ingano ya buri tsinda.

Abatanga amakuru bakomoka mu cyaro: $\frac{75 * 48}{100} = 36$

Abatanga amakuru bakomoka mu mugi: $\frac{25 * 48}{100} = 12$

Ibi biragaragaza ko uyu mushakashatsi akora itsinda nkeshwamakuru ry'iringaniza rigizwe n'amatsinda abiri y'abanyeshuri 36 bakomoka mu cyaro na 12 bakomoka mu mugi, bose hamwe bakaba abatangamakuru 48.

Gutoranya itsinda nkeshwamakuru ry'iringaniza bigena abazatanga amakuru ashingiye ku bantu bari mu byiciro bitandukanye nk'igitsina, ubwoko, igice cy'imyaka y'ubukure, ikiciro cy'ubudehe abantu babarirwamo, idini, aho abantu batuye cyangwa amakuru ashingiye ku ihuzwa ry'ibyo byiciro n'ibindi. Guhitamo abatanga amakuru ntibishingira kuri tombora ahubwo umushakashatsi ni we ubihitiramo. Mu kugena iringaniza, umushakashatsi atoranya abamuha amakuru muri buri tsinda akurukije ubwiganze bwabo mu itsinda nshingirwaho. Aho ni ho hava nyine rya ringaniza. Birumvikana ko ubu buryo bunengwaho ko amakuru avuyemo adashobora kwitirirwa abantu bose bo mu itsinda nshingirwaho. Ibi biterwa n'uko guhitamo abatanga amakuru biharirwa umushakashatsi kandi rimwe na rimwe ashobora kugendera ku kimenyane n'uko asanzwe aziranye n'abantu (Bryman, 2008).

Gutoranya itsinda nkeshwamakuru rishingiye ku mpamvu (Purposive sampling)

Tuvuge ko umushakashatsi ashaka kwiga uko abafite ubumuga bwo kutabona bakoresha amakuru yo kuri murandasi. Aba mbere na mbere bafite amakuru yizewe y'uko bakoresha ayo makuru ni abafite ubumuga bwo kutabona ubwabo. Niba umushakashatsi ashaka kwiga uko abagore bari mu nzego zifata ibyemezo bahangana n'umunaniro ukabije baterwa n'akazi bakora, aba mbere bafite ayo makuru n'abo bagore nyine. Mu gutoranya itsinda nkeshwamakuru rishingiye ku mpamvu rero, umushakashatsi ahitamo abazamuha amakuru kandi yizeye ko bayafite koko kurusha abandi. Ni uburyo bushingiye ku bushishozi bwe. Impuguke mu by'ubushakashatsi Kumar (2005) abisobanura avuga ko umushakashatsi ashaka abantu ahamya ko bafite amakuru akenewe kandi abo bantu bakaba bafite ubushake bwo kuyatanga. Iri tsinda nkeshwamakuru rishingiye ku mpamvu rero, nk'uko Kumar abishimangira, rikoreshwa iyo umushakashatsi ashaka gucukumbura ukuri gushingiye ku mateka no gusobanura ibintu abantu batari bafiteho amakuru ku buryo bwimbitse. Kimwe n'ubundi buryo bwose bwo gutoranya itsinda nkeshwamakuru hadakoreshejwe tombora, ubu buryo bwo gutoranya itsinda nkeshwamakuru rishingiye ku mpamvu bunengwaho ko amakuru y'ubushakashatsi adashobora kwitirirwa abantu bose bahuje ibirango n'abayatanze.

Gutoranya itsinda nkeshwamakuru ry'uruhererekane (Snowball sampling)

Itsinda nkeshwamakuru ry'uruhererekane ritangira kubakwa rihereye ku muntu cyangwa abantu bake bujuje ibirango umushakashatsi yifuza. Uyu muntu rero cyangwa abo bantu bake ni bo baba abatangamakuru fatizo bageza umushakashatsi kuri bagenzi babo bahuje ibirango. Aba na bo bagenda batanga amakuru atuma agera ku bandi bari mu rwego rumwe, gutyo gutyo. Aho rero ni ryo fatizo ry'ijambo uruhererekane. Ubu buryo bukunda gukoreshwa aho insanganyamatsiko yigwaho isaba ubwitonzi no kwigengesera cyangwa se iyo kugera ku batanga amakuru bigoranye. Ingero: indaya, arubyiruko rufata ibiyobyabwenge, abakobwa bakuyemo inda cyangwa babyariye iwabo, abanyeshuri biga cyane, n'ibindi. Reka dufate urugero rufatika rw'umushakashatsi ushaka kwiga uko abahoze mu mwuga w'uburaya bitwara iyo bamaze kubona akazi mu buzima busanzwe. Aha umushakashatsi akora umurimo ukomeye wo kubona umuntu wavuye mu buraya kandi wabonye akazi. Iyo amaze kumubona, uyu na we amuha amakuru y'abandi bameze nka we. N'ubwo amakuru atanzwe n'itsinda nkeshwamakuru ry'uruhererekane atitirirwa abantu bose, ashobora gutuma umushakashatsi acukumbura ikibazo runaka ari kwigaho ku buryo bwimbitse mu mbago z'abamuhaye amakuru.

Ingano y'itsinda nkeshwamakuru

Ikibazo ku ngano y'itsinda nkeshwankuru kibazwa mu bushakashatsi ubwo ari bwo bwose. Iki kibazo kandi nta gisubizo ntakuka kigira kuko kwemeza ingano y'itsinda nkeshwamakuru biterwa n'impamvu nyinshi kandi zinyuranye. Zimwe muri izi mpamvu zishobora kuba *igihe n'amikoro*. Bryman (2008) yemeza ko kongera ingano y'itsinda nkeshwamakuru bishobora gutuma ibyagaragajwe n'ubushakashatsi bihagararira itsinda nshingirwaho: uko ingano y'itsinda nkeshwamakuru yiyongera, ni na ko ikosa ry'iryo tsinda rigabanuka. Ikosa rishobora kugaragara mu gutoranya itsinda nkeshwamakuru risobanuye ku buryo bwimbitse mu gitabo cya Cohen, Manion na Morrison (2000) no mu cya Bryman (2008).

Indi mpamvu ishobora gutuma hafatwa ikemezo ku ngano y'itsinda nkeshwamakuru ni *abantu badasubiza cyangwa bahitamo kutagira uruhare mu bushakashatsi* kandi bari mu itsinda nshingirwaho. Bryman (2008) agira abashakashatsi inama yo kongera umubare w'itsinda nkeshwamakuru kugira ngo bakemure ikibazo cy'abadasubiza. Urugero: niba umushakashatsi ateganya kukoresha iganirabaza (interview) abanyeshuri 300, kandi asanzwe azi ko abadasubiza bakunze kuba ari hafi ya 25%, icyo gihe ashobora gutoranya itsinda ry'abanyeshuri 400 kugeza kuri 450. Ibyo bishatse kuvuga ko niba 25% batashubije (ari bo bangana n'abanyeshuri 100), nibura ba bandi yifuzaga 300 baraba bashubije. Birumvikana ko ibi bigira ingaruka ku gihe no ku mikoro. Ibi na byo umushakashatsi agomba kuba yabitekerejeho.

Guhuza/gutandukanya ibirango kw'abagize itsinda nshingirwaho (homogeneity/ heterogeneity of the population): iyo abagize itsinda nshingirwaho bahuje ibirango si ngomba ko itsinda riba rinini. Urugero: abanyeshuri b'abahungu bigana mu isomo ry'imibare kandi batuye hamwe. Iri tsinda nkeshwamakuru rihuje ibirango kandi rishobora kuba rito kuko rihuriye ku mibereho isa. Nyamara hari ubwo itsinda nshingirwaho rishobora kuba ritandukanyije ibirango rwose. Dufashe urugero rw'abanyeshuri b'abahungu n'abakobwa bari mu kigero k'imyaka kuva kuri 16 kugeza kuri 20 biga isomo ry'imibare, iry'ibinyabuzima n'iry'amateka. Iri tsinda rikunze kuba rinini kugira ngo imfatashusho (variables) zose za ngombwa zibe zihagarariwe.

Isesengura rigamijwe n'ubwoko bw'ubushakashatsi bugiye gukorwa na byo bishobora kugira ingaruka ku ngano y'itsinda nkeshwamakuru. Burchinal (2008) asanga ingano y'itsinda nkeshwamakuru iterwa n'uko itsinda nkeshwamakuru nyirizina ryatoranyijwe ku buryo bwa tombora (probability sample) cyangwa bwo guhitamo (non-probability samples). Mu matsinda nkeshwamakuru ya tombora, ingano y'itsinda nkeshwamakuru igomba gushingira kuri iki kibazo: ese amakuru nabonye ashobora guhagararira abaturage bose (itsinda nshingirwaho)? Iyo ngano bayibona bifashishije amahame y'ibarurishamibare (Kellstedt & Whitten, 2013). Hari abakoresha ijanisha mu kugena ingano y'itsinda nkeshwamakuru. Nka Burchinal (2008) avuga ko ku baturage 1000 ingano y'itsinda nkeshwamakuru ari 30% yabo; ku baturage 10000 ikaba 10%, naho 1% ikabarwa ku baturage 15000 cyangwa hejuru yabo. Burchinal avuga ko itsinda nkeshwamakuru ry'abantu 2000 na 2500 rihagije ku baturage bagera kuri miliyoni. Hari abashakashatsi bakoze imbonerahamwe zigaragaza ingano z'amatsinda nkeshwamakuru n'amatsinda nshingirwaho bijyanye. Abo ni nka Krejcie na Morgan (1970) na Cohen, Manion na Morrison (2000). Bene izi mbonerahamwe zishobora gufasha abashakashatsi kugena ingano y'itsinda nkeshwamakuru batiriwe bajya mu ibarurishamibare.

Mu matsinda nkeshwamakuru ashingiye ku guhitamo, ingano y'itsinda nkeshwamakuru igerwaho hashingiwe kuri ibi kibazo: "Ese amakuru yakusanyijwe ku buryo ntacyakongerwaho ku kibazo kiri kwigwa?" Niba umushakashatsi abona amakuru yakusanyijwe ahagije, ko nta cyakongerwaho, icyo gihe aba yanyuzwe n'amakuru amaze kubona maze agahagarika gushaka andi. Mu by'ukuri nta ngano y'itsinda nkeshwamakuru nyirizina izwi igenwa mu buryo ubu n'ubu, ahubwo iterwa n'uko umushakatsi yumva yanyuzwe n'amakuru yabonye.

Umwanzuro

Nk'uko twabigarutseho, guteganya uko gutoranya itsinda nkeshwamakuru bikorwa ni umurimo w'ingenzi mu bushakashatsi. Uwo murimo ukorwa mbere y'igihe mu gutegura umushinga w'ubushakashatsi. Umushakashatsi ateganya uko uzatoranya itsinda nkeshwamakuru kubera impamvu (fitness for purpose). Gutoranya itsinda nkeshwamakuru ku buryo bukwiye biri mu byubaka ireme ry'ubushakashatsi, ari ku ruhande rw'ububonere (validity) ndetse no ku bwizerwe (reliability) byabwo.

Indangasoko

Bryman, A. (2008). *Social research methods (3rd edition).* Oxford: Oxford University Press.

Burchinal, L. G. (2008). *Methods for social researches in developing countries.* Arlington: Ahfad.

Carlson, M. J., & Hyde, S. M. (2003). *Doing empirical political research.* Boston: Houghton Mifflin Company.

Cohen, L., Manion, L., & Morrison, K. (2000). *Research methods in education (5th edition).* New York: RoutledgeFalmer.

Kellstedt, P. M., & Whitten, G. D. (2013). *Fundamentals of political science research (2nd edition).* Cambridge: Cambridge University Press.

Kombo, K. D., & Tromp, L. A. (2006). *Proposal and thesis writing. An introduction.* Nairobi: Paulines Publications Africa.

Krejcie, R. V., & Morgan, D. W. (1970). Determining sample size for research activities. *Educational and Psychological Measurement, 30,* 607 – 610.

Kumar, R. (2005). *Research methodology: A step-by-step guide for beginners (2nd edition).* London: Sage Publication.

IYOBORAMIKORERE: IKUSANYAMAKURU N'ISESENGURAMAKURU

Télesphore Ngarambe, Charline Mulindahabi na Evode Mukama

Iriburiro

Kugira ngo ubushakashatsi bugere ku musaruro wifuzwa, hari inzira z'ingezi zigomba gukurikizwa. Uhereye ku gitekerezo kiba cyatumye umuntu abona ko ari ngombwa gukora ubushakashatsi kugeza igihe habonekeye amakuru agasesengurwa ku buryo busubiza ibibazo byari byayoboye ubushakatsitsi, ni ngombwa ko umushakashatsi akurikira iyoboramikorere risobanutse. By'umuwihariko, muri uyu muntwe w'igitabo, turerekana ibintu by'ingenzi umushakashatsi yitaho mu gihe cyo gukusanya amakuru ndetse no kuyasesengura. Haba ari mu bushakashatsi nyamimerere cyangwa ubushakashatsi nyamubaro, ibikorwa by'ikusanyamakuru n'isesengura ryayo byubakira ku itsinda nkeshwamakuru ryatoranijwe. Amakuru y'ubushakashatsi ashobora gukusanywa hakoreshejwe uburyo butandukanye. Ubw'ingenzi turi bwibandeho ni iganirabaza, urutonde rw'ibibazo, no kwitegereza.

Iyo amakuru amaze kuboneka umushakashatsi akurikizaho kuyasesengura. Bitewe n'imiterere y'ubushakashatsi, hari ubwoko bubiri bw'ingenzi bukoreshwa mu isesenguramakuru: isesenguramimerere n'isesengura nyamubaro. Isesenguramimerere rikoreshwa iyo umushakashatsi asesengura amakuru ari mu nyandiko zanditse cyangwa yaturutse mu bisubizo byatanzwe ku bibazo bifunguye. Naho isesenguramakuru nyamubaro rikunze gukoreshwa ku bibazo bifunze ku buryo umushakashatsi abarura inshuro igisubizo runaka kigaragara mu batanze amakuru: inshuro amakuru runaka yasubiwemo cyangwa umubare w'abatanze amakuru asa.

Ikusanyamakuru

Muri rusange mu bushakashatsi bwa gihanga habaho ubwoko bubiri bw'amakuru. Hari amakuru y'ibanze n'amakuru yunganira. Amakuru y'ibanze ni amakuru umushakashatsi yishakira ku giti ke akayahabwa n'itsinda nkeshwamakuru yatoranije. Iri tsinda rishobora kuba rigizwe n'inyandiko, abantu, inyamaswa ndetse n'ibindi biremwa byakorwaho ubushakashatsi. Amakuru yunganira yo ni amakuru umushakashatsi agenda akura mu nyandiko ku bushakashatsi bwakozwe n'abandi zijyanye n'igitekerezo cyangwa ikibazo arimo gukoraho ubushakashatsi. Nk'uko twabivuze hejuru, tugiye kureba bumwe mu buryo umushakashatsi ashobora kwifashisha mu gukusanya amakuru.

Gutegura ikusanyamakuru

Mbere y'uko umushakashatsi akusanya amakuru, abanza guhitamo ikerekezo nyamukuru ashaka guha ubushakashatsi bwe. Ategura uburyo n'ibikoresho azifashisha mu kuyakusanya ashingiye ku mpamvu atekereza ko ubwo buryo ari bwo buboneye kandi ari bwo buzamuha amakuru yizewe. Ateganya aho azakura amakuru n'abazayamuha ndetse n'igihe azayakusanyiriza.

Muri iyi nyandiko, ikerekezo nyamukuru cy'ubushakashatsi ni nk'inyigo icukumbuye ku kintu runaka (case study), inyigo ku buzima bw'umuntu (life story research), ubushakashatsi ku masano y'ibintu (correlational research) n'ibindi. Reka dufate urugero rw'inyigo icukumbuye umushakashatsi ashaka gukora ku kuntu abarimu bo mu mashuri yisumbuye bakiriye impinduka ziri mu ikoreshwa ry'ibitabo bishya mu isomo ry'ubutabire.

Dore ibibazo by'ubushakashatsi umushakashatsi ashobora kwibaza:

1. *Abarimu bo mu mashuri yisumbuye bakoresha bate ibitabo bishya mu isomo ry'ubutabire?*
2. *Ni izihe ngorane abarimu bo mu mashuri yisumbuye bahura na zo mu ikoreshwa ry'ibitabo bishya mu isomo ry'ubutabire?*
3. *Ni iki abarimu bo mu mashuri yisumbuye bifuza ko cyakorwa kugira ngo imikoreshereze y'ibitabo bishya irusheho kunoga mu isomo ry'ubutabire?*

Kuri buri kibazo cy'ubushakashatsi, ni ngombwa gutegura uko ikusanyamakuru rizakorwa. Turifashisha urugero ku kibazo cya mbere cy'ubushakashatsi.

Ikerekezo nyamuru cy'ubushakashatsi: Inyigo icukumbuye

Ikibazo cy'ubushakashatsi: Abarimu bo mu mashuri yisumbuye bakoresha bate ibitabo bishya mu isomo ry'ubutabire?

Ibibazo bifasha mu gutegura ikusanyamakuru	Uko ikusanyamakuru rizakorwa
NI UKUBERA IKI amakuru akusanyijwe?	Kugira ngo hamenyekane **inzira ikoreshwa muri iki gihe** n'abarimu b'amashuri yisumbuye mu gukoresha ibitabo bishya mu isomo ry'ubutabire.
NI UBUHE BURYO buzakoreshwa mu gukusanya amakuru?	Hazagoreshwa **iganirabaza** mu gukusanya amakuru.
NI BANDE bazatanga amakuru? Amasoko azaturukamo amakuru **NI AYAHE**?	Iganirabaza rizakorerwa **abarimu bigisha isomo ry'ubutabire mu mashuri yisumbuye.**
Abazatanga amakuru ni **BANGAHE**? / Amasoko azaturukamo amakuru ni **ANGAHE**?	Abarimu bo mu mashuri yisumbuye **umunani** bazakorerwa iganirabaza, babiri kuri buri kigo muri bine byatoranyijwe.
NI HEHE amakuru azakusanyirizwa?	Abarimu bo mu mashuri yisumbuye umunani bazakorerwa iganirabaza, babiri kuri buri **kigo muri bine byatoranyijwe mu mugi wa Kigali.**
Amakuru azakusanywa **INSHURO ZINGAHE**?	Amakuru azakusanywa **inshuro imwe nyuma y'uko** abarimu bazaba barangije kwigisha nibura inshuro imwe isomo ry'ubutabire bakoresheje ibitabo bishya.
Amakuru azakusanywa **GUTE**?	Amakuru azakusanywa hakoreshejwe **iganirabaza rifunguye igice** hari **n'akuma gafata amajwi** ndetse n'umushakashatsi azaba yandika **inshamake y'ibyo yumva n'ibyo abona** muri iryo ganirabaza (field notes).
ISOBANURAMPAMVU ry'iyi gahunda y'ikusanyamakuru (kubera iki ubu buryo ari bwo bubereye ikusanyamakuru kuri iki kibazo cy'ubushakashatsi?)	Gukoresha iganirabaza bituma abarimu batanga amakuru bahagazeho bo ubwabo. Byongeye iganirabaza rifunguye igice rizatuma umushakashatsi ashobora kubaza buri wese ibibazo bisa ariko akaba yakongeraho n'ibindi bibishamikiyeho kugira ngo abone amakuru acukumbuye. Abarimu umunani, babiri kuri buri kigo muri bine byatoranyijwe mu mugi wa Kigali bahagarariye bagenzi babo.

Vithal na Jansen (1997) bashyize hamwe ingingo z'ingenzi zafasha umushakashatsi gutegura ikusanyamakuru. Muri izo ngingo harimo izi zikurikira:

1. Mu gutegura uko ikusanyamakuru rizakorwa, umushakashatsi ashobora guhanga uburyo bukwiye azakoresha mu gutara ayo makuru. Byongere, umushakashatsi agomba kuzirikana ko buri buryo ashobora gukoresha mu gutara amakuru bugira ibyiza byabwo ariko na none bukagira inzitizi bwihariye.

2. Uburyo bwo gukusanya amakuru y'ubushakashatsi bugomba kuba bugamije gusubiza ibibazo by'ubushakashatsi. Isano hagati y'uburyo bwo gukusanya amakuru n'ibibazo by'ubushakashatsi igomba kugaragazwa. Ikibazo runaka cy'ubushakashatsi gishobora gukenera uburyo runaka bwo gukusanya amakuru. Buri kibazo ni umwihariko n'ubwo kigomba kuba gifitanye isano n'ibindi mu bushakashatsi runaka.

3. Umushakashatsi ashobora guhanga ibikoresho azakoresha mu gutara amakuru; ashobora gukoresha ibyahanzwe n'abandi bashakashatsi; ashobora kandi no kubakira ku bikoresho byakozwe n'abandi.

4. Ibikoresho by'ubushakashatsi bikenera kubanza kugeragezwa kugira ngo umushakashatsi amenye niba ibibazo byubatse ku buryo bwumvikana kimwe ku batangamakuru bose. Ibi umushakashatsi ashobora kubigeraho, agerageza ibikoresho byo gukusanya amakuru ku itsinda ry'abantu bake ariko bahuje ibirango n'itsinda nkeshwamakuru.

5. Uburyo burenze bumwe bushobora gukoreshwa mu gukusanya amakuru ku kibazo kimwe cy'ubushakashatsi. Gukomatanya uburyo bwo gutara amakuru bifite akamaro kanini kuko bituma umushakashatsi acengera kurushaho ingingo iri kwigwa. Byongeye ibyagaragajwe n'uburyo bunyuranye bwo gutara amakuru byongera ubwemerwe.

6. Mu guteganya uko amakuru azakusanywa, ni ngombwa no guteganya ingingo zijyane no kubahiriza amahame y'ubushakashatsi. Ibi bikubiyemo ingingo zijyane no kudatangaza amazina y'uwaguhaye amakuru, gusaba abatangamakuru uruhushya rwo kwemera ku bushake kujya mu itsinda nkeshwamakuru, guteganya uburyo uzafasha abatangamakuru bashobora guhungabanywa n'amakuru batanze n'ibindi.

Nk'uko twabivuze hejuru, habaho uburyo bwinshi bwo gukusanya amakuru. Reka turebe bumwe muri bwo bukunze gukoreshwa cyane mu bushakashatsi ku bumenyi nyamuntu n'imibanire y'abantu: iganirabaza, ibaza rishingiye ku rutonde rw'ibibazo no kwitegereza.

Iganirabaza

Iganirabaza ni bumwe mu buryo bw'ingenzi bukoreshwa mu gukusanya amakuru byaba ari mu bushakashatsi nyamubaro cyangwa ubushakashatsi nyamimerere. Iganirabaza rikorwa mu buryo butandukanye:

a. Iganirabaza rigiye umujyo umwe

Muri ubu bwoko bw'iganirabaza, ubaza akoresha ibibazo byateguwe bitondetse kuri gahunda. Intego y'iri baza ni ukugira ngo buri wese mu itsinda nkeshwamakuru ahabwe amahirwe angana y'ibazwa. Iyo ababazwa bahawe amahirwe angana yo kumva ibibazo kimwe byongera igipimo cy'ubwizerwe bw'ibisubizo by'abagize itsinda nkeshwamakuru bose. Ubaza asoma ibibazo akurikije urutonde rwabyo uko bikurikirana kuri gahunda.

Muri rusange, ibyo bibazo biba byihariye kandi akenshi bikabyara ibisubizo bitangwa ku buryo budahinduka. Ibibazo biteye gutya byitwa *ibibazo bifunze*. Iyo ni yo mpamvu ituma abashakashatsi bakora ubushakatsi bushingiye ku ibaza bakunda iganirabaza rigiye umujyo umwe kuko butuma ibaza n'iyandikwa ry'ibisubizo bigendera ku gipimo kizewe.

b. Iganirabaza rifunguye igice

Muri iri ganirabaza ubaza aba afite urutonde rw'ibibazo biteye ku buryo bwa rusange kandi akaba ashobora kubibaza adakurikije uburyo bitondekanijemo ikibazo ku kindi. Aha ubaza aba afite uburenganzira bwo kubaza n'ibindi bibazo biri hanze y'ibyari byashyizwe ku rutonde.

c. Iganirabaza rifunguye

Iri ganirabaza rikorwa ubaza afite gusa urutonde rw'ibitekerezo bishingiye ku kibazo cy'ubushakashatsi bikamubera gusa nk'ifashabwonko. Akenshi ubu buryo bwo kubaza bukoreshwa ku buryo bwo kwiganirira bisanzwe kandi imiterere y'interuro n'urukurikirane rw'ibibazo biba biteye ukwabyo bitewe n'ubaza.

d. Iganirabaza ry'itsinda

Iri ganirabaza rikoresha akenshi ibibazo bifunguye. Ibibazo ryifashisha biba bishingiye ku ngingo yihariye ireba itsinda runaka cyangwa ikabaza iki n'iki gihangayikishije umushakashatsi. Urugero ni nk'umushakashatsi waba ushaka kumenya ibibazo by'ingutu byugarije urubyiruko rw'u Rwanda muri iki gihe. Ashobora kugena ibibazo bireba by'umwihariko urubyiruko rw'abahungu cyangwa urw'abakobwa. Icyo gihe akora amatsinda atandukanye buri tsinda akaribaza ukwaryo.

e. Iganirabaza ry'ibarankuru

Ubu ni uburyo bw'iganirabaza rifunguye cyangwa rifunguye igice. Ubazwa asabwa kwibuka igikorwa cyabaye kera akagereza kugitangaho ibitekerezo. Akenshi ibitekerezo bitangwa bigendera ku rutonde rw'ibibazo cyangwa ibikorwa byabaye kera akabihuza n'igihe runaka kizwi mu mateka ku buryo umushakashatsi agira ishusho nyayo y'uko byagenze.

f. Iganirabaza rishingiye ku mateka y'ubuzima

Ni kimwe n'iganirabaza ry'ibarankuru. Aho bitandukaniye gusa ni uko intego y'iganirabaza rishingiye ku mateka y'ubuzima ari ugukusanya amakuru ku mibereho yose y'ubazwa.

Ibaza rishingiye ku rutonde rw'ibibazo

Mu gukora urutonde rw'ibibazo, umushakashatsi agomba gufata intego zihariye z'ubushakashatsi bwe akazihinduramo ibibazo byihariye bizatanga ibisubizo ku bibazo by'ibanze ubushakashatsi bwashingiyeho. Hari ubwoko butandukanye bw'ibibazo bitewe n'imisusire ndetse n'inyito yabyo.

a. Ubwoko bw'ibibazo bushingiye ku nyito
Inyito y'ikibazo ni kimwe mu bigize urutonde ry'ibibazo bikoreshwa mu bushakashatsi bushingiye ku ibaza.

Ibibazo bishingiye ku makuru afatika
Ubu ni ubwoko bw'ibibazo bigamije kubaza amakuru ku bintu byabaye bifatika. Ibyo bibazo bishobora gufasha umushakashatsi kumenya amavu n'amavuko y'ibintu cyangwa umuntu, ahantu runaka ndetse n'imyitwarire. Urugero: umushakashatsi ashobora kubaza nk'ibibazo by'imimerere kugira ngo amenye amavu n'amavuko y'umuntu; ibyo bituma hari igice runaka umuhererezamo. Akenshi uko kumushyira mu gice runaka bituma haboneka ibisobanuro ku myitwarire iranga umuntu uyu n'uyu. Ingero z'ibibazo bishingiye ku makuru afatika ziteye ku buryo bukurikira:

Toranya umubare werekana ikiciro cy'amashuri warangije kwiga:

1. Amashuri abanza
2. Amashuri yisumbuye
3. Ikiciro giciriritse cya kaminuza
4. Ikiciro gihanitse cya kaminuza
5. Ikiciro k'ikirenga cya kaminuza

Ubundi bwoko bw'ibibazo nk'ibi ni ibiba bibaza nko ku mibereho ikikije umuntu. Urugero: Ni bande mubana mu rugo? Ubundi buryo bukoreshwa ni ububaza ku buryo bwifashishwa mu ngendo. Urugero: Ugera ku kazi gute? Ibindi bibazo bigafasha ku kumenya amakuru ku bikorwa by'imyidagaduro. Urugero: Ujya muri sinema inshuro zingahe?

Ibibazo bireba umuntu ku giti ke
Ibibazo bireba umuntu ku giti ke ni ibibazo byerekeye imimerere, imyitwarire, ibyiyumvo ndetse n'ibitekerezo by'ubazwa. Ibi bibazo bifasha umushakashatsi gucukumbura imyitwarire ijyana n'ikerekezo rusange gishobora gutuma umuntu

akora cyangwa agahindura imigirire mu buryo ubu n'ubu iyo ahuye n'imbarutso iyi n'iyi. Urugero rukurikira ruragaragaza imyitwarire ku kibazo cyo gukuramo inda:

Byaba bishoboka ko mu Rwanda itegeko ryaha umugore uburenganzira bwo gukuramo inda igihe abaganga bagaragaje ko umwana afite ibyago byinshi byo kuzavukana ubumuga bukomeye.

1. Yego
2. Oya
3. Simbizi
4. Nta gisubizo mfite

b. Uburyo bw'ibibazo bushingiye ku misusire

Uretse inyito, iyo umushakashatsi ategura ibibazo agomba kwita ku misusire y'ikibazo n'imiterere y'itsinda ry'ibibazo bijyana na byo. Muri uru rwego amoko y'ibibazo amenyerewe ni atatu: ibibazo bifunze, ibibazo bifunguye, ibibazo biteganya, ibibazo bigerura.

Ibibazo bifunze

Muri ubu bwoko bw'ibibazo, usubiza ahabwa urutonde rw'ibisubizo hanyuma agasabwa gutoranyamo ikirusha ibindi kwegera neza igitekerezo ke. Urugero: umushakashatsi ushaka kumenya uko umuntu yishimiye imibereho ye mu muryango we, ashobora kubaza ikibazo gikurikira:

Shyira akamenyesto ku mubare werekana uko wumva wishimiye imibereho yo mu muryango wawe:

1. Bihebuje cyane
2. Bihebuje
3. Mu rugero
4. Gake
5. Gake cyane
6. Nta na gake
7. Simbizi
8. Nta gisubizo

Hari n'ubwo ibisubizo ku kibazo gifunze bishobora kuba birambuye cyane kurusha uru rugero twatanze. Urundi rugero ni nk'umushakashatsi ushaka kumenya icyo abantu batekereza ku cyakorwa kugira ngo abana bo mu muhanda bawuvemo burundu. Muri icyo gihe ashobora kubaza ikibazo giteye gutya: Mu gukemura ikibazo cy'abana bo mu muhanda bamwe batekereza ko cyakemurwa na Leta naho abandi bagatekereza ko ibyo bitareba Leta. Ibi ubyumva ute?

1. Leta igomba gukora ibishoboka byose ikavana aba bana mu muhanda igakurikirana imibereho yabo
2. Iki kibazo ntikindeba cyane nta mwanya mfite wo kwibaza uwagikemura
3. Ibi ntibireba Leta

Nk'uko bigaragara, ibibazo bifunze ntibigora kubibaza kandi no kubisubiza birihuta cyane. Ikindi kandi ari ubaza cyangwa usubiza ntibakenera kwandika ibintu byinshi kandi isesengura ry'ibisubizo riroroha. Gusa inenge ikomeye abashakashatsi nka Frankfort-Nachmias na Nachmias (2008, p. 233) na Bryman (2008, pp. 231 – 232) bagaragaje, ni uko bishobora gutuma usubiza abogama. Impamvu y'ingenzi batanga ni uko iyo ibisubizo byatanzwe bidaha usubiza amahirwe menshi yo gutanga ibindi bisubizo yitekereje ku giti ke. Ikindi ni uko bishobora ahubwo kumuha amahitamo atashoboraga kwitekerereza ku bwe.

Ibibazo bifunguye

Ibibazo bifunguye ni ubwoko bw'ibibazo bidaha ubazwa ibisubizo ahitamo ahubwo bikamuha uburenganzira bwo gusubiza ibyo atekereza mu bwisanzure busesuye. Urugero rworoshye ni nk'ikibazo giteye gitya: Ni ibihe bibazo by'ingutu byugarije abanyarwanda utekereza ko Leta y'u Rwanda yakwibandaho muri ibi bihe turimo? Ikibazo nk'iki gifunguye akenshi gikoreshwa iyo umushakashashatsi ashaka kumenya icyo rubanda rutekereza ku kibazo runaka kireba inyungu rusange.

Ikiza k'ibibazo bifunguye ni uko bidafungira usubiza mu ndorerwamo z'ibibazo n'amahitamo byatanzwe n'umushakashatsi gusa. Iyo usubiza amaze kumva neza aho ikibazo kiganisha, ataga ibitekerezo bye mu bwisanzure busesuye. Biba byiza iyo abajijwe kandi asubije mu rurimi yumva neza kuko byongera *ububonere* bw'ibisubizo atanga. Iyo icyo gisubizo kitumvikana ubaza ashobora gusiganuza neza hanyuma usubiza agasobanura neza cyangwa agatanga impamvu yatumye atanga igisubizo runaka. Ibizubizo bifunguye bituma ubaza avanaho urujijo urwo ari rwo rwose, kandi bigatuma haba ubusabane hagati y'ubaza n'usubiza. Icyakora ibibazo nk'ibi bigora isubiza n'isesengura. Kugira ngo umushakashasti yiyorohereze akazi agomba guhanga imbata y'inkurikizo kugira ngo buri gisubizo kigire itsinda ryihariye gishyirwamo.

Mu bushakashatsi bujyanye n'imibanire y'abantu, *imbata y'inkurikizo* ikoreshwa iyo bashaka kubara no kusensengura amakuru yavuye mu iganirabaza ryakusanyije ibisubizo bitagiye umujyo umwe. Urugero ni nk'ibisubizo ku bibazo bifunguye bikubiye mu iganirabaza cyangwa mu rutonde rw'ibibazo, inyandiko zo mu binyamakuru, ibiganiro byo kuri televisiyo, n'ibindi. Iyo habonetse ibisubizo ku bibazo bifunguye, umushakashatsi afata ibisubizo by'abantu akabikusanya mu matsinda anyuranye. Hanyuma iyo amaze gukora amatsinda, umushakashatsi aha nimero ayo matsinda.

Kugira ngo byumvikane neza, reka twifashishe urugero rwatanzwe na Schuman na Presser (1996, p. 88). Aba bashakashatsi babajije ikibazo kerekeye ibiranga umurimo abantu bose bahitamo kurusha iyindi, hanyuma ibisubizo byatanzwe babishyira mu matsinda 11 ku buryo bukurikira: (1) Umushahara, (2) kumva umuntu hari intego agezeho, (3) kumva ufite akazi, (4) akazi gashimishije, (5) umutekano, (6) amahirwe yo kuzamurwa mu ntera, (7) amasaha make y'akazi, (8) imiterere y'akazi, (9) inyungu mu kazi, (10) ukunyurwa, (11) ibindi bisubizo bitandukanye. Nk'uko bigaragara buri tsinda ryahawe umubare waryo kuva kuri (1) kugeza kuri (11). Mu gihe k'isesengura, iyi mibare ituma umushakashatsi yegeranya ibisubizo bijya gusa, ku buryo byakoroha kumenya umubare w'ababitanze cyangwa ishuro byagiye bigaruka.

Ibibazo biteganya
Ibibazo biteganya ni ibibazo biteye ku buryo bwihariye bireba gusa agatsinda kihariye gato kageruwe mu itsinda ry'ababazwa bose. Impamvu y'ibi bibazo ni uko akenshi haba hari ibibazo biba bireba ababazwa bamwe abandi bitabareba. Urugero ni nk'ikibazo giteye gutya: "Hitamo impamvu zatuma ujya kwiga muri kaminuza". Aha birumvikana ko iki kibazo kireba gusa abanyeshuri bo mu mashuri yisumbuye kuko nko mu gihugu cyacu cy'u Rwanda, abantu bose bahawe amahirwe yo kwiga bahereye ku mashuri abanza kugeza muri kaminuza. Ariko usesenguye neza iki kibazo usanga abiga mu mashuri yisumbuye ari bo kireba kuko ni bo baba bafite gahunda yo guhita bajya muri kaminuza igihe barangije ikiciro barimo. Iyo habajijwe ikibazo nk'iki ni ngombwa guteganya ibibazo bireba iri tsinda ryihariye. Bitewe n'intego cyangwa imiterere y'ubushakashatsi, itsinda nkeshwamakuru rishobora kuba rigizwe n'abagore n'abagabo ariko hakaza kuba umwihariko w'ibibazo bigenerwa abagore gusa. Icyo gihe mbere yo kugena ibyo bibazo ubaza agena ikibazo rusange gihigika bamwe mu babazwa kigasiga abandi. Icyo kibazo bakita *ikibazo kiyungurura*. Urugero, umushakashatsi ashaka kumenya amakuru ku muntu, yabaza *ikibazo gikurikira*: Ujya usoma ibinyamakuru kenshi? (sobanura). Aha kugira ngo haboneke itsinda rirebwa n'ibibazo bikurikiraho harakenerwa ikibazo kiyungurura giteye gutya: 1. Yego (subiza ibibazo bikurikiraho); 2. Oya (simbuka ukomereze ku kibazo cya 3)

Urutonde rw'ibibazo rwoherezwa

Urutonde rw'ibibazo rwoherezwa ni bumwe mu buryo bwo gukusanya amakuru. Uru rutonde rwohererezwa abagize itsinda nkeshwamakuru buri wese agahabwa kopi ye asubiza ibibazo ari wenyine. Hari uburyo bwinshi bwo gutegura urutonde rw'ibibazo rwoherezwa gusa ubwoko buzwi cyane kurusha ubundi ni urutonde rw'ibibazo rucishwa mu iposita cyangwa kuri imeyili. Muri ubu buryo, urutonde rw'ibibazo iyo rumaze gutunganywa rwohererezwa usubiza hakoreshejwe iposita cyangwa imeyili. Iyo ubazwa amaze kuzuza ibisubizo ahabugenewe, arongera akarusubiza akoresheje uburyo yari yararwohererejwemo.

Icyakora, igihe cyose bishoboka, ni ngombwa kubanza gukora igerageza mbere yo gukoresha urutonde rw'ibibazo rwoherezwa cyangwa urwifashishwa mu iganirabaza rigiye umujyo umwe. Akenshi umumaro w'iryo gerageza si ukugira ngo ubaza agenzure niba ibibazo bibajije neza, ahubwo ni ukureba niba muri rusange uburyo bwo kubaza bwakoreshejwe nta ngorane buzateza mu gihe igikorwa cyo gukusanya amakuru kizaba kirimbanije. Iri geregeza rigira akamaro kurushaho iyo umushakashatsi yifashishije urutonde rw'ibibazo rwoherezwa mu gukusanya amakuru. Impamvu ni uko igihe cyo gusubiza ibibazo ubaza aba atari kumwe n'ubazwa kugira ngo amufashe mu gusobanura ikibazo icyo ari cyo cyose cyatera urujijo. No mu iganirabaza igerageza ni ngombwa kuko hari ibibazo byavuka nyuma yo kubaza abantu bake maze ubaza akabikemura mu maguru mashya. Ibibazo bivutse mu gihe k'igerageza, umushakashatsi ashobora kubikemura yongera gutondekanya amagambo, interuro cyangwa ibibazo neza, avanamo ibibazo bidafite akamaro, cyangwa yongeramo ibindi byatuma urutonde muri rusange rugira injyana yumvikana.

Kwitegereza

Kwitegereza ni bumwe mu buryo bw'ingenzi bukoreshwa mu bushakashatsi nyamuntu n'imibanire y'abantu. Bukoreshwa mu gukusanya amakuru ahereye ku byo umuntu abona mu myitwarire y'ikintu cyangwa umuntu uyu n'uyu. Urugero: nk'abakora ubushakashatsi mu bya politiki, bagira uburyo bwabo bwo kwitegereza abayobozi bari mu myanya iyi n'iyi, abazobereye mu bumenyi bwa muntu, bareba imigenzo yo mu miryango ituye mu byaro cyangwa mu migi. Naho abita ku bijyanye n'ubumenyi bwo mu mutwe, bitegereza ubusabane hagati y'udutsinda duto tw'abantu. Ibyo byose bishobora gukorwa mu buryo bugendeye ku mbata y'inkurikizo cyangwa ku buryo bwisanzuye.

Mu gukusanya amakuru, umushakashatsi ashobora gukoresha uburyo bumwe cyangwa burenze bumwe bitewe n'ubwoko bw'amakuru akeneye. Iyo yamaze kubuhitamo agakusanya amakuru, umurimo ukurikiraho ni ukuyasensengura nk'uko bigaragara mu gice cya kabiri cy'uyu mutwe.

Isesenguramakuru

Mbere yo gutangira isesenguramakuru, bitewe n'imiterere y'ubushakashatsi, bwaba nyamimerere cyangwa nyamubaro, ni ngombwa kumenya ubwoko bw'amakuru yakusanyijwe. Umushakashatsi ashobora kuba akeneye kumenya ibisobanuro byimbitse ku makuru yabonye icyo gihe akoresha uburyo bw'*isesenguramimerere*. Naho iyo ashaka kumenya ku buryo bubarika ibyavuzwe cyangwa ababivuze, hakoreshwa *isesesengura nyamubaro*.

Isesengura ry'ikivugwa

Duhereye ku byanditswe na Bryman (2008, p. 274), isesengura ry'ikivugwa ni uburyo bukoreshwa gusesengura inyandiko cyangwa amashusho. Ubwo buryo buba bugamije gushyira mu mibare ikivugwa hagendewe ku matsinda yateguwe kandi mu buryo buri kuri gahunda. Ubu buryo bushobora kukoreshwa no mu bundi bushakashatsi busa n'ubwo.

Nko mu buryo bunyuranye bw'isakazamakuru, isesengura ry'ikivugwa rishobora gukoreshwa iyo umushakashatsi ashaka kumenya ingano n'imiterere y'uko ibitangazamakuru byibanda ku ngingo iyi n'iyi. Urugero usomye itangazamakuru ryandika ugasanga zimwe mu nkuru z'ingenzi ryandika ari kuri Sida cyangwa indwara y'ibisazi by'amatungo ni ngombwa kwibaza ibibazo bikurikira:

1. Ni ryari izi nkuru zasohotse mu binyamakuru bwa mbere?
2. Ni ikihe gitangazamakuru cyatanze ibindi kwandika kuri iyi ngingo?
3. Ni ikihe gitangazamakuru kitaye kuri iyi nkuru kurusha ibindi?
4. Ni mu kihe gihe ibitangazamakuru byagabanije umurego mu kwandika kuri iyi ngingo?
5. Hari ubwo abanyamakuru bigeze bahindura aho bahagaze kuri iyi ngingo? Nk'urugero kuba babogamira cyangwa bakitandukanya n'ubumenyi buriho kuri iyo ngingo cyangwa bakabogamira cyangwa bakitandukanya n'ikerekezo cya Leta.

Kugira ngo umuntu abashe gusubiza ibibazo biteye gutya agomba gusesesengura ikivugwa. Nk'uko Berelson (1971, p. 18) na Holsti (1969, p. 14) babivuga, gusesengura ikivugwa bigomba gukurikiza aya mahame: gukorwa ku buryo butabogamye kandi bugendera kuri gahunda. Iyo aya mahame yombi yubahirijwe abashakashatsi batandukanye ariko bakora ku nyandiko zimwe bagomba kugera ku musaruro umwe. Ikindi kandi Berelson (1971, Idem) avuga ko gusesengura ikivugwa bijyana n'isobanura nyamubaro.

Ibi bikavuga ko gusesengura ikivugwa bishingiye ku buryo bw'ubushakashatsi nyamubaro kubera ko buba bugamije kugaragaza ku buryo bubarika amakuru avangitiranye hakurikijwe amatsinda yagenwe, hakurikijwe kandi n'amabwiriza y'ubushakashatsi. Uburyo bwo kubara bwongera insobanuro ku myumvire y'uburyo bugiye kuri gahunda kandi butabogamye. Ibyo bituma umushakashatsi yemeza neza ko mu gihe runaka, ku buryo bufitiwe gihamya, ikinyamakuru iki n'iki ugereranije n'ibindi binyamakuru, kibanze ku nkuru runaka. Berelson (1952, p. 18) akomoza ku 'kivugwa kigaragara'. Ibi bikavuga ko iri sesengura riba rigamije guhishura ikivugwa kiba gisa n'ikigaragara ku ngingo iyi ni iyi. Ibyo bigatandukana n'imyumvire ya Holsti (1969, Idem), we wibanda ku cyo yita 'ikivugwa kihishe'. Ibi bikavuga inyito yihishe munsi y'uturango tw'ikivugwa turi ahagaragara.

Itoranywa ry'inyandiko mu gusesengura ikivugwa
Itoranywa ry'inyandiko zikoreshwa mu gusesengura ikivugwa rikorwa mu byiciro byinshi. N'ubwo muri rusange uburyo bukoreshwa hatoranywa inyandiko zitandukanye ari bumwe, aha turibanda ku buryo bwo gutoranya inyandiko z'ibitangazamakuru bwibanzweho cyane na Bryman (2008, p. 278).

Gutoranya ibitangazamakuru
Ubushakashatsi bwiga ibijyanye n'ibitangazamakuru, akenshi busaba kugaragaza ibibazo by'ubushakashatsi biteye gutya: icyo "*x*" ihagarariye mu bitangazamakuru. "*x*" ishobora kuba ihagarariye ishyirahamwe ry'abakozi, ibura ry'ibiribwa, icyaha cy'ubugome, n'ibindi. Ahangaha ikibazo nyoborabushakashatsi kiba giteye ku buryo bukurikira: ni ikihe gitangazamakuru kibanda kuri imwe muri izi ngingo? Byaba ari ikinyamakuru cyandika cyangwa igishushanya, televisiyo cyangwa radiyo? Icyo gihe umushakashatsi akomeza kwibaza niba, nk'urugero ari igitangazamakuru cyandika, ni ubuhe bwoko bw'ikinyamakuru: byaba se ari ikinyamakuru cyo ku rwego ruciriritse cyangwa icyo mu rwego rwo hejuru? Niba se ari ikinyamakuru cyo mu rwego rwo hejuru, cyaba se ari icyandikirwa imbere mu gihugu cyangwa hanze y'igihugu? None se inkuru zose ziri mu kinyamakuru zose zigomba gusesengurwa?

Reka dufate urugero rw'ubushakashatsi bwakozwe na Mukama (2018), aho yigaga isano iri hagati y'ibyifuzo bya Guverinoma y'u Rwanda kuri politiki y'iyakure mu burezi n'ishyirwa mu bikorwa ryayo. Muri ubu bushakashatsi, Mukama yasesenguye ibyifuzo bya Guverinoma kuri politiki y'iyakure mu nyandiko 13 zakozwe kuva mu mwaka wa 2001 ari na wo ntangiro y'*ikerekezo cy'u Rwanda 2020* kugeza muri 2016 ubwo yakoraga ubwo bushakashatsi. Mu gusesengura izo nyandiko, Mukama yasanzemo *imvugo* (discourses) umunani zigaragaza ibyifuzo bya Guverinoma kuri iyo politiki: kwegereza uburezi bose, kuzamura ireme ry'uburezi, uburezi busubiza ibibazo by'abaturage, uburezi budahenze, gukwiza uburezi hose, kwigira mu burezi, gukoresha ikoranabuhanga mu kwiga n'uburezi budaheza. Cyakora Mukama yasanze izo mvugo zigaragara mu nyandiko zimwe na zimwe gusa.

Nyuma yo gucukumbura izo mvugo no kwiga impamvu zatumye Guverinoma y'u Rwanda ari zo yibandaho, Mukama yasesenguye uko politiki y'iyakure yagiye ishyirwa mu bikorwa n'ibigo bya Leta bishinzwe kwigisha hakoreshejwe iyakure mu gihe k'imyaka itanu, ni ukuvuga kuva muri 2012 kugeza muri 2016. Yifashishije inama z'undi mushakashatsi Fejes (2005) maze yiga isano ya politiki y'iyakure n'ishyirwa mu bikorwa ryayo. Feyes uwo agereranya iryo sesengura nko kwiga igisekuru cy'umuryango umeze nk'igiti cyagabye amashami. Avuga ko umushakashatsi asubira inyuma akiga buri shami n'uko ryera imbuto. Aha ishami twarigereranya n'imvugo. Kwiga ibyanditswe rero kuri ubu buryo, byatumye Mukama amenya uko ibigo bishinzwe gushyira mu bikorwa politiki y'iyakure byumvise buri mvugo n'ingaruka zatewe no kuyishyira mu bikorwa cyangwa se kutayishyira mu bikorwa. Ikindi ubu bushakashatsi bwagaragaje, ni uko hari ubwo ibyifuzo bya Guverinoma kuri politiki y'uburezi bigarukira mu byifuzo gusa, bigasa nk'aho nta we bireba mu kubishyira mu bikorwa.

Nk'uko bigaragara muri ubu bushakashatsi bwa Mukama (2018), mu gutoranya inyandiko z'ubu bwoko ni ngombwa no gutekereza ku matariki. Nta cyo byaba bimaze gushaka inyandiko zanditswe ku gikorwa iki n'iki kandi cyari kitaraba. Urugero twatanga ni nko gushaka inkuru zanditswe ku itorwa rwa Perezida Paul Kagame w'u Rwanda ku buyobozi bw'Umuryango w'Afurika Yunze Ubumwe muri 2016 kandi icyo gihe yari ataratorerwa kuwuyobora. Mu nkuru yanditse mu Mvaho Nshya ku wa 28 Mutarama 2018, Mutungirehe yanditse ko Kagame yatangiye imirimo ye yo kuyobora Afurika Yunze Ubumwe kuva ku wa 28 Mutarama 2018.

Iyo umushakashatsi amaze kwemeza itariki aheraho agomba no kwemeza iyo azagarukiraho bitewe n'impamvu zitandukanye: imiterere y'ikibazo nyoborabushakashatsi, intego z'ubushakashatsi, igihe afite cyo gukora ubushakashatsi, ingano y'umubare w'inkuru akeneye, n'ibindi.

Utubango tubarwa mu gusesengura ikivugwa

Ikibazo nyoborabushakashatsi ni ryo pfundo umushakashatsi aheraho kugira ngo afate ikemezo ku tubango tw'ingenzi agomba kubara mu gusesengura ikivugwa. Muri iri sesenguramakuru hari utubango tw'ubwoko bwinshi dushobora gusensengurwa.

1° Abafite uruhare rugaragara mu nkuru

Aha ni ngombwa kumenya uwanditse iyo nkuru, uwanditsweho mu nkuru, abatanze amakuru yashingiweho mu kwandika inkuru, n'ibindi.

2° Amagambo

N'ubwo Bryman (2008, p. 280) avuga ko iki gikorwa gisa nk'igikorwa kidashamaje, bijya biba ngombwa ko umushakashatsi ashaka kumenya inshuro amagambo amwe n'amwe yagiye agaruka kenshi mu nyandiko. Kuba amagambo amwe n'amwe yakoreshejwe kurusha ayandi akenshi bigira icyo bisobanura kubera ko ashobora kugira uruhare mu gutuma igikorwa iki n'iki cyamamara.

Igice kihariye cy'ubumenyi cyangwa insanganyamatsiko

Muri iri sesenguramakuru umushakashatsi akenera kumenya igice cy'ubumenyi igikorwa iki n'iki giherereyemo. Nko mu rwego rw'ubumenyi nyamuntu umushakashi ashobora gushyira ikibazo iki n'iki mu rwego rw'ubukungu, ubucuruzi n'icungamutungo, imitekerereze, ibya politiki cyangwa mu ruhurirane rw'ubumenyi. Iyo ibibazo byashyizwe mu mwanya wabyo hakoreshejwe insanganyamatsiko, icyo gihe isesenguramakuru ntiriba rireba gusa ikivugwa kigaragara ahubwo ryibanda mu gucukumbura ikivugwa kihishe mu byanditse cyangwa mu byavuzwe. Nko mu rugero twavuze haruguru ku bushakashatsi bwo gusesengura isano iri hagati y'ibyifuzo bya Guverinoma y'u Rwanda kuri politiki y'iyakure mu burezi n'ishyirwa mu bikorwa ryabyo (Mukama, 2018). Imbonerahamwe ikurikira iragaragaza ubucucike bwa buri mvugo mu nyandiko 13 Mukama yakozeho ubwo bushakashatsi.

Ubu buryo bushobora kandi gukoreshwa mu gusesengura ireme ry'amakuru nyamimerere yakusanyijwe. Icyo gihe umushakashatsi akenera gusesengura amakuru yatanzwe mu gusubiza ibibazo bifunguye bikamufasha kumenya icyo abantu batekereza, ku buryo bwimbitse, ku kibazo runaka cyababajwe. Kugira ngo aka kazi korohe, ni ngombwa guhanga imbata y'inkurikizo kugira ngo buri gisubizo gihuzwe n'ingingo cyangwa insangamatsiko yihariye yateguwe.

Imbonerahamwe 1: Imvugo z'iyakure mu nyandiko za Leta y'u Rwanda

#	Inyandiko	kwegereza uburezi bose	Ireme ry'uburezi	Uburezi busubiza ibibazo by'abaturage	Uburezi budahenda	Gukwiza uburezi hose	Kwigira mu burezi	Gukoresha ikoranabuhanga	Uburezi budaheza
1	Ikerekezo 2020	x	x	x				x	
2	Imbatura-bukungu II	x						x	
3	Gahunda y'Ikoranabuhanga III	x	x					x	
4	Gahunda y'ikoranabuhanga mu Rwanda	x	x					x	
5	Porogaramu ya Guverinoma y'imyaka 7	x						x	
6	Integanyabikorwa y'uburezi bw'u Rwanda	x	x					x	
7	Poliiki y'ikoranabuhanga mu burezi	x	x					x	x
8	Gahunda ngari y'Ikoranabuhanga mu mashuri	x			x			x	x
9	Politiki y'Iyakure	x	x	x	x		x	x	
10	Amabwiriza yo gukoresha iyakure		x					x	
11	Raporo y'impunguke ku gutunga za Kaminuza	x	x				x	x	
12	Raporo I y'impuguke kuri Kaminuza y'Iyakure	x	x	x	x	x	x	x	x
13	Raporo II y'impuguke kuri Kaminuza y'Iyakure	x	x	x	x	x	x	x	x
	Igiteranyo	12	10	4	4	2	4	13	4

Isesengura ry'amakuru nyamubaro

Mbere yo gukusanya amakuru ayo ari yo yose y'ubushakashatsi ni byiza gutekereza ku buryo ayo makuru azasesengurwa. Kuva mu ntangiriro umushakashatsi arimo gutegura urutonde rw'ibibazo bizifashishwa mu gukusanya amakuru ni ngombwa no gutekereza kuri tekiniki azakoresha mu gihe cyo kuyasesengura. Ibi bijyana kandi no gutekereza hakiri kare kuri gahunda izakurikizwa mu kwitegereza ndetse n'imbata y'inkurikizo izifashishwa. Mu gusobanura akamaro k'ubu buryo bw'imikorere, Bryman (2008, p. 314) atanga impamvu ebyiri z'ingenzi:

1. Tekinike z'isesengura zigomba guhura neza n'imfatashusho z'ubushakashatsi. Ibyo byoroha iyo umushakashatsi yumva neza uburyo imfatashusho zitandukanye z'ubushakashatsi zizatondekwa.

2. Bitewe n'ingano n'imiterere y'itsinda nkeshwamakuru bishobora gutuma umushakashatsi ahitamo hakiri kare tekiniki zihariye mu gusesengura amakuru azabona.

Tugerageje gusobanura kurushaho ubu buryo bw'imigirire, twatanga urugero rurambuye aho umushakashatsi yaba ashaka kumenya uruhare rw'ikoranabuhanga mu kongera ubushobozi bw'ingo. Ubu bushakashatsi bwaba buhereye ku nyandiko nyinshi zivuga ko uko ikoranabuhanga ryagiye ritera imbere, ubukungu bw'abantu, cyanecyane ubw'ingo zabo, bwagiye bwiyongera kurushaho. Uku kwiyongera k'ubukungu kukaba kwaragiye guhera ku bushobozi bw'abantu mu kubona uburyo butandukanye buborohereza gukora ibikorwa bitandukanye bibateza imbere. Aha twavuga nko kohererezanya amafaranga, kubona amakuru ku masoko yo kugurishaho umusaruro, kugurizanya amafaranga, gushakisha akazi n'ibindi. Duhereye ku byanditswe kuri iyi ngingo y'ubushakashatsi, biroroshye kugira amakuru anyuranye avuye mu bushakashatsi bwakozwe n'abandi. Twe icyo dukenera ni ukumenya niba mu mudugudu runaka abaturage bawo bumva kimwe akamaro k'ikoranabuhanga mu kwiteza imbere mu ngo zabo. Kugira ngo tubashe gucukumbura aya makuru neza tugomba kwibaza ku mfatashusho duhereye ku itsinda nkeshwamakuru.

Nk'uko Frankfort-Nachmias na Nachmias (2008, PP. 49 – 52) babisobanura, ibibazo by'ubushakashatsi biba bihetswe n'itsinda ry'inshoza. Ariko akenshi izo nshoza ziba ziri mu buryo budafatika. Kugira ngo zumvikane kurushaho biba ngombwa ko zihindurwamo utubango dufata imisusire ishobora guhinduka kandi ikabarwa ku buryo bufatika ari hano twise imfatashusho. Ibi bigasobanura ko imfatashusho ishobora kubarwa hakoresheshwe imibare ibiri cyangwa irenga bitewe n'agaciro

117

kayo. Urugero twatanga ni nk'inshoza y'ikiciro cy'ubudehe mu Rwanda. Ikiciro cy'ubudehe ni imfatashusho kuko gishobora guhabwa agaciro ku buryo butandukanye. Bishobora kuba ari ikiciro cyo hasi, hagati, giciriritse, ndetse n'icyo hejuru. Ni kimwe n'iyo umuntu yareba inshoza y'ikizere abantu bafitiye umushinga uyu n'uyu, umushakashatsi yakigabamo ibice bibiri: ikizere kiri hasi cyangwa kiri hejuru.

Frankfort-Nachmias na Nachmias (2008: idem) bateganya ubwoko butatu bw'ingenzi bw'imfatashusho: imfatashusho yigenga, imfatashusho igengwa n'imfatashusho igenzura. Imfatashusho igengwa ni itanga igisobanuro k'ikibazo umushakashatsi yabonye naho iyigenga ni imfatashusho ihagaririye ikibazo umushakashatis ashaka gusobanura. Ku buryo bugaragara hakoreshwa iyi nganyagaciro: $Y= f(x)$. Y ihagarariye imfatashusho igengwa naho X ikaba imfatashusho yigenga. Bivuze ko ikibazo Y giterwa n'impamvu X. Naho imfatashusho igenzura ni imfatashusho iba itatekerejweho mu ntangiriro y'ubushakashatsi. Urugero ni uko umushakashatsi yatangira yibaza igituma abanyeshuri bo muri Kamizuza y'u Rwanda batsindwa agatekereza ko byaba ari uko badashyira umuhate mu kwiga ariko yamara gukora ubushakashatsi agasanga biterwa n'uko badafite ibikoresho bihagije. Icyo gihe iyo mpamvu ibonetse nyuma ni imfatashusho igenzura ebyiri za mbere zari zatekerejweho ari zo gutsindwa (imfatashusho igengwa) no kutagira umuhate mu kwiga (imfatashusho yigenga).

Mu gutoranya itsinda nkeshwamakuru, turakoresha uburyo bwa tombora dutoranye ingo 20 mu mudugudu ufite ingo 50. Tumaze kwemeza izo ngo, turafata umwanzuro ko tuzabaza umutware wa buri rugo bivuze ko amakuru azatangwa n'abantu 20.

Mu gutegura ibibazo tuzabaza abagize izo ngo twifashishije imfatashusho z'ingenzi zikurikira: igitsina cy'umutangamakuru, imyaka ye, kuba akoresha ikoranabuhanga, ubwoko bw'ikoranabuhanga akoresha cyane, inshuro akoresha ikoranabuhanga, impamvu akoresha ikoranabuhanga, umubare w'amafaranga yinjiza mu rugo. Mukumenya uyu mubare turashingira ku mibare itangwa mu nyandiko ya Cho na Kim yitwa "Determinants of poverty in Rwanda" basohoye muri 2017 aho bashyira umurongo w'ubukene ku mafaranga 45000 Frw ku muntu mu mwaka. Ni ukuvuga ko urugo rurimo umuntu umwe cyangwa barenga binjiza amafaranga y'u Rwanda arenga 45000; urwo rugo ruba rwararenze umurongo w'ubukene. Ayo makuru amaze kumenyakana twakora urutonde ry'ibibazo ku buryo bukurikira:

		Kodi	
1	Uri umugore cyangwa umugabo: (Hitamo 1 kuri gabo cyangwa 2 kuri gore) Umugabo _____ Umugore _____	1	2
2	Ufite imyaka ingahe? _____		
3	Ukoresha ikoranabuhanga? (Hitamo 1 kuri oya cyangwa 2 kuri yego) Oya _____ Yego _____	1	2
4	Akazi ukora (Ca akarongo ku mubare uhura n'igisubizo cyawe)		
	Ubuhinzi n'ubworozi	1	
	Akazi ka Leta	2	
	Akazi k'abikorera ku giti cyabo	3	
	Ndikorera	4	
5	Ni ubuhe bwoko bw'ikorabuhanga ukoresha kurusha ubundi muri ubu?		
	Telefoni	1	
	Internet	2	
	Ubundi. Buvuge _____	3	
6	Ubu bwoko bw'ikoranabunga ubukoresha inshuro zingahe?		
	Buri gihe	1	
	Inshuro nyinshi	2	
	Gake cyane	3	
7	Umaze igihe kingana iki ukoresha ikoranbunga mu bikorwa byawe bya buri munsi?		
	Igihe kiri munsi y'umwaka umwe	1	
	Kuva ku mwaka umwe kugera kuri ibiri	2	
	Hejuru y'imyaka ibiri	3	
8	Ni izihe mpamvu zituma ukoresha ikoranabunga?		
	Gusuhuza abavandimwe	1	
	Kubaza isoko ry'imyaka nsaruye	2	
	Gushaka imbuto	3	
	Ibindi. Bivuge _____	4	
9	Ugereranije buri kwezi winjiza amafanga angana ate mu rugo?		
	Munsi y'amafranga 1000	1	
	Hagati ya 1000Frw kugeza kuri 5000Frw	2	
	Hagati ya 5000Frw kugeza kuri 10000 Frw	3	
	Hagati ya 10000Frw kugeza kuri 15000 Frw	4	
	Kuva ku 15000 Frw kuzamura	5	

119

Mbere yo gutangira gusesengura aya makuru ni ngombwa ko tubanza tukamenya amakuru atabonetse. Ibi bivuga ko hari igihe utanga amakuru ashobora kuba hari ibibazo atashatse gusubiza. Icyo gihe ahatabonetse igisubizo turahashyira umubare 0. Iyo ibyo birangiye buri mfatashusho igendanye na buri kibazo cyabajijwe turayiha umubare uyiranga ubanzirizwa n'impine y'ijambo imfatashusho. Urugero twakwandika imfa0001, imfa0002, tugakomeza bitewe n'umubare w'ibibazo. Aha umubare wa nyuma waba imfa0009.

Duhereye kuri rwa rutonde rw'ibibazo twari twohererereje buri mutware w'urugo, turajya dushyira akamenyetso kuri kodi ijyanye n'igisubizo yatanze.

Kugira ngo tubashe guha igisobanuro ibisubizo buri mutware w'urugo yatanze, ni ngombwa kubanza kubihuriza mu *mbata y'inkurikizo* idufasha kubona ishusho rusange yabyo biri hamwe. Mu buryo bwo koroshya akazi twifashisha porogaramu zabugenewe za mudasobwa nka Excel cyangwa impuzamakuru (izizwi cyane ni nka MATLAB, SPSS, na Statistix).

Duhereye ku rudonde rw'ibisubizo byatanzwe n'umwe mu basubije, twakuzuza imbata y'inkurikizo ku buryo bukurikira:

Imbonerahamwe 2: Uko buzuza imbata y'inkurikizo

Imfa0001	Imfa0002	Imfa0003	Imfa0004	Imfa0005	Imfa0006	Imfa0007	Imfa0008	Imfa0009
2	30	2	1	1	3	1	1	2

Aha turakomeza kuzuza buri mibare iranga buri gisuzubizo. Niturangiza kuyuzuza muri iyi mbata y'inkurikizo turatangira kureba imiterere ya buri gisubizo. Urebye uko ibi bisubizo biteye biratandukanye. Ku bibazo bimwe ni ukuzuza umubare wuzuye nko ku kibazo cya 2. Ahandi nko ku kibazo cya 1 cyangwa icya 3, usubiza yari yahawe guhitamo hatagati ya 1 cyangwa 2. Naho ikibazo cya 6 kirabaza umubare w'inshuro bikaba bivuze ko tugomba kumenya abakoresha ikoranabuhanga inshuro nyinshi cyangwa nkeya. Nk'uko twabibonye duhereye ku nyandiko ya Frankfort-Nachmias na Nachmias (2008, pp. 49 – 52), dushobora gusobanura imfatashusho duhereye ku isano iri hagati yazo. Ariko iyo bigeze mu ikusanyamakuru no mu isesenguramakuru ni ngombwa kuzitandukanya duhereye ku mikoreshereze yazo.

Duhereye ku bisobanuro birambuye byatanzwe na Bryman (2008, p. 321) tubona ubwoko bw'imfatashusho bw'ingenzi bukirikira:

- **Imfatashusho nyamubaro**: urugero ni nk'intera iri hagati ya buri gihe, inshuro nyinshi, cyangwa nke cyane. Izi ntera ntizingana;

- **Imfatashusho igena intera**: birashoboka ko twaba twatanze uburyo bwo gusubiza bugena intera zingana hagati y'ibisubizo. Urugero ni nk'ikibazo cya 9 aho twashyize intera ingana hagati y'umubare w'amafranga umukuru w'urugo yinjiza mu kwezi: 1.000 Frw – 5.000Frw – 10.000 Frw – 15.000Frw;

- **Imfatashusho nyazina**: aha urugero twatanga ni ikibazo cya 4 aho usubiza agomba guhitamo hagati y'amagambo akurikira: Ubuhinzi n'ubworozi (1), akazi ka Leta (2) akazi k'abikorera (3), ndikorera (4);

- **Imfatashusho nyabubiri**: izi ni imfatashusho ziba zifite amaкuru agabanije ukubiri gusa. Urugero ni nk'ikibazo cya 1, icya 3 n'icya 5.

a. Isesengura ry'imfatashusho imwe

Mu gusesengura, umushakashatsi akoresha imbonerahamwe yerekana umubare w'abantu ndetse n'ijanisha ryabo.

Imbonerahamwe yerekana umubare w'abantu n'ijanisha ry'abagore n'abagabo.

Imbonerahamwe 3: Ibisubizo

Igitsina	Umubare	Ijanisha (%)
Abagabo	12	60
Abagore	8	40
Igiteranyo	20	100

Imbonerahamwe 4: Ibisubizo

Abakoresha ikoranabuhanga	Umubare	Ijanisha (%)
Yego	16	80
Oya	4	20
Igiteranyo	20	100

Imbonerahamwe ya 3 iragaragaza ko mu bisubizo twasesenguye twasanze umubare w'abagabo ari 12 bivuze ko bahagarariye ijanisha rya 60 ku mubare w'ababajijwe

121

bose. Naho umubare w'abagore ukaba 8, ufashe ijanisha rya 40 mu babajijwe bose. No mu mbonerahamwe ya 4 ibisubizo bya *Yego* biragaragaza ijanisha rya 80 bivuze umubare w'abakoresha ikoranabuhanga naho *Oya* ikaba 20% bivuze abatarikoresha. Uburyo bw'isensengura ry'imfatashusho imwe bwakoreshwa no ku zindi zose zagaragajwe mu bibazo byabajijwe. Uburyo bwo kwerekana ibivuye mu isensengura bushobora kuba ubu bw'imbonerahamwe cyangwa ubundi bukoresha amashusho n'ubwoko butandukanye.

b. Isesengura ry'imfatashusho ebyeri

Ubu buryo bukoreshwa iyo dushaka guhuza imfatashusho ebyiri kugira ngo turebe niba hari aho zihurira. Hakoreshwa uburyo butandukanye bitewe n'ubwoko bw'imfatashusho. Urugero twatanga ni nk'igihe twakenera kumenya niba imyaka cyangwa igitsina by'abasubije bifite aho bihuriye n'uburyo abatware b'ingo bakoresha ikoranabuhanga.

Imbonerahamwe 5

Gukoresha ikoranabuhanga	Igitsina			
	Abagabo		Abagore	
	Umubare	Ijanisha (%)	Umubare	Ijanisha (%)
Yego	8	40	8	40
Oya	4	20	0	0
Igiteranyo	12	60	8	40

Mu gusesengura byimbitse amakuru ari muri iyi mbonerahamwe ya 5, biragaragara ko n'ubwo umubare w'abagabo uruta uw'abagore, umubare w'abagore bakoresha ikoranabuhanga ungana n'uw'abagabo barikoresha. Ibyo bikavuga ko abagore ari bo bakataje mu gukoresha ikoranabuhanga.

c. Isesengurengura ry'imfatashusho nyinshi

Duhereye ku mbonerahamwe ya 5, aho twakoze isesengura ry'imfatashusho ebyiri zigaragaza isano iri hagati y'igitsina no gukoresha ikoranabunga, dushobora no kureba aho izi ebyiri zishobora guhurira n'izindi mfatashusho zigaragazwa n'amakuru yatanzwe. Aha twahera ku mfatashusho ijyane n'inshuro abagore cyangwa abagabo bakoresha ikoranabuhanga cyangwa se n'impamvu zituma barikoresha. Muri rusange icyo tugomba kwitondera ni ukureba niba koko hari isano nyayo iri hagati y'izo mfatashusho zose kuko hari igihe nta sano ifatika iba ihari.

Umwanzuro

Mu kwandika uyu mutwe w'igitabo twibanze cyane ku bice bibiri by'ingenzi by'iyoboramikorere mubushakashatsi aribyo: ikusanyamakuru n'isesenguramakuru. Nk'uko twabigaragaje, ibi bice byombi bibanzirizwa n'ibindi by'ingenzi ari byo gutegura ubushakashatsi no kugena itsinda nkeshwamakuru. Iyo itsinda rimaze kuboneka n'umubare w'abazatanga amakuru wemejwe, umushakashatsi afata amwanya wo gutegura *ibikoresho nkusanyamakuru* azifashisha. Ibyo bikoresho bigendera ku bwoko bw'amakuru azakenerwa yaba ari agendeye ku ireme cyangwa ku mibare. Nk'uko byasobanuwe kandi bikanatangirwa ingero, iyo amakuru amaze kuboneka umushakashatsi akurikizaho guhanga imbata y'inkurikizo izamufasha gusesengura amakuru. Nk'uko byagaragaye, biba byiza iyo ibi biteguwe mbere yo kugena ibibazo bizabazwa ndetse hakaba n'igerageza ry'urutonde rw'ibibazo. Iki gikorwa gifasha kumenya niba nta bibazo bitumvikana neza byaba bihari bigakosorwa hakiri kare. N'ubwo uyu mutwe ushobora kuba utavuye imuzingo inzira zose zikoreshwa mu gukusanya no gusesengura amakuru y'ubushakashashatsi, turizera ko uburyo bwasobanuwe buhagije kugira ngo umushakashatsi wumva ururimi rw'Ikinyarwanda acengere uburyo bw'ingenzi yakoresha mu bushakashatsi bwe ku buryo bwa gihanga.

Indangasoko

Berelson, B. (1971). *Content analysis in communication research*. New York: Hafner Press.

Bryman, A. (2008). *Social research methods (2nd edition)*. Oxford: Oxford University Press.

Cho, S., & Kim, T. (2017). Determinants of poverty status in Rwanda. *African Development Review, 29*(2), 337 – 349.

Fejes, A. (2005). New wine in old skins: Changing patterns in the governing of the adult learner in Sweden. *International Journal of Lifelong Education, 24*(1), 71 – 86.

Frankfort-Nachmias, C., & Nachmias, D. (2008). *Research methods in the social sciences*. New York: Worth Publishers.

Holsti, O. R. (1969). *Content analysis for the social sciences and humanities*. Reading: Addison-Wesley.

Mukama, E. (2018). From policies to implementation of open distance learning in Rwanda: A genealogical and governmentality analysis. *Journal of Learning for Development, 5*(1), 40 – 56.

Schuman, H., & Presser, S. (1996). *Questions and answers in attitude surveys: experiments on question form, wording, and context*. London: Thousand Oaks.

Vithal, R., & Jansen, J. (1997). *Designing your first proposal* . Lansdowne, Cape Town: Juta & Company Ltd.

ISUZUMA N'ISESENGURA RY'AMAKURU NYAMUBARO UKORESHEJE IBARURISHAMIBARE

Evode Mukama, Pierre Claver Rutayisire na Sylvestre Nzahabwanayo

Iriburiro

Iyi ngingo yo gusesengura amakuru nyamubaro ukoresheje ibarurishamibare twayihaye umwanya wihariye kuko byagaragaye ko abashakashatsi n'abanyeshuri bo mu mashuri makuru benshi bakora ubushakashatsi bakunze kurikoresha. Kenshi na kenshi abashakashatsi b'abatangizi bibaza ibibazo nyamubaro ariko mu kubisesengura bagakoresha ijanisha gusa. Kuba rero twahisemo uyu mutwe wihariye ku gusesengura amakuru nyamubaro ukoresheje ibarurishamibare ntabwo tugamije kwigisha isomo ry'ibarurishamibare, ahubwo twahisemo ingero nkeya zikunze gukoreshwa kugira ngo dutange urumuri rw'uko umushakashatsi yakusanya amakuru nyamubaro, uko yayasesengura akoresheje intoki cyangwa porogaramu y'ikoranabuhanga yabugenewe izwi nka Microsoft Excel. Ntabwo twashatse gukoresha ikoranabuhanga ryabugenewe kandi ryihutisha gusesengura amakuru nyamubaro mu bumenyi bw'imibanire y'abantu nka SPSS (Statistical Package for the Social Sciences) kubera inzitizi z'ikoranabuhanga ridahagije mu bihugu bikiri mu nzira y'amajyambere harimo n'u Rwanda. Twahisemo rero uburyo bushobora gukoreshwa na buri mushakashatsi ubishaka atagombye kwifashisha ikoranabuhanga rihambaye. Uyu mutwe uzafasha ushaka gukoresha amakuru nyamubaro mu gukora inyigo iboneye bitewe n'amatsinda nkeshwamakuru n'imfatashusho byakoreshejwe, mu gutanga igisobanuro no mu gufata imyanzuro ikwiye ku isesengura yakoze. Gusa turibanda kuri bumwe mu buryo bw'isuzuma ry'ibarurishamibare rikoresha amatsinda nkeshwamakuru mato.

Isesengura ry'imfatashusho ebyiri mu matsinda nkeshwamakuru abiri cyangwa menshi yigenga

Gukoresha Chi-Square (χ^2 soma "kiísikweyá")

> *Ese hari itandukaniro ryaba riri mu guhitamo kwiga amasomo y'Ikinyarwanda, Icyongereza n'imibare hagati y'abakobwa n'abahungu?*

Duhereye ku rugero kugira ngo dufashe umusomyi kumva ikigamijwe: gukoresha isuzuma rya χ^2, gusesengura no gusobanura igisubizo no guhitamo isuzuma ry'*inkeneragihamya* (hypothesis) rikwiye akurikije imiterere y'*imfatashusho* (variables).

Mu gutara amakuru, umushakashatsi yabaruye umubare w'abakobwa n'abahungu bavuze ko bahisemo kwiga Ikinyarwanda, Icyongereza cyangwa se imibare. Abanyeshuri bose hamwe bari 75 barimo abakobwa 34 n'abahungu 41. Mu kubarura ibisubizo by'urutonde rw'ibibazo, uwo mushakashatsi yasanze abakobwa bahisemo kwiga Ikinyarwanda ari 14 naho abahungu ari 8; abakobwa bahisemo kwiga Icyongereza bari 13 kandi banganaga n'abahungu bagihisemo kuko na bo bari 13. Yasanze abakobwa bahisemo kwiga imibare ari 7 mu gihe abahungu bayihisemo bari 20. Dore uko iryo barura ry'ibisubizo rigaragara mu mbonerahamwe:

	Ikinyarwanda	Icyongereza	Imibare	Igiteranyo
Abakobwa	14	13	7	34
Abahungu	8	13	20	41
Igiteranyo	22	26	27	75

Ubushakashatsi (Veney, 2003) bwagaragaje ko kugira ngo umenye ko hari itandukaniro hagati y'imfatashusho ebyiri, umushakashatsi akoresha χ^2 ("Chi-Square" soma "kiísikweyá") ahereye ku *bwisubire bwabaruwe* (observed frequencies) n'*ubwisubire butegerejwe* (expected frequencies). Abibara akurikije *inzira ihinnye* (formula) ikurikira:

$$\chi^2_0 = \sum \frac{(O-E)^2}{E}$$

Mu kubara ukoresheje intoki cyangwa muri Microsoft Excel (reba cyanecyane Veney, 2003), dore uko twabona igisubizo cya χ^2 turi gushaka (χ^2_0)

125

O	E	O-E	$(O-E)^2$	$\dfrac{(O-E)^2}{E}$
14	$\dfrac{34 \cdot 22}{75} = 10$	14 - 10 = 4	$4^2 = 16$	$\dfrac{16}{10} = 1.604278$
13	$\dfrac{34 \cdot 26}{75} = 12$	13 - 12 = 1	$1^2 = 1$	$\dfrac{1}{12} = 0.084842$
7	$\dfrac{34 \cdot 27}{75} = 12$	7 - 12 = -5	$-5^2 = 25$	$\dfrac{25}{12} = 2.042484$
8	$\dfrac{41 \cdot 22}{75} = 12$	8 - 12 = -4	$-4^2 = 16$	$\dfrac{16}{12} = 1.330377$
13	$\dfrac{41 \cdot 26}{75} = 14$	13 - 14 = -1	$-1^2 = 1$	$\dfrac{1}{14} = 0.070356$
20	$\dfrac{41 \cdot 27}{75} = 15$	20 - 15 = 5	$5^2 = 25$	$\dfrac{25}{15} = 1.693767$

$$\text{Igiteranyo } \sum \frac{(O-E)^2}{E} = 6.826104$$
$$X_0^2 = 6.83$$

Iyi "kiísikweyá" tumaze kubara (X_0^2) kugira ngo tumenye agaciro kayo turayigereranya na X^2 ngenderwaho yo mu mbonerahamwe (critical values) yashyizwe ahagaragara n'abahanga nka Moore na McCabe (1996), Murdoch na Barnes (1998) cyangwa Field (2005).

Kugira ngo tumenye iyo "kiísikweyá" ngenderwaho ari yo tuza kugereranya n'iyo tumaze kubara hejuru, turabanza tugaragaze *igipimo cy'ubwigenge* (degree of freedom). Ni ikigero cy'umubare ufite ubwigenge bwo guhinduka bitewe n'igereranya riri gukorwa.

$$df = (k-1)(r-1)$$

k = Inkingi (column)
r = Urubariro (row)

Mu mbonerahamwe igaragaza ibarura ry'umubare w'abakobwa n'abahungu bavuze ko bahisemo kwiga Ikinyarwanda, Icyongereza cyangwa se imibare, ubona ko iyo mbonerahamwe irimo inkingi eshatu zanditsemo amasomo ari yo Ikinyarwanda, Icyongereza n'imibare. Iyo mbonerahamwe kandi irimo imbariro ebyiri ari zo zigaragaramo igitsina gabo n'igitsina gore.

Dukoresheje rero iyo nzira ihinnye $df = (k - 1)(r - 1)$ turabona igisubizo muri ubu buryo:

$$df = (3 - 1)(2 - 1)$$
$$df = 2 * 1$$
$$df = 2$$

Mu gitabo cya Field (2005, p. 760), harimo imbonerahamwe ya *kiísikweyá ngenderwaho* (critical values) urebeye ku gipimo cy'ubwigenge (*df*) runaka. Reka dufate agace gato k'iyo mbonerahamwe maze tugereranye X_0^2 twabaze na X^2 ngenderwaho ku gipimo cy'ubwigenge cya 2:

Imbonerahamwe: X^2 ngenderwaho

df	p	
	.05	.01
1	3.84	6.63
2	5.99	9.21
3	7.81	11.34
4	9.49	13.28
5	11.09	15.09

Aho byavuye: Field (2005, p. 760)

Iriya nyugutsi ya "*p*" ibanza muri iyi mbonerahamwe yerekana urugero rw'amahirwe ashoboka kugira ngo ikintu kiri kwigwa kibe. Niba $p = .05$ (ni kimwe no kwandika $p = 0.05$) ni ukuvuga ko hari amahirwe angana na 5% ngo icyo kintu kiri kwigwa gishoboke. Niba $p = .01$ (ushobora no kwandika $p = 0.01$), icyo gihe amahirwe yaba angana na 1%.

Tugarutse ku kibazo turi gushakira igisubizo "*Ese hari itandukaniro ryaba riri mu guhitamo amasomo y'Ikinyarwanda, Icyongereza n'imibare hagati y'abakobwa n'abahungu?*", biragaragara ko kiísikweyá twabaze (6.83) iruta X^2 ngenderwaho (5.99) ku gipimo cy'ubwigenge kingana na 2.

X_0^2 (6.83) > X^2(5.99). Ibi bisobanuye ko hari itandukaniro rinini hagati y'abahungu n'abakobwa mu buryo bahitamo kwiga amasomo y'Ikinyarwanda, Icyongereza n'imibare.

127

Isesengura ry'isano iri hagati y'imfatashusho ebyeri

Isano ni uburyo bukoreshwa mu ibarurishamibare hagati y'imfatashusho ebyiri hagamijwe kureba uburemere bw'iryo sano ndetse n'ikerekezo cyaryo. Ku byerekeye uburemere bw'isano, agaciro karyo gapimwa hagati ya –1 na +1. Iyo agaciro k'isano kangana na ± 1, byerekana ko imfatashusho ebyiri zihuye ku buryo bwuzuye. Uko agaciro k'isano kagenda gasatira umubare 0, isano hagati y'imfatashusho ebyiri igenda iba nto cyangwa se icika intege. Ikerekezo k'isano kigaragaza uburyo imfatashusho ebyiri zibanye: zishobora kubana mu buryo bwo kuzuzanya (positive correlation) cyangwa mu buryo bwo guhungana (negative correlation). Ikerekezo k'isano hagati y'imfatashusho ebyiri zuzuzanya kigaragazwa n'ikimenyetso cyo guteranya (+). Naho ikerekezo k'isano hagati y'imfatashusho zihungana kigaragazwa n'ikimenyetso cyo gukuramo (-).

Amashusho akurikira arerekana amasano ashoboka hagati y'izi mfatashusho ebyiri.

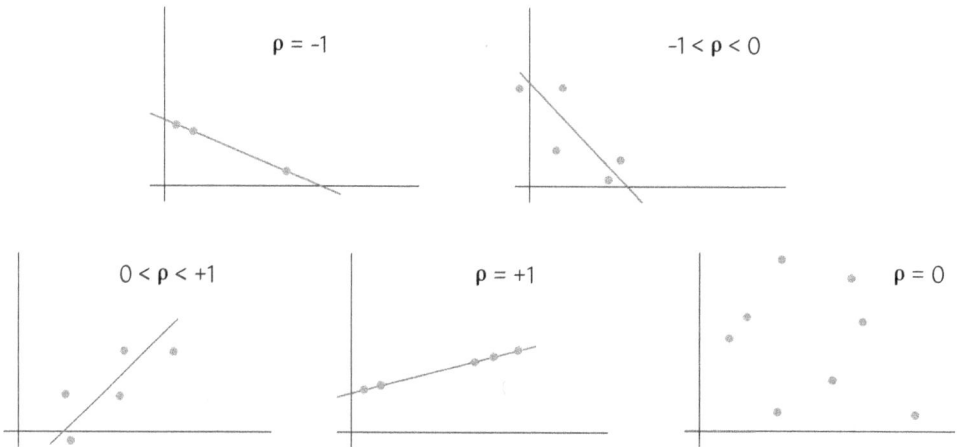

Igishushanyo-mbonerahamwe: Agaciro n'ikerekezo k'isano hagati y'imfatashusho ebyiri

Aho byavuye: Kiatdd (2012)

Ubusanzwe mu ibarurishamibare hari ubwoko bune bw'amasano: isano rya Pearson, isano rya Kendall, Isano rya Spearman, n'isano bita 'Point-Biserial'. Muri iyi nyandiko, turibanda ku isano rya Spearman n'irya Pearson.

Isesengura ry'isano riri hagati y'imfatashusho ebyiri ukoresheje isano ry'umwanya rya Spearman (soma "Sipiyamani")

Ubu buryo bwo gushaka isano ry'ibarurishamibare riri hagati y'imyanya (nk'uko wavuga uti "uyu yabaye iwa mbere, undi aba uwa kabiri, undi uwa gatatu, gutyogutyo) n'imfatashusho ebyiri, bwahimbwe na Charles Spearman, bakunze kubwita isano ry'umwanya rya Spearman cyangwa se Spearman Rho (soma "Ro"). Iri sano bakunze kuryerekana bakoresheje inyuguti y'ikigereki ya "ρ" **(rho)** cyangwa bakaryerekena bakoresheje **"rs"**. Isano hagati y'imfatashusho ebyiri rishobora kuva kuri +1 kugera kuri –1 gusa. Niba iri sano ringana na + 1 cyangwa – 1 ni ukuvuga ko izo mfatashusho zikurikira inzira idahinduka rwose.

Ikimenyetso cya teranya (+) cyagnwa kuramo (–) gishobora kujya imbere y'ingano ya **rs** kerekana ikerekezo k'isano riri hagati ya X (imfatashusho yigenga) na Y (imfatashusho ngengwa). Niba Y yiyongera mu gihe X na yo yiyongera, icyo gihe ikerekezo k'isano **rs** kiba na cyo kizamuka (positive). Ariko niba Y igenda igabanuka mu gihe X yo yiyongera, icyo gihe, ikerekezo k'isano **rs** kiba kimanuka (negative). **Niba isano rya Spearman rs ari zero ni ukuvuga ko nta mpinduka yabaye: ntabwo bigaragara ko Y yiyongera cyangwa ko igabanuka mu gihe X yiyongera.**

Urugero 1:

Ese uri mu kihe kiciro cy'amanota mu isomo ryo gusoma Ikinyarwanda?	Ndatsina cyane	Ndatsinda bisanzwe	Ndagerageza	Ndatsindwa

Urugero 2:

Ese ibyo usoma muri iki gitabo urabyumva?	Ndabyumva cyane	Ndabyumva mu rugero	Mbyumva gahoro	Simbyumva	Simbyumva na mba

Izi ngero zirerekana ko ibisubizo by'abatangamakuru ushobora kubikurikiranya mu byiciro. Duhereye kuri izo ngero zo hejuru, umushakashatsi ashobora kwiga isano riri hagati yo kumenya gusoma Ikinyarwanda no kumva ibyanditswe mu gitabo muri urwo rurimi.

Reka noneho twige kuri iki kibazo cy'ubushakakashatsi: *"Ese haba hari isano riri hagati y'ibyiciro by'amanota abanyeshuri bagize mu cyongereza no mu mibare?"* Kugira ngo umushakashatsi abone igisubizo kuri icyo kibazo, yabajije buri munyeshuri gusubiza ibi bibazo bikurikira. Bose hamwe bari abanyeshuri umunani:

Ni ikihe kiciro cy'amanota wagize mu kizamini cya Leta mu Kinyarwanda? Ikiciro A (90-100%)

Ikiciro B (80-89%)

Ikiciro C (70-79%)

Ikiciro D (60-69%)

Ni ikihe kiciro cy'amanota wagize mu kizamini cya Leta mu mibare? Ikiciro A (90-100%)

Ikiciro B (80-89%)

Ikiciro C (70-79%)

Ikiciro D (60-69%)

Mu gukusanya ibisubizo, buri kiciro yagihaye umubare:

- ikiciro A = 1
- ikiciro B = 2
- ikiciro C = 3
- ikiciro D = 4

Mu kugereranya ibibazo biri mu rwego rw'inkurikirane, umushakashatsi yifashisha inzira ihinnye yahimbwe na Spearman maze iryo sano rikitwa **Isano ry'umwanya rya Sipiyamani** (Spearman Rank Correlation).

$$r_s = 1 - \frac{6 \sum d^2}{n(n^2 - 1)}$$

r_s = Isano ry'umwanya rya Sipiyamani
d^2 = ikinyuranyo k'imyanya bwikube kabiri
n = umubare w'abagize itsinda nkeshwamakuru

Dore intambwe umushakashatsi yakoresheje kugira ngo agere ku gisubizo:

1. Intambwe ya mbere ni ugukora imbonerahamwe igaragaza imfatashusho z'amanota abanyeshuri bagize mu Kinyarwanda no mu mibare, umwanya w'amanota y'Ikinyarwanda, umwanya w'amanota y'imibare, ikinyuranyo hagati y'imyanya, n'ikinyuranyo hagati y'imyanya bwikube kabiri.

Imfatashusho 1: Amanota y'Ikinyarwanda	Imfatashusho 2: Amanota y'imibare	Ikinyarwanda (umwanya w'ikiciro cy'amanota)	Imibare (umwanya w'ikiciro cy'amanota)	Ikinyuranyo hagati y'imyanya (d)	Ikinyuranyo hagati y'imyanya bwikube kabiri (d^2)
2	1	3	1	2	4
1	2	1	3	-2	4
2	2	3	3	0	0
3	4	6	7.5	-1.5	2.25
4	4	8	7.5	0.5	0.25
3	3	6	5.5	0.5	0.25
2	2	3	3	0	0
3	3	6	5.5	0.5	0.25
Igiteranyo $\Sigma\ d^2 = 11$					

Muri uru rugero, biragaragara ko dufite abanyeshuri umunani. Abanyeshuri babonye amanota ari mu kiciro cya A kugera kuri D kandi turibuka ko A = 1; B = 2; C = 3 na D = 4. Ni iyo mibare yanditse mu rubariro rwa mbere n'urwa kabiri. Mu rubariro rwa gatatu n'urwa kane, twashyizemo umwanya umunyeshuri afite bitewe n'ikiciro amanota ye arimo muri buri somo. Duhereye ku Kinyarwanda, Umunyeshuri uri mu kiciro cya 1 twamuhaye umwanya wa 1. Abanyeshuri bari mu kiciro cya 2 ni 3. Ubwo umwanya wabo ni 2, 3, na 4. Kubera ko bari ku mwanya umwe, turateranya imyanya yabo maze tugabanye umubare wabo ari wo 3. Ni ukuvuga (2 + 3 + 4) / 3 = 3. Bari ku mwanya wa 3. Abari ku kiciro cya 3 na bo ni 3. Ubwo umwanya wabo ni 5, 6, 7. Kubera ko bari ku mwanya umwe, turateranya imyanya yabo maze tugabanye umubare wabo ari wo 3. Ni ukuvuga (5 + 6 + 7) / 3 = 6. Umunyeshuri uri mu kiciro 4 ni umwe, ni ukuvuga ko ari ku mwanya ukurikiyeho ari wo wa 8.

Ku mfatashusho ya kabiri igaragaza amanota y'imibare naho turabigenza nk'uko twabibaze mu Kinyarwanda. Umunyeshuri uri mu kiciro cya 1 ni umwe, ubwo ari ku mwanya wa 1. Abanyeshuri bari mu kiciro cya 2 ni 3. Ubwo imyanya yabo ni 2, 3, na 4. Ni ukuvuga ko umwanya wabo bose hamwe turawubona dufashe (2 + 3 + 4) / 3 = 3. Abanyeshuri bari mu kiciro cya 3 ni babiri. Ubwo umwanya wabo turawubona dufashe (5 + 6) / 2 = 5.5. Abanyeshuri bari mu kiciro cya 4 ni 2. Umwanya wabo turawubona dufashe (7 + 8) / 2 = 7.5.

Muri iriya nzira ihinnye yo kubara, inyuguti "d" ihagarariye ikinyuranyo hagati y'imyanya umunyeshuri yabonye mu masomo atandukanye. Urugero, nko ku munyeshuri ubanza mu mbonerahamwe yo hejuru, d = 3 − 1 ni ukuvuga 2. Ku munyeshuri ukurikiyeho d = 1 − 3 ari byo bingana na −2. Ibyo bikorwa kuri buri munyeshyuri.

2. Gushaka igiteranyo k'ikinyuranyo k'imyanya bwikube kabiri

$\Sigma\, d^2 = 4 + 4 + 0 + 2.25 + 0.25 + 0.25 + 0$
$\Sigma\, d^2 = 11$

3. Mu kubara, turakoresha inzira ihinnye ikurikira:

$$r_s = 1 - \frac{6\,\Sigma\, d^2}{n(n^2 - 1)}$$

4. Gusimbuza $\Sigma\, d^2$ agaciro kayo nk'uko twagashatse ku ntambwe ya kabiri. Tuzi ko itsinda nkeshwamakuru rigizwe n'abanyeshuri 8. Ni ukuvuga ko n = 8. Turasimbuza rero "n" agaciro kayo maze dushake agaciro ka r_s.

$$r_s = 1 - \frac{6*11}{8(8^2 - 1)}$$
$$r_s = 1 - \frac{66}{8(64 - 1)}$$
$$r_s = 1 - \frac{66}{504}$$
$$r_s = 1 - 0.130952$$
$$r_s = 0.869048$$
$$r_s = 0.87$$

5. Iyo tumaze kubona ingano ya r_s, duhita dushaka ingano ya « t ». Turayishaka twifashishije inzira ihinnye ikurikira:

$$t_0 = r_s \sqrt{\frac{n - 2}{1 - r_s^2}}$$

6. Twibuke ko muri urwo rugero rwo hejuru, dufite abanyeshuri 8. Ubwo turayibara ku buryo bukurikira:

$$t_0 = 0.87 \sqrt{\frac{8 - 2}{1 - 0.87^2}}$$
$$t_0 = 0.87 \sqrt{\frac{6}{1 - 0.7569}}$$
$$t_0 = 0.87 \sqrt{\frac{6}{0.2431}}$$

$$t_0 = 0.87 \sqrt{24.6812}$$
$$t_0 = 0.87 * 4.968018$$
$$t_0 = 4.322176$$
$$t_0 = 4.3$$

7. Mu kubara ingano ya r_s, dushaka n'igipimo cy'ubwigenge kiradufasha kugereranya t_0 twabaze na t ngenderwaho yo mu mbonerahamwe (yanditse mu gitabo). *Igipimo cy'ubwigenge* (degree of freedom) mu isesengura ry'imfatashusho ebyiri bagishaka bakurikije iyi nzira ihinnye:
$$df = (n - 2)$$
$$df = 8 - 2$$
$$df = 6$$

8. Agaciro ka r_s, aka t_0 n'aka df turakazi, ubu rero dushobora gusubiza cya kibazo cy'ubushakashatsi twibajije tugitangira kigira, kiti *"Ese haba hari isano hagati y'ibyiciro by'amanota abanyeshuri bagize mu Kinyarwanda no mu mibare?"* Turagereranya t twashatse (*to*) na t ngenderwaho ku gipimo cy'ubwigenge (*df*) cya 6. Dore t ngenderwaho zabazwe na Field (2005, p.755) akoresheje SPSS 11:

Imbonerahamwe: Agaciro ngenderwaho ka T				
Isuzuma ry'imijyo ibiri (Two-Tailed Test)			Isuzuma ry'Umujyo Umwe (One-Tailed Test)	
df	.05	.01	.05	.01
1	12.71	63.66	6.31	31.82
2	4.30	9.92	2.92	6.96
3	3.18	5.85	2.35	4.54
4	2.78	4.60	2.13	3.75
5	2.57	4.03	2.02	3.36
6	2.45	3.71	1.94	3.14
7	2.36	3.50	1.89	3.00
8	2.31	3.36	1.86	2.90
9	2.26	3.25	1.83	2.82
10	2.23	3.17	1.81	2.76
11	2.20	3.11	1.80	2.72
12	2.18	3.05	1.78	2.68
13	2.16	3.01	1.77	2.65

Aho byavuye: Field (2005, p.755)

9. *Umwanzuro*:

> Biragaragara rero ko hari isano rizamuka (r_s = 0.87) hagati y'ibyiciro by'amanota y'Ikinyarwanda n'ay'imibare, t (6) = 4.32, p < .01. Ibi bivuze ko kugira amanota yo mu kiciro cyo hejuru mu Kinyarwanda bifitanye isano no kigira amanota yo mu kiciro cyo hejuru mu mibare.

Isesengura ry'isano riri hagati y'imfatashusho ebyiri ukoresheje isano rya Pearson r

Isano rya Pearson *r* ni ryo rikunda gukoreshwa cyane mu ibarurishamibare kugira ngo hagaragazwe igipimo k'isano hagati y'imfatashusho ebyiri. Tugomba kwibuka ko kuba hari isano hagati y'imfatashusho A n'imfatashusho B bitavuze ko A ituma habaho B cyangwa ko B iterwa na A (causation). Oya rwose, si cyo bivuga. Ahubwo bivuze ko bifitanye isano gusa. Iri sano rikoreshwa iyo imfatashusho ebyiri zifite *agaciro mubare* k'ibipimo by'intera (interval scale) cyangwa by'ibigereranyo (ratio scale, i.e. continuous). Reka dufate ingero.

- Turifuza kumenya niba hari isano hagati y'amanota umunyeshuri yagize mu isomo ry'imibare (imfatashusho "*x*") n'amanota yagize mu myitwarire (imfatashusho "*y*"). Turifuza kumenya niba hari isano hagati y'izo mfatashusho zombi, uburemere bw'iryo sano ndetse n'ikerekezo cyaryo.

- Dushaka kumenya niba hari isano hagati y'imyaka y'abantu nkeshwamakuru n'umubare w'amafaranga binjiza.

Reka dufate urugero rwa mbere. Dufite abanyeshuri 10. Buri wese yahawe amanota mu isomo ry'imibare, ahabwa n'amanota ajyanye n'imyitwarire ku ishuri. Turibaza niba hari isano riri hagati y'amanota abanyeshuri bagize mu mibare n'ayo bagize mu myitwarire. Mu yandi magambo, turibaza niba abanyeshuri bagize amanota menshi mu mibare ari na bo bagira menshi mu myitwarire cyangwa se niba ntaho bihuriye. Kugira ngo tugaragaze iri sano, turifashisha inzira ihinnye ikurikira:

$$r = \frac{\Sigma(x - \bar{x})(y - \bar{y})}{\sqrt{\Sigma(x - \bar{x})^2 \Sigma(y - \bar{y})^2}}$$

Twifashishije iyi mbonerahamwe kugira ngo tubone igisubizo:

Umutangamakuru	Isomo ry'Imibare (x)	Isomo ry'Imyifatire (y)	$(x-\bar{x})$	$(y-\bar{y})$	$(x-\bar{x})(y-\bar{y})$	$(x-\bar{x})^2$	$(y-\bar{y})^2$
1	16	78	-0.6	3.6	-2.2	0.36	12.96
2	15	71	-1.6	-3.4	5.4	2.56	11.56
3	13	70	-3.6	-4.4	15.8	12.96	19.36
4	24	88	7.4	13.6	100.6	54.76	184.96
5	16	78	-0.6	3.6	-2.2	0.36	12.96
6	18	66	1.4	-8.4	-11.8	1.96	70.56
7	19	75	2.4	0.6	1.4	5.76	0.36
8	13	74	-3.6	-0.4	1.4	12.96	0.16
9	14	75	-2.6	0.6	-1.6	6.76	0.36
10	18	69	1.4	-5.4	-7.6	1.96	29.16
	$\bar{x} = 16.6$	$\bar{y} = 74.4$			$\Sigma = 99.6$	$\Sigma = 100.4$	$\Sigma = 342.4$

Dore uko tubikora:

Igikorwa 1: Guteranya imibare yose uko itondetse mu nkingi ya *x* ari yo manota y'isomo ry'imibare:

$$\Sigma x = 16+15+13+24+16+18+19+13+14+18$$
$$\Sigma x = 116$$

Kugira ngo tubone impuzandengo y'amanota y'imibare, tugomba kugabanya igiteranyo cyayo n'umubare w'abanyeshuri:

$$\bar{x} = \frac{116}{10} = 16.6$$

Ibyo twakoze ku isomo ry'imibare turongera tukabikora ku isomo ry'imyifatire dukurikije uko amanota atondetse mu nkingi ya *y*:

$$\Sigma y = 78+71+70+88+78+66+75+74+75+69$$
$$\Sigma y = 744$$

Kugira ngo tubone impuzandengo y'amanota y'imyifatire, tugomba kugabanya igiteranyo cyayo n'umubare w'abanyeshuri:

$$\bar{y} = \frac{744}{10} = 74.4$$

Igikorwa 2: Turafata amanota buri munyeshuri yabonye muri buri kiciro (imibare n'imyitwarire) tuyakuremo impuzandengo ijyanye na buri kiciro. Ibi tubikora kuri buri munyeshuri.

Urugero: Umunyeshuri wa mbere uri ku rubariro, yabonye amanota 16 mu isomo ry'imibare. Reka tumushakire $(x - \bar{x})$.

$(x - \bar{x}) = 16 - 16.6 = -0.6$

Umunyeshuri wa kabili yabonye 15 muri iryo somo ry'imibare. Nawe reka tumushakire $(x - \bar{x})$.

$(x - \bar{x}) = 15 - 16.6 = -1.6$

Reka dukomezanye n'aba banyeshuri babiri ariko noneho twimukire mu isomo ry'imyifatire. Turafata amanota babonye dukuremo impuzandengo y'isomo ry'imyifatire. Ku munyeshuri uri ku rubariro rwa mbere turamushakira $(y - \bar{y})$:

$(y - \bar{y}) = 78 - 74.4 = 3.6$

Naho kuri wa munyeshuri wundi uri ku rubariro rwa kabiri, na we tumushakire $(y - \bar{y})$:

$(y - \bar{y}) = 71 - 74.4 = -3.4$

Buri munyeshuri tumushakira $(x - \bar{x})$ ndetse na $(y - \bar{y})$ nk'uko bigaragara muri iyi mbonerahamwe ikurikira:

Umutangamakuru	Isomo ry'Imibare (x)	Isomo ry'Imyifatire (y)	$(x-\bar{x})$	$(y-\bar{y})$
1	16	78	16 - 16.6 = -0.6	78 - 74.4 = 3.6
2	15	71	15 - 16.6 = -1.6	71 - 74.4 = -3.4
3	13	70	13 - 16.6 = -3.6	70 - 74.4 = -4.4
4	24	88	24 - 16.6 = 7.4	88 - 74.4 = 13.6
5	16	78	16 - 16.6 = -0.6	78 - 74.4 = 3.6
6	18	66	18 - 16.6 = 1.4	66 - 74.4 = -8.4
7	19	75	19 - 16.6 = 2.4	75 - 74.4 = 0.6
8	13	74	13 - 16.6 = -3.6	74 - 74.4 = -0.4

Umutangamakuru	Isomo ry'Imibare (x)	Isomo ry'Imyifatire (y)	(x-$\bar{x}$)	(y-$\bar{y}$)
9	14	75	14 - 16.6 = -2.6	75 - 74.4 = 0.6
10	18	69	18 - 16.6 = 1.4	68 - 74.4 = -5.4
	$\bar{x}$ = 16.6	$\bar{y}$ = 74.4		

Igikorwa 3: Iyo turangije igikorwa cya kabiri, dushaka ($x - \bar{x}$) ($y - \bar{y}$) kuri buri munyeshuri. Bivuze ko dukuba igisubizo twagiye tubona hejuru kuri buri munyeshuri.

Urugero: Umunyeshuri wa mbere turamushakira ($x - \bar{x}$) ($y - \bar{y}$)

$$(x - \bar{x})(y - \bar{y}) = (-0.6)(3.6) = -2.2$$

Umunyeshuri wa kabiri na we reka tumushakire ($x - \bar{x}$) ($y - \bar{y}$)

$$(x - \bar{x})(y - \bar{y}) = (-1.6)(-3.4) = 5.4$$

Ibi tubikora kuri buri munyeshuri nk'uko bigaragara mu mbonerahamwe ikurikira:

Umutangamakuru	(x-$\bar{x}$)	(y-$\bar{y}$)	(x-$\bar{x}$) (y-$\bar{y}$)
1	-0.6	3.6	-0.6 × 3.6 = -2.2
2	-1.6	-3.4	-1.6 × -3.4 = 5.4
3	-3.6	-4.4	-3.6 × -4.4 = 15.8
4	7.4	13.6	7.4 × 13.6 = 100.6
5	-0.6	3.6	-0.6 × 3.6 = -2.2
6	1.4	-8.4	1.4 × -8.4 = -11.8
7	2.4	0.6	2.4 × 0.6 = 1.4
8	-3.6	-0.4	-3.6 × -0.4 = 1.4
9	-2.6	0.6	-2.6 × 0.6 = -1.6
10	1.4	-5.4	1.4 × -5.4 = -7.6
			Σ = 99.6

Igikorwa 4: Duteranya $(x - \bar{x})$ $(y - \bar{y})$ ku banyeshuri 10. Biraduha:

$\Sigma = (x - \bar{x})(y - \bar{y}) = (-2.2) + (5.4) + (15.8) + (100.6) + (-2.2) + (-11.8) + (1.4) +$
$(1.4) + (-1.6) + (-7.6)$

$\Sigma = (x - \bar{x})(y - \bar{y}) = 99.6$

Uyu ukaba ari na wo mubare turakoresha muri ya nzira ihinnye. Uyu ni wo mubare ungana n'igice cyo hejuru k'inzira ihinnye yacu (numerator).

Igikorwa 5: Hakurikiraho gufata $(x - \bar{x})$ na $(y - \bar{y})$ tukabihinduramo $(x - \bar{x})^2$ na $(y - \bar{y})^2$. Twibukiranye ko $(x - \bar{x})^2 = (x - \bar{x})$ gukuba na $(x - \bar{x})$. Iyo tubikoze tubona imbonerahamwe ikurikira:

Umutangamakuru	$(x-\bar{x})$	$(x-\bar{x})^2$
1	-0.6	-0.6 × -0.6 = 0.36
2	-1.6	-1.6 × -1.6 = 2.56
3	-3.6	-3.6 × -3.6 = 12.96
4	7.4	7.4 × 7.4 = 54.76
5	-0.6	-0.6 × -0.6 = 0.36
6	1.4	1.4 × 1.4 = 1.96
7	2.4	2.4 × 2.4 = 5.76
8	-3.6	-3.6 × -3.6 = 12.96
9	-2.6	-2.6 × -2.6 = 6.76
10	1.4	1.4 × 1.4 = 1.96
		Σ = 100.4

Hanyuma tugateranya ibyo twabonye:

$\Sigma (x - \bar{x})^2 = 0.36 + 2.56 + 12.96 + 54.76 + 0.36 + 1.96 + 5.76 + 12.96 + 6.76 +$
1.96

$\Sigma (x - \bar{x})^2 = 100.4$

Ibi tubikora no kuri $(y - \bar{y})^2$ ingana na $(y - \bar{y})$ gukuba na $(y - \bar{y})$. Iyo tubikoze tubona imbonerahamwe ikurikira:

Umutangamakuru	$(y-\bar{y})$	$(y-\bar{y})^2$
1	3.6	$(3.6 \times 3.6) = 12.96$
2	-3.4	$(-3.4 \times -3.4) = 11.56$
3	-4.4	$(-4.4 \times -4.4) = 19.36$
4	13.6	$(13.6 \times 13.6) = 184.96$
5	3.6	$(3.6 \times 3.6) = 12.96$
6	-8.4	$(-8.4 \times -8.4) = 70.56$
7	0.6	$(0.6 \times 0.6) = 0.36$
8	-0.4	$(-0.4 \times -0.4) = 0.16$
9	0.6	$(0.6 \times 0.6) = 0.36$
10	-5.4	$(-5.4 \times -5.4) = 29.16$
		$\Sigma = 342.4$

$\Sigma (y-\bar{y})^2 = 12.96 + 11.56 + 19.36 + 184.96 + 12.96 + 70.56 + 0.36 + 0.16 + 0.36 + 29.16$

$\Sigma (y-\bar{y})^2 = 342.4$

Tumaze kubona igice cyo hasi k'inzira ihinnye yacu (denominator).

Igikorwa 6: Tugarutse kuri bwa buryo bw'inzira ihinnye yacu budufasha kubona isano ryaba riri hagati y'amanota y'imibare n'ay'imyifatire, turasimbuza buri gice agaciro kacyo:

$$r = \frac{\Sigma(x-\bar{x})(y-\bar{y})}{\sqrt{\Sigma(x-\bar{x})^2 \Sigma(y-\bar{y})^2}}$$

$$r = \frac{99.6}{\sqrt{100.4 \times 342.4}}$$

$$r = 0.537$$

Kugira ngo tumenye igisobanuro cy'agaciro ka r no kugira ngo dusubize ikibazo twibajije haruguru, turifashisha ibipimo bikurikira:

- −1: Hari isano ryuzuye rihakana.
- −0.70: Hari isano rikomeye rihakana.
- −0.50: Hari isano riri mu rugero rihakana.
- −0.30: Hari isano ry'intege nke rihakana.

- 0: Nta sano rihari.
- +0.30: Hari isano ry'intege nke ryemeza.
- +0.50: Hari isano riri mu rugero ryemeza.
- +0.70: Hari isano rikomeye ryemeza.
- +1: Hari isano ryuzuye ryemeza.

Umwanzuro: Isano ya Pearson r ni isano ifite agaciro kari hagati ya −1 na +1. Yerekana uburemere n'ikerekezo by'isano hagati y'imfatashusho ebyiri. *Urugero twafashe muri uyu mutwe rwagaragaje ko r ifite agaciro kangana na 0.537. Uyu ni umubare wemeza. Bivuze ko hari isano yemeza iri mu rugero hagati y'amanota abanyeshuri babona mu mibare n'ayo babona mu myitwarire. Muri make, iyo amanota yo mu mibare yiyongereye, amanota yo mu myitwarire nayo ariyongera ku kigero kimwe. Mu yandi magambo, abanyeshuri bafite amanota menshi mu mibare nibo bagira amanota menshi mu myitwarire.*

Ntitwagombye kwibagirwa ko muri uru rugero twatanze, itsinda nkeshwamakuru ryari rigizwe n'abantu 10 gusa. Birushaho kuba byiza iyo isano rya Pearson ishatswe hakoreshejwe itsinda nkeshwamakuru rigizwe n'abantu barenze icumi.

Isesengura ry'impinduka iri hagati y'amatsinda nkeshwamakuru yigenga

Isesengura rya Mann-Whitney (soma Mani Witine) – Imfatashusho z'uruhererekane (ordinal variables)

Ibisubizo by'ibibazo twabajije ku bipimo by'inkurukirane (ordinal scale) dushobora kubisesengura tugereranya amatsinda y'abahungu n'abakobwa. Icyo gihe, turifashisha isesengura rya **Mann-Whitney** (soma Mani Witine) ari ryo bita mu rurimi rw'Icyongereza "**Mann-Whitney U Test**".

Ikibazo cy'ubushakashatsi turaba dushaka gusubiza ni iki: *"Ese hari itandukaniro hagati y'abahungu n'abakobwa mu byiciro by'amanota bagize mu isomo ry'Ikinyarwanda?"*

Twibukiranye ko icyo kibazo kibajije kuri ubu buryo:

Ni ikihe kiciro cy'amanota wagize mu kizamini cya Leta mu Kinyarwanda?	Ikiciro A (90- 100%)	
	Ikiciro B (80 - 89%)	
	Ikiciro C (70 - 79%)	
	Ikiciro D (60 - 69%)	

Dore rero inzira ihinnye ikoreshwa mu isesengura ry'isuzuma rya U rya Mann-Whitney:

$$U_1 = n_1 n_2 + \frac{n_1(n_1 + 1)}{2} - R_1$$

$$U_2 = n_1 n_2 + \frac{n_2(n_2 + 1)}{2} - R_2$$

u_1 = Igipimo cya U cya Mann-Whitney mu itsinda rya 1
u_2 = Igipimo cya U cya Mann-Whitney mu itsinda rya 2
n_1 = Umubare w'abagize itsinda nkeshwamakuru rya 1
n_2 = Umubare w'abagize itsinda nkeshwamakuru rya 2
R_1= Igiteranyo k'imyanya y'ibyiciro by'amanota y'itsinda rya 1
R_2 = Igiteranyo k'imyanya y'ibyiciro by'amanota y'itsinda rya 2

Abakobwa	Abahungu	Umwanya w'ikiciro cy'amanota y'abakobwa	Umwanya w'ikiciro cy'amanota y'abahungu
4	2	16	6
3	3	11.5	11.5
4	1	16	2
2	1	6	2
3	2	11.5	6
1	3	2	11.5
3	2	11.5	6
4	3	16	11.5
	2		6
		R_1 = 90.5	R_2 = 62.5

Uko babara umwanya w'ikiciro cy'amanota y'umunyeshuri: ni uguhera ku mubare muto ukabara inshuro zose uwo mubare wisubiramo mu matsinda yombi. Ubara uhereye ku wa mbere. Umwanya ukurikiyeho, ubara uhereye ku mubare warangirijeho ubara ku mwanya uwubanjirije. Umwanya uba ari *umubare uri hagati* (median) iyo umubare w'abafite uwo mwanya ari igiharwe.

Ingero: abafite amanota ari mu kiciro cya 1 ni batatu, ubwo ni ukubara 1, 2, 3. Umubare uri hagati ni 2. Umwanya ukurikiyeho ni uw'abagize amanota ari mu kiciro cya 2. Turabara umwanya wabo duhereye kuri 4. Bose hamwe ni 5. Ubwo turabara 4, 5, 6, 7, 8. Umubare wo hagati ni 6.

Naho iyo abagize ikiciro cy'amanota runaka batari igiharwe, icyo gihe, uteranya imibare ibiri yo hagati, maze icyo giteranyo ukakigabanya na 2.

Urugero : umubare w'abanyeshuri bagize amanota ari mu kiciro cya 3 ni 6. Turabara umwanya wabo kuri ubu buryo : 9, 10, 11, 12, 13, 14. Kugira ngo tumenye umubare uri hagati, turafata 11 + 12 maze tugabanye 2. Ni ukuvuga ko umwanya w'abagize amanota yo mu kiciro cya 3 ari 11.5.

Reka noneho dushake agaciro ka U_1 n'aka U_2.

$$U_1 = n_1 n_2 + \frac{n_1(n_1 + 1)}{2} - R_1$$

$$U_1 = 8 * 9 + \frac{8(8 + 1)}{2} - 90.5$$

$$U_1 = 72 + \frac{72}{2} - 90.5$$

$$U_1 = 72 + 36 - 90.5$$

$$U_1 = 108 - 90.5$$

$$U_1 = 17.5$$

$$U_2 = n_1 n_2 + \frac{n_2(n_1 + 1)}{2} - R_1$$

$$U_2 = 8 * 9 + \frac{9(9 + 1)}{2} - 62.5$$

$$U_2 = 72 + \frac{90}{2} - 62.5$$

$$U_2 = 72 + 45 - 62.5$$

$$U_2 = 117 - 62.5$$

$$U_1 = 54.5$$

Mu isensengura rya U rya Mann-Whitney turafata U ntoya kurusha indi ari yo $U_1 = 17.5$ maze abe ari yo tugereranya na U ngenderwaho yo mu mbonerahamwe ($U = 19$) ku gipimo cya p < .05.

Mu gusubiza rero cya kibazo cy'ubushakashatsi, *"Ese hari itandukaniro riri hagati y'abahungu n'abakobwa mu byiciro by'amanota bagize mu isomo ry'Ikinyarwanda?"* Turabona ko mu banyeshuri 8 bakorewe izuzumbabumenyi, abakobwa ari bo bafite amanota yo hejuru kurusha bagenzi babo b'abahungu, $U_1 = 17.5$, p < .05.

Imfatashusho zigenga (independent variables)

Aha turashaka kwifashisha urugero rw'ibipimo by'uburebure bw'abana bafite imyaka irindwi biga mu mashuri abanza. Ikibazo cy'ubushakashatsi dushaka gukemura ni iki:

Ese haba hari itandukaniro hagati y'abahungu n'abakobwa b'imyaka irindwi mu mikurire yabo y'uburebure?

Kugira ngo dusubize iki kibazo, turifashisha inzira ihinnye ikurikira:

$$t_0 = \frac{\bar{x}_1 - \bar{x}_2}{\sqrt{\dfrac{s_1^2}{n_1} + \dfrac{s_2^2}{n_2}}}$$

Sx = Inkinyuranyo ngenderwaho
$\bar{x}_1$ = Impuzandengo y'itsinda nkeshwamakuru rya 1
$\bar{x}_2$ = Impuzandengo y'itsinda nkeshwamakuru rya 2
n_1 = Umubare w'abagize itsinda nkeshwamakuru rya 1
n_2 = Umubare w'abagize itsinda nkeshwamakuru rya 2

Kugira ngo dushobore gushaka t_0, biragaragara ko tubanza gushaka *mutana* (standard devision): Sx. Iyo Sx turayishaka dukoresheje iyi nzira ihinnye:

$$s_x = \sqrt{\frac{\Sigma(x - \bar{x})^2}{n - 1}}$$

Uburebure bw'abana b'imyaka 7 muri cm					
Abakobwa	Abahungu	$x_1 - \bar{x}_1$	$(x_1 - \bar{x}_1)^2$	$x_2 - \bar{x}_2$	$(x_2 - \bar{x}_2)^2$
80	120	-19	361	10	100
100	130	1	1	20	400
120	100	21	441	-10	100
125	140	26	676	30	900
90	80	-9	81	-30	900
95	90	-4	16	-20	400
85	110	-14	196	0	0
$\Sigma\frac{x}{n}$ = 99	$\Sigma\frac{x}{n}$ = 110		$\Sigma (x_1 - \bar{x}_1)^2$ = 1,772		$\Sigma (x_2 - \bar{x}_2)^2$ = 2,800

Iyi mbonerahamwe iradufasha kubara s_1^2 na s_2^2 kuri ubu buryo:

$$s_x = \sqrt{\frac{\Sigma(x - \bar{x})^2}{n - 1}}$$

$$s_1 = \sqrt{\frac{1\,772}{7 - 1}}$$

$$s_1 = \sqrt{\frac{1\,772}{6}}$$

$$s_1 = \sqrt{295}$$

$$s_1^2 = 295$$

$$s_2 = \sqrt{\frac{2\,800}{7 - 1}}$$

$$s_2 = \sqrt{\frac{2\,800}{6}}$$

$$s_2 = \sqrt{467}$$

$$s_2^2 = 467$$

Twiyibutse ko ikibazo cy'ubushakashatsi turi gushaka gusubiza ari iki gikurikira: *"Ese hari itandukaniro hagati y'abahungu n'abakobwa b'imyaka irindwi mu mikurire yabo y'uburebure?"* Tugiye rero kubara *to* ari yo iradufasha kugereranya na *t* ngenderwaho yo mu mbonerahamwe kugira ngo tumenye niba hari itanduka hagati y'abo bana.

$$t_0 = \frac{\bar{x}_1 - \bar{x}_2}{\sqrt{\frac{s_1^2}{n_1} + \frac{s_2^2}{n_2}}}$$

$$t_0 = \frac{99 - 110}{\sqrt{\frac{295}{7} + \frac{467}{7}}}$$

$$t_0 = \frac{-11}{\sqrt{42 + 67}}$$

$$t_0 = \frac{-11}{10.43}$$

$$t_0 = -1.05$$

Mu gushaka isano riri hagati y'amatsina nkeshwamakuru yigenga, turabanza tugaragaze igipimo cy'ubwigenge dukoresheje inzira ihinnye ikurikira:

$$df = n_1 + n_2 - 2$$
$$df = 7 + 7 - 2$$
$$df = 12$$

Igisigaye rero ni ukugereranya ingano ya *to* twabaze ugereranyije na *t* ngenderwaho yo mu mbonerahamwe ku gipimo cy'ubwigenge kingana na 12. Turabirebera mu mbonerahamwe ikurikira ari na yo twakoresheje mu gushaka isano ry'umwanya rya Spearman (*rs*):

Imbonerahamwe: Agaciro ngenderwaho ka T

df	Isuzuma ry'Imijyo Ibiri (Two-Tailed Test)		Isuzuma ry'Umujyo Umwe (One-Tailed Test)	
	.05	.01	.05	.01
1	12.71	63.66	6.31	31.82
2	4.30	9.92	2.92	6.96
3	3.18	5.85	2.35	4.54
4	2.78	4.60	2.13	3.75
5	2.57	4.03	2.02	3.36
6	2.45	3.71	1.94	3.14
7	2.36	3.50	1.89	3.00
8	2.31	3.36	1.86	2.90
9	2.26	3.25	1.83	2.82
10	2.23	3.17	1.81	2.76
11	2.20	3.11	1.80	2.72
12	2.18	3.05	1.78	2.68
13	2.16	3.01	1.77	2.65

> *Ese hari itandukaniro hagati y'abahungu n'abakobwa b'imyaka irindwi mu mikurire yabo mu burebure? Igisubizo ni oya, nta tandukaniro ry'igikuriro cy'uburebure hagati y'abakobwa n'abahungu b'imyaka irindwi, t(12) = - 1.05, p <.05.*

Biragaragara mu mbonerahamwe yo hejuru ko agaciro ka $t = 1.78$ ku gipimo cya p <.05 karuta aka *to* = −1.05 twabaze.

Isesengura ry'impinduka iri imbere mu itsinda (Amatsinda nkeshwamakuru ngengwa / dependent samples)

Isano ry'umwanya ushingiye ku bimenyetso ya Wilcoxon (Wilcoxon signed rank test)

Ubu ni bumwe mu buryo bwo gusesengura amakuru nyamubaro bukunze gukoreshwa cyane mu ibarurishamibare ry'ibipimo bidasumbanya agaciro. Isano ry'umwanya ushingiye ku bimenyetso ("+" cyangwa "-") rya Wilcoxon (soma "Wilikogusoni") ryita ku manota cyangwa ibipimo buri muntu umwe umwe yagize mu bihe bitandukanye ndetse no ku itandukana ry'ibimenyetso by'ikinyuranyo cy'ayo manota cyangwa ibyo bipimo. Birumvikana ko n'ingano y'ikinyuranyo yitabwaho. Isano ry'umwanya ushingiye ku bimenyetso rya Wilcoxon risobanurwa neza na Sullivan (2017) kandi yifashishishije ingero zifatika.

Reka twifashishe urugero kugira ngo turisobanure neza. Abanyeshuri 8 bakoze ikizamini kimwe inshuro ebyiri, mbere y'isomo na nyuma y'isomo. Ibi bishatse kuvuga ko ikizamini kimwe cyakoreshejwe abanyeshuri bamwe inshuri ebyiri. Dore amanota abanyeshuri bagize muri ibyo bihe byombi.

Umunyeshuri	Ikiciro cy'amanota mbere y'isomo	Ikiciro cy'amanota nyuma y'isomo
1	2	3
2	3	3
3	1	3
4	1	2
5	2	4
6	3	3
7	2	3
8	2	4

Ubu rero, tugiye kubara ikinyuranyo cy'amanota buri munyeshuri yagize, mbere na nyuma y'isomo.

Umunyeshuri	Ikiciro cy'amanota mbere y'isomo	Ikiciro cy'amanota nyuma y'isomo	Ikinyuranyo cy'amanota ya mbere na nyuma y'isomo
1	2	3	-1
2	3	3	0
3	1	3	-2
4	1	2	-1
5	2	4	-2
6	3	3	0
7	2	3	-1
8	2	4	-2

Igikurikiraho ni ugushyira umwanya w'ibinyuranyo by'amanota ya mbere na nyuma y'isomo ariko utitaye ku bimenyetso (absolute values). Umubare muto uragira umwanya wa mbere, ugakomeza uko imibare igenda isumbana kugera ku wa nyuma. Iyo ibinyuranyo binganya agaciro utitaye ku bimenyetso byabyo, urabiteranya ukabara impuzandengo akaba ari yo iba umwanya wayo (mean rank). Iyo hari ibinyuranyo bibiri bingana na zero, impuzandengo ya mbere uyiha ikimenyetso cya "–" indi ukayiha icya "+". Iyo amazeru ari atatu cyangwa se igiharwe, imwe urayisiba.

Ikinyuranyo cy'amanota ya mbere na nyuma y'isomo	Gukurikiranya ibinyuranyo by'amanota uko birutana utitaye ku bimenyetso	Umwanya w'ikinyuranyo cy'amanota
-1	0	1.5
0	0	1.5
-2	-1	4
-1	-1	4
-2	-1	4
0	-2	7
-1	-2	7
-2	-2	7

Igikurikiyeho rero ni uguha ikimenyetso ("+" cyangwa "-") imyanya y'ikinyuranyo cy'amanota urebeye ku kimenyetso kiri ku kinyuranyo cy'amanota ya mbere na nyuma y'isomo.

Ikinyuranyo cy'amanota ya mbere na nyuma y'isomo	Gukurikiranya ibinyuranyo by'amanota uko birutana utitaye ku bimenyetso	Umwanya w'ikinyuranyo cy'amanota	Ikinyuranyo cy'amanota gifite ikimenyetso bijyanye
-1	0	1.5	1.5
0	0	1.5	-1.5
-2	-1	4	-4
-1	-1	4	-4
-2	-1	4	-4
0	-2	7	-7
-1	-2	7	-7
-2	-2	7	-7

Kuri uru rugero twakoresheje, mu gushaka isano ry'umwanya rishingiye ku bimenyetso rya Wilcoxon, turifashisha igipimo cyo hagati mu binyuranyo by'amanota ya mbere na nyuma y'isomo.

- **H0: Inkeneragihamya ntacyahindutse**: Igipimo cyo hagati mu binyuranyo by'amanota ya mbere na nyuma y'isomo ni 0 ugereranyije na
- **H1: Inkeneragihamya y'ubushakashatsi**: Igipimo cyo hagati mu binyuranyo by'amanota ya mbere na nyuma y'isomo gifite ikimenyetso "+", α = .05.

Isuzuma ry'ibarurishamibare ry'isano ry'umwanya rishingiye ku bimenyetso rya Wilcoxon ryubakiye kuri "W" igaragazwa n'ingano nto kurusha indi hagati ya "W+" (igiteranyo k'imyanya y'ibipimo cyangwa y'amanota bifite ikimenyetso cya "+") na "W-" (igiteranyo k'imyanya y'ibipimo cyangwa y'amanota bifite ikimenyetso cya "-"). *Niba "W+" ingana na "W-" ni ukuvuga ko inkeneragihamya Ho ari ukuri. Byaba bivuze ko ntacyahindutse.*

Nko mu rugero twakoresheje hejuru W+ = +1.5 naho W- = +34.5 (Ntabwo twita ku bimenyetso). Buri gihe igiteranyo k'imyanya kingana na *n(n+1)/2* (tutitaye ku bimenyetso). Mu rugero twakoresheje ni ukuvuga ko igiteranyo k'imyanya turakibona dutya: 8(9)/2= 36. Iki giteranyo rero kigomba kuba kingana na 1.5 + 34.5 = 36. Ubwo rero isuzuma ry'ibarurishamibare ni W = 1.5. Twibukiranye ko "W" igaragazwa n'ingano nto cyangwa se umubare muto kurusha indi hagati ya "W+" na "W-".

Igisigaye rero ni ugushaka gihamya igaragaza niba W ishigikira "inkeneragihamya ntacyahindutse" (H$_o$) cyangwa "inkeneragihamya y'ubushakashatsi" (H$_1$)

148

tugereranyije na W ngenderweho. Umubare w'abagize itsinda ngenderwaho na wo turawureberaho (n = 8). Turakoresha **isuzuma ry'umujyo umwe (One-tailed test)** ku rwego rw'ubwemerwe rwa $\alpha = .05$.

Mu rugero twakoresheje, W ngenderwaho ni 5 ari byo bivuze ko "inkeneragihamya ntacyahindutse (H_o) turayireka" niba W $\leq$ 5. Ni ukuvuga ko H_o turayireka kuko 1.5 $\leq$ 5. *Ibi bisobanuye ko abanyeshuri bateye imbere mu myumvire ku buryo bugaragara ku kigero cya $\alpha = .05$ mu isuzuma ryasubiwemo.*

Umwanzuro

Hari uburyo bwinshi bwo gusesengura amakuru nyamubaro. Muri uyu mutwe twatoranyije bumwe muri bwo kandi twerekana uko umushakashatsi ashobora kubukoresha atifashishije ikoranabuhanga rihanitse. Mu macapwa y'iki gitabo azakurikiraho, dushobora kuzagenda twongeramo ubundi buryo bwisumbuyeho bwo gusesengura amakuru nyamubaro hakoreshejwe ikoranabuhanga. Mu bihe bizaza kandi tuzarushaho guha umwanya uburyo bwo gutara, gukosora no gushyira ku murongo amakuru nyamubaro kugira ngo umushakashatsi ashobore kuyasesengura. Ni ngombwa ko umushakashatsi ashobora gusoma amakuru nyamubaro, kureba atuzuye, kureba aho agiye abusana, no kuyatandukanya n'ay'impfabusa. Umushakashatsi kandi arasabwa gutunganya amakuru, kuyandika no kuyagaragaza ku buryo busobanutse kandi bwumvikana. Ibyo byose bituma umushakashatsi ashobora kuyasesengura, kuyabarura, kuyasobanura mu magambo, kuyagereranya n'andi yavuye ahandi no kuyashyira mu byiciro. Ni ngombwa kandi ko umushakashatsi ashobora kwerekana amakuru nyamubaro ku buryo bworohereza uyasoma guhita ayabona kandi ayumva. Ashobora gukoresha imbonerahamwe, ibishushanyo n'ibindi.

Mu magambo make, mu buryo twibanzeho bushobora gukoreshwa mu gusesengura amakuru nyamubaro, umushakashatsi akwiye kuzirikana izi ngingo z'ingenzi:

Isuzuma rya χ^2

Muri iki gitabo twakoresheje isuzuma rya χ^2 mu isesengura ry'imfatashusho ebyiri mu matsinda nkeshwamakuru abiri cyangwa menshi yigenga.

- **Inkeneragihamya ntacyahindutse**: *Ho*: ivuga ko ntacyahindutse ku mfatashusho runaka hagati y'amatsinda nkeshwamakuru.

- **Isuzuma ry'ibarurishamibare**: Ubushakashatsi bwagaragaje ko kugira ngo umushakashatsi amenye ko hari itandukaniro hagati y'imfatashusho ebyiri, akoresha χ^2 ahereye ku *bwisubire bwabaruwe* (observed frequencies) n'*ubwisubire butegerejwe* (expected frequencies). Hakoreshwa iyi nzira ihinnye:

$$\chi_0^2 = \sum \frac{(O-E)^2}{E}$$

- **Itegeko rigenga umwanzuro** riterwa n'ingano y'igipimo cy'ubwigenge (degree of freedom) babara kuri ubu buryo: $df = (k-1)(r-1)$; k = Inkingi (column) na r = Urubariro (row).

- Umwanzuro ni uko tureka kwemeza Ho igihe χ_0^2 twabonye iruta χ^2 ngenderwaho yo mu mbonerahamwe ku gipimo cy'ubwigenge cyashatswe.

Gukoresha isano rs rya Spearman n'isayo r rya Pearson

Ubu buryo bukoreshwa mu gushaka isano y'ibarurishamibare iri hagati y'imfatashusho ebyiri. Isano *rs* rya Spearman rishingiye ku bipimo bidasumbanya agaciro. Isano *r* rya Pearson rikoreshwa iyo imfatashusho ebyiri zitandukanye zifite *agaciro mubare* k'*ibipimo by'intera* (interval scale) cyangwa *by'ibigereranyo* (ratio scale, i.e. continuous). Naho isano *rs* rya Spearman rikoreshwa gusa iyo izi ngingo zuzuye:

- Ibipimo by'amakuru bigomba kuba bifata amakuru y'urukurikirane (ordinal scale) cyangwa ibipimo by'intera (interval) cyangwa se by'ibigereranyo (ratio).

- Amakuru yatanzwe akusanywa inshuro ebyiri zitandukanye ku itsinda nkeshwamakuru rimwe. Ayatawe bwa mbere agereranywa n'ayakusanyijwe ku nshuro ya kabiri.

- Isano igomba kuba igenda umujyo umwe (Ni ukuvuga ko imfatashusho zombi uko ari ebyiri zishobora kwiyongera icyarimwe, cyangwa se imwe ikagenda yiyongera mu gihe indi igenda igabanuka).

Isuzuma rya U rya Mann-Whitney

- **Iri suzuma rikoreshwa** mu isesengura ry'impinduka iri hagati y'amatsinda nkeshwamakuru yigenga.
- **Inkeneragihamya ntacyahindutse**: H_o: Amatsinda yigwaho arangana.

- **Isuzuma ry'ibarurishamibare**: iryo suzuma rya Mann-Whitney ni U ntoya muri izi zombi:

$$U_1 = n_1 n_2 + \frac{n_1(n_1+1)}{2} - R_1 \text{ na } U_2 = n_1 n_2 + \frac{n_2(n_2+1)}{2} - R_2$$

- Aho R_1 ari igiteranyo k'imyanya y'ibyiciro by'amanota y'itsinda rya 1 na R_2 ikaba igiteranyo k'imyanya y'ibyiciro by'amanota y'itsinda rya 2.
- **Itegeko rigenga umwanzuro**: Kureka Ho niba U twabonye $\leq U$ ngenderwaho yo mu mbonerahamwe.

Isuzuma ry'umwanya ushingiye ku bimenyetso rya Wilcoxon

- **Iri suzuma rikoreshwa** mu isesengura ry'impinduka iri imbere mu itsinda (Amatsinda nkeshwamakuru ngengwa)
- **Inkeneragihamya ntacyahindutse**: H_0: Igipimo cyo hagati (median) mu binyuranyo by'amanota ya mbere na nyuma y'isomo kingana na 0.
- **Isuzuma ry'ibarurishamibare**: isuzuma ry'ibarurishamibare ry'isano ry'umwanya ushingiye ku bimenyetso rya Wilcoxon rishingiye kuri "W" igaragazwa n'ingano nto kurusha indi hagati ya "W+" (igiteranyo k'imyanya y'ibipimo cyangwa y'amanota bifite ikimenyetso cya "+") na "W-" (igiteranyo k'imyanya y'ibipimo cyangwa y'amanota bifite ikimenyetso cya "-").
- **Itegeko rigenga umwanzuro**: Kureka Ho niba W twabaze $\leq W$ ngenderwaho yo mu mbonerahamwe.

Indangasoko

Field, A. (2005). *Discovering statistics using SPSS. Second edition*. London: Sage Publications.

Kiatdd (2012). Examples of scatter diagrams with different values of correlation coefficient (ρ). Retrieved on 06 April 2019 https://commons.wikimedia.org/wiki/File:Correlation_coefficient.png

Moore, S. D., & McCabe, P. G. (1996). *Introduction to the practice of statistics. 5th edition*. New York: W. H. Freeman and Company.

Murdoch, J., & Barnes, J. A. (1998). *Statistical tables. 4th edition*. New York: Palgrave Macmillan.

Sullivan, L. (2017). *Nonparametric Tests*. Boston: Boston University School of Public Health. Retrieved 19 December 2018 http://sphweb.bumc.bu.edu/otlt/MPH-Modules/BS/BS704_Nonparametric/BS704_Nonparametric_print.html.

Veney, E. J. (2003). *Statistics for health policy and administration using Microsoft Excel*. San Francisco: Jossey-Bass.

UKO BANDIKA IBYAGARAGAJWE N'UBUSHAKASHATSI, ISOBANURA BWITE N'IMYANZURO

Evode Mukama, Joseph Rusanganwa, Marie Chantal Uwimana na Oliva Bazirete

Iriburiro

Iyo umushakashatsi amaze gutara amakuru ni ngombwa ko yandika mu buryo busobanutse kandi bwumvikana *ibyagaragajwe n'ubwo bushakashatsi* (findings/ results) ndetse akabisesengura. Umushakashatsi agerageza gusubiza ibi bibazo: "Mbese ko nakoze ubushakashatsi, nasanze bimeze bite?" cyangwa se "Navumbuye iki?" Kwibaza bene ibi bibazo mu kwandika ibyagaragajwe n'ubushakashatsi bifasha umushakashatsi gusubiza bya bibazo by'ubushakashatsi yibazaga kuva mu ntangiro. Kuri buri kibazo cy'ubushakashatsi agerageza kugaragaza ibimenyetso bifatika kandi bihagije cyangwa amakuru nyayo agaragaza uko gihagaze. Ibyo bimenyetso n'ayo makuru aba yabivanye mu batangamakuru cyangwa mu nyandiko yifashishije. Ese umushakashatsi yandika ibyagaragajwe n'ubushakashatsi ate? Uyu mutwe uragerageza gusubiza iki kibazo.

Uretse kwandika ibyagaragajwe n'ubushakashatsi, umushakashatsi akora *isobanura bwite* (discussion). Nk'uko twabigarutseho mu mitwe ibanza, akamaro k'ubushakashatsi ni ivumburabumenyi. Hari ibintu bitatu by'ingenzi umushakashatsi agomba kugaragaza byerekana ko hari akarusho ubushakashatsi bwe bwongereye mu bumenyi busanzwe buzwi, cyangwa se mu migendekere y'ibintu runaka: umushakashatsi agomba kugaragaza mu magambo make icyo ubushakashatsi bwagaragaje; icya kabiri, agaragaza uruhare rw'ubushakashatsi bwe mu kongera, gusobanura kurushaho cyangwa se mu kuvugurura ingingo

152

runaka mu bumenyi busanzwe buzwi; icya gatatu, agaragaza uruhare rw'ubushakashatsi bwe mu gusubiza ibibazo sosiyete yibaza, ari ibijyanye no gukora politiki zivuguruye, ari ugukora imirimo mu buryo runaka n'ibindi. Muri uyu mutwe, turasesengura uko isobanura bwite rikorwa. Hari ubwo usanga isobanura bwite rifatanye n'umwanzuro w'ubushakashatsi. Ariko hari n'ubwo umwanzuro wa raporo y'ubushakashatsi uba wanditse ukwawo. Muri uyu mutwe kandi, turagaragaza uko ushobora kwandika umwanzuro muri raporo y'ubushakashatsi.

Uko bandika ibyagaragajwe n'ubushakashatsi

Gukoresha umwandiko (text)

Akenshi na kenshi umushakashatsi atara amakuru menshi ariko si ko agomba kuyandukura yose uko yakabaye muri raporo y'ubushakashatsi. Hari ubwo abatangamakuru basubiramo kenshi ibintu bimwe. Amakuru asa kandi avuga ku nsanganyamatsiko imwe agomba kwegeranywa, agasesengurirwa hamwe kabone n'ubwo aba yavuzwe mu bihe bitandukanye. Tugiye kwifashisha ingero zifatika kugira ngo birusheho kumvikana neza. Mu gihe iki gitabo cyandikwaga, Mukama (2018b) yakoraga ubushakashatsi ku buryo urubyiruko n'abapfakazi bashobora kwihangira imirimo bafatanyije kandi babifashijwemo n'ubumenyi mu ikoranabuhanga n'itumanaho. Mu ikusanyamakuru, yakoresheje ikiganiro mu itsinda ry'abayobozi batanu b'umushinga witwa "iRebero Smart Community". Dore agace gato k'ibyagaragajwe n'ubwo bushakashatsi:

Kwiga uhereye ku bibazo uhura na byo

Mu ntangiro z'umushinga *iRebero Smart Community* hagaragayemo ingorane zitandukanye ariko izo ngorane zabaye imbarutso z'amasomo arambye. Ingorane ya mbere: abagize ubuyobozi bw'umushinga bemeza ko abagenerwabikorwa hafi ya bose bari bizeye ko bazahita babona akazi bakimara kwiyandikisha. Emwe ndetse bamwe muri bo bari bazi ko kwiyandikisha mu bagenerwabikorwa b'umushinga bivuga kubona akazi. Monika asobanura icyo kibazo muri aya magambo: "Mu guhitamo abagenerwabikorwa, twabonye abakandida benshi batujuje ibisabwa [...]. Twabonye abubatse ingo bazaga bagatinyuka kubeshya, bagira bati 'turi abapfakazi, nimutwandike'." Abajijwe impamvu abo bantu baje kubeshya kandi byari bizwi neza ko umushinga ugenewe urubyiruko n'abapfakazi, yarasubije ati "Batekerezaga ko harimo amafaranga. Bari bazi ko hari uburyo umugenerwabikorwa azayabonaho byanze bikunze". Itsinda ry'abayobozi

---

b'umushinga ryasobanuye ko byabaye ngombwa ko abarigize bakora iperereza ku baje kwiyandikisha kugira ngo bamenye niba abiyandikishije bari babikwiye koko. Iyi ngorane ubuyobozi bwahuye na yo mu kwandika abagenerwabikorwa ishobora kugaragaza ko ikibazo cy'ubushomeri atari ikibazo kihariwe n'urubyiruko n'abapfakazi gusa, ahubwo ko ari ikibazo rusange cy'abaturage bo mu karere ka Gicumbi.

Umuntu yitegereje neza uko ibyagaragajwe n'ubushakashatsi nyamimerere byanditse muri iki gika, ashobora kubonamo ingingo eshatu zikwiye kwitabwaho mu myandikire: iki gika gitangira kivuga mu magambo make ibikubiye mu bigiye kuvugwa: "Mu ntangiro z'umushinga *iRebero Smart Community* hagaragayemo ingorane zitandukanye ariko izo ngorane zabaye imbarutso z'amasomo arambye." Ni ngombwa ko umusomyi amenyeshwa ibyo agiye gusoma n'icyo biramugezaho. Umwanditsi aragaragaza ko hari ingorane zabaye mu ntangiro z'umushinga ariko akanavuga ko izo ngorane zatanze amahirwe y'amasomo agenderwaho. Si byiza guhita utangiza igika cyangwa amagambo yavuzwe n'abatangamakuru utabanje gusobanura impamvu yayo. Cyakora hari aho umwanditsi ashobora kubikora iyo umwandiko w'amagambo y'umutangamakuru yihagije mu gusobanura igika kigiye gukurikira. Nko mu nyandiko ye yasohotse mu gitangazamakuru cy'ubushakashatsi kitwa "*Journal of Religious and Theological Information*", hari aho Mukama (2018c) atangiza igika muri ubwo buryo igihe yari agiye gusobanura aho Kiriziya Gatolika ihagaze ku birebana no gukoresha ikoranabuhanga n'itumanaho. Ibyo biragaragara ku nsanganyamatsiko yise "Mwigira ubwoba bw'ikoranabuhanga rigezweho" (Pope Saint John Paul II, 2005).

Umwandikitsi Mukama aterura ikibazo cya mbere yerekana aho avanye amakuru n'ibiyakubiyemo. Aragira ati "abagize ubuyobozi bw'umushinga bemeza ko abagenerwabikorwa hafi ya bose bari bizeye ko bazahita babona akazi bakimara kwiyandikisha." Aravuga amakuru yahawe mu buryo bwe ni ukuvuga mu buryo buziguye. Ibi bifasha umushakashatsi kuvuga mu buryo buvunaguye kandi icyarimwe amagambo yavuzwe n'abatangamakuru benshi. Byongeye, ibi bituma ashobora kuvuga mu buryo buboneye igitekerezo cy'abatangamakuru ariko akirinda rwose kubahimbira ibyo batavuze. Mu kugaragaza ibyagaragajwe n'ubushakashatsi nyamimerere, ni ngombwa no gukoresha amagambo uko yavuzwe n'abatangamakuru. Urugero tuvanye muri icyo gika cyo hejuru: "Batekerezaga ko harimo amafaranga. Bari bazi ko hari uburyo umugenerwabikorwa azayabonaho byanze bikunze."Gusubiramo uko abatangamakuru babyivugiye ni ingenzi rwose kuko byongera ububonere n'ubwizerwe bw'amakuru kandi bikaba n'ubuhamya bw'ibyavuzwe koko.

Iki gika kirangizwa n'imyanzuro ibiri y'ingenzi. Uwa mbere uragaragaza ko itsinda ry'abayobozi b'umushinga bakora iperereza ku baje kwiyandikisha kugira ngo bandike umugenerwabikorwa wujuje ibyangombwa bisabwa koko: kuba uri mu rubyiruko cyangwa se mu bapfakazi. Umwanzuro wa kabiri uratangwa n'umushakashatsi. Ahereye ku kibazo cyavutse gitewe n'uko n'abashakanye bakiri kumwe baza kwiyandikisha bakabeshya ko bapfakaye kandi atari byo, byagaragariye umushakashatsi ko na bo bakeneye akazi kabazanira amafranga. Bityo umushakashatsi yanzura, agira ati "Iyi ngorane ubuyobozi bwahuye na yo mu kwandika abagenerwabikorwa ishobora kugaragaza ko ikibazo cy'ubushomeri atari ikibazo kihariwe n'urubyiruko n'abapfakazi gusa, ahubwo ko ari ikibazo rusange cy'abaturage bo mu karere ka Gicumbi."Ibi ni byo benshi bakunze kwita kumenya *"gusoma hagati y'imirongo".* Ni nko kubona ikimenyetso ku muhanda ukaba wakwibaza uti "mbese iki kimenyetso kiramenyesha iki?" Umushakashatsi rero agomba kumenye gusoma ibimenyetso no gufutura aho byerekeza. Agerageza gushaka igisobanuro kihishe mu makuru yakusanyije. Biba byiza iyo umushakashatsi agiye mu makoraniro mpuzabashakashatsi agatangaza ubushakashatsi bwe, maze bagenzi be bakabujora, kabamuha ibitekerezo bityo akarushaho kubunoza. Ibitangazamakuru by'ubushakashatsi bishyira ahagaragara ubushakashatsi ari uko byabanje kubujora. Ugira umusomera kandi akamukosorera raporo y'ubushakashatsi aba afite amahirwe menshi yo kwikosora no kurushaho kunoza ubushakashatsi bwe.

Gukoresha ibipimo by'ibarurishamibare

Umwandiko ushobora no kwifashishwa ugaragaza ibyavuye mu bushakashatsi bukoresheje ibarurishamibare. Reka twifashije imibare yavuye mu bushakashatsi bwakozwe n'Ikigo k'Igihugu k'Ibarurishamibare mu Rwanda (National Institute of Statistics of Rwanda, 2018).

> Imibare igaragazwa n'Ikigo k'Igihugu k'Ibarurishamibare (National Institute of Statistics of Rwanda, 2018) yerekana ko ijanisha ry'abashomeri mu Rwanda ryakomeje kuzamuka ku buryo ryageze ku gipimo cya 20.3% mu 2017. Muri uyu mwaka nyine, ubushomeri bwagaragaye cyane mu bagore (24.4%) kurusha mu bagabo (17.1%). Ikigo k'Igihugu k'Ibarurishamibare cyasanze ubushomeri bwiganje mu migi ku gipimo cya 20.4% kurusha mu cyaro aho buhagaze kuri 19.8%. Iki kigo kigaragaza kandi ko ubushomeri mu rubyiruko rufite hagati y'imyaka 16 kugera kuri 30 bwari buhagaze ku gipimo cya 23.6% (abahungu ni 20% naho abakobwa bakaba 27.4%). Bigaragara ko iki gipimo kikubye hafi inshuro ebyiri zose ikigereranyo cy'ubushomeri mu rubyiruko ku isi (13.1%) n'icyo mu bihugu biri munsi y'ubutayu bwa Sahara (11.1%) nk'uko bitangazwa n'Ikigo Mpuzamahanga cy'Umurimo (International Labour Organisation, 2017).

Nk'uko bigaragara muri iki gika, Mukama (2018b) arifashisha igereranya ry'ibipimo byavuye mu bundi bushakashatsi kugira ngo arusheho kwerekana ubukana bw'ikibazo cy'ubushobomeri mu Rwanda. Arakoresha umwandiko mu guha igisobanuro ibyo bipimo. Uyu mushakashatsi yigaga ku kibazo cy'ubushomeri mu rubyiruko rwo mu Rwanda. Kugira ngo agisobanure neza, atangira avuga uko ubushomeri bwifashe muri rusange mu Rwanda, akabona kurasa ku ntego. Ni ukuvuga ko ava ku bisobanuro by'ikibazo rusange agana ku kibazo kihariye: ubushomeri mu rubyiruko. Ikindi cyongera kumvikanisha uburemere bw'ikibazo muri icyo gika ni igereranya ry'igipimo by'ubushomeri mu Rwanda n'ibipimo byabwo ku rwego mpuzamahanga. Umusomyi ashobora kumva ko iki kibazo kitakiri ikibazo gisanzwe ahubwo ko ari nk'impuruza isaba ko hari igikwiye gukorwa mu maguru mashya kugira ngo gikemuke.

Gukoresha imbonerahamwe (table)

Nk'uko ijambo ribisobanura, imbonerahamwe ifasha umushakashatsi kwerekana ku buryo bwegeranye amakuru ashobora kuba anyanyagiye hirya no hino. Ibyo bishobora kumufasha kwerekana ayo makaru yose mu magambo make, cyangwa se mu mibare, kwerekana isano iri gahagi yayo, kuyasesengura no gufasha umusomyi kuyabonera hamwe mu gihe gito. Imbonerahamwe ubwayo igomba kwivugira noneho, nk'uko twabikomojeho haruguru, umushakashatsi agasesengura icyo ayo makuru amenyesha atagombye kuyasubiramo yose mu mwandiko. Dore urugero twavanye mu gitangazamakuru *Panorama* (2018, Kanama 9) ku mbonerahamwe igaragaza uko uturere two mu Rwanda twesheje imihigo ya 2017 – 2018.

Imbonerahamwe 1: Uko uturere two mu Rwanda twesheje imihigo ya 2017 - 2018

Umwanya	Akarare	Amanota ku ijana
1	Rwamagana	84.5
2	Gasabo	82.5
3	Rulindo	82.5
4	Gakenke	80.3
5	Kicukiro	77.5
6	Gicumbi	76.3
7	Kayonza	74.9
8	Gatsibo	73.5
9	Rubavu	72.8
10	Rutsiro	72.4

Umwanya	Akarare	Amanota ku ijana
11	Bugesera	72.1
12	Ngororero	71.9
13	Kirehe	71.5
14	Nyagatare	70.9
15	Musanze	70.2
16	Muhanga	68.4
17	Nyamasheke	67.1
18	Nyabihu	66.8
19	Huye	66
20	Nyarugenge	65.1
21	Karongi	64.8
22	Ngoma	64.7
23	Rusizi	64.5
24	Nyaruguru	64.1
25	Gisagara	63.1
26	Kamonyi	59.3
27	Burera	57.2
28	Nyamagabe	54.1
29	Ruhango	53.4
30	Nyanza	53

Aho byavuye: Panorama (2018, Kanama 9)

Igitangazamakuru Panorama (2018, Kanama 9) gikora isesengura muri aya magambo magufi:

Akarere ka Rwamagana kongeye kuza ku isonga n'amanota 84.5 mu gihe akarere ka Muhanga kabimburira utundi mu Ntara y'Amajyepfo ari aka 16 ku rutonde, utundi turere 6 tw'iyi Ntara turi mu myanya 10 ya nyuma harimo na Nyanza yaherukiye utundi.

Iri sesengura ryakozwe na Panorama rirahagije. Riravuga iby'ingenzi umusomyi akeneye kumenya : akarere kabaye aka mbere, akabaye aka nyuma n'umwihariko wagaragaye mu Ntara y'Amajyepfo. Umusomyi ubwe arabona ko iyi ntara ishobora kuba yaragize ingorane mu kwesa imihigo ya 2017 – 2018 ugereranyije amanota

157

y'uturere tuyigize n'ay'uturere tw'izindi ntara. Umushakashatsi na we rero asabwa kuvuga amakuru y'ingenzi gusa agaragara mu mbonerahamwe, akagaragaza ibifite agaciro kurusha ibindi cyangwa se ibigomba kwitabwaho. Imbonerahamwe igomba kuba yoroshye kuyisoma, amakuru asobanuye neza ku buryo umusomyi ashobora kwifuturira andi makuru rusange ayirimo.

Birashoboka ko imbonerahamwe iba igizwe n'amagambo gusa nta mibare irimo. Hano tugiye kwifashisha urugero twakuye mu bushakashatsi bwakozwe na Gahamanyi (2010) mu kwerekana ukuntu abatwara tagisi, abubatsi n'abafite inzu zicuruza ibiryo bakora ubucuruzi bwabo kugira ngo bunguke. Gahamanyi yifashisha imbata ngenderwaho (model) y'umushakashatsi Leont'ev (1981).

Imbonerahamwe 2: Gusesengura ibigize umurimo mu kazi ka buri munsi hakoreshejwe imbata ngenderwaho ya Leont'ev (1981)

	Abashoferi ba tagisi	Abubatsi	Abafite inzu zicururizwamo ibiryo
Umurimo	Gukora akazi kabyara inyungu		
Icyamuhagurukije	Kubona inyungu ituma umuntu atera imbere mu mibereho ye		
Igikorwa	Guciririkanya igiciro n'umukiriya, kugura lisansi	Kugereranya no gushyiraho igiciro gishobora guhangana ku isoko ry'umurimo, kuyobora imirimo y'ubwubatsi	Kugereranya ibiciro by'ibiribwa bihiye ugereranyije n'ibibisi biri ku isoko, kugurisha ibiribwa bihiye
Intego	Inyungu ishimishije	Inyungu ishimishije	Inyungu ishimishije
Uko bikorwa	Kugereranya intera, kugereranya igihe, kureba uko igiciro cya lisansi kifashe	Gukora gahunda, gusura abagenerwabikorwa barebwa n'igikorwa	Gukora gahunda, kuganira n'abakiriya, gusura amasoko atandukanye
Ibisabwa	Uko umuhanda umeze, uko ikirere kimeze, umubare w'abakiriya, ikiciro cy'abakiriya n'igihe	Igihe kubaka bifata, umubare w'abandi bubatsi bashobora gukora akazi nk'akawe, uko ibiciro by'ubwubatsi bihagaze, uko umushahara w'abakozi uhagaze	Umubare w'abakiriya, ibiciro byo mu zindi nzu zicuruza ibiryo hafi aho, iminsi y'akazi n'iminsi ya wikendi

Aho byavuye: Gahamanyi (2010, p. 67)

Iyi mbonerahamwe irerekana uburyo abashoferi ba tagisi, abubatsi b'amazu n'abafite inzu zicururizwamo ibiryo bakoresha imibare ku buryo buziguye mbese nk'abatabitekerezagaho. Ni nko gukoresha ubunarariraribonye kugira ngo bagere ku ntego yo kubyaza umusaruro akazi bakora. Iyi mbonerahamwe iradufasha kugereranya ibikorwa by'abanyamwuga bari mu byiciro bitatu bitandukanye ugereranyije n'umurimo bakora, icyatumye bawukora, ibyo bakora nyirizina, intego, uko bikorwa n'ibisabwa.

Gukoresha igishushanyo-mbonerahamwe (figure)

Kugaragaza ibyavuye mu bushakashatsi ntibikorwa hakoreshejwe umwandiko n'imbonerahamwe gusa, umushakashatsi ashobora no gukoresha igishushanyo-mbonerahamwe. Icyo gishushanyo-mbonerahamwe kigomba kubanzirizwa n'umwandiko usobanura icyo bigiye kugaragaza, hanyuma kandi bigaherekezwa n'umwandiko w'inshamake y'isesengura ry'amakuru agikubiyemo.

Reka dufate urugero ku bushakashatsi bwakozwe n'Uwimana na Kerr (2017) ku guhangayika gukabije abaforomo n'abaforomokazi bagira muri bimwe mu bitaro byo mu Rwanda. Abo bashakashatsi basanze uko guhangayika kugira ingaruka mu kazi kabo. Izo ngaruka bazigaraje mu gishushanyo-mbonerahamwe gikurikira:

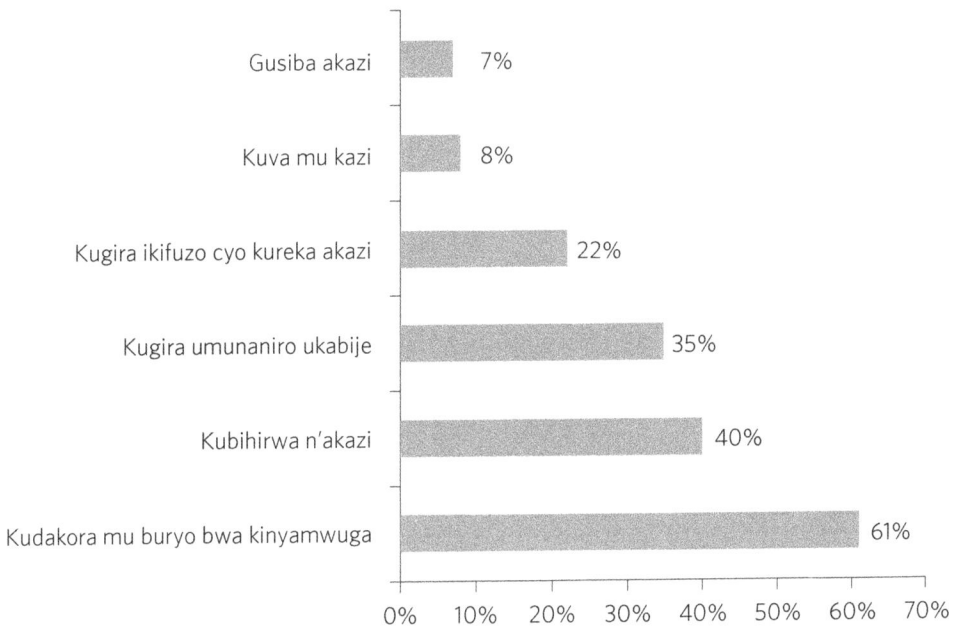

Igishushanonyo mbonerahamwe 1: Ingaruka ziterwa no guhangayika gukabije kw'abaforomo n'abaforomokazi mu kazi

Aho byavuye: Uwimana na Kerr (2017, pp. 47)

Umutwe w'igishushanyo-mbonerahamwe (figure) wandikwa munsi yacyo. Mu kugisesengura rero si ngombwa gusubiramo amakuru yose kigaragaza kubera ko umusomyi ashobora kuyisomera. Ahubwo umushakashatsi agomba gusesengura ayo makuru kugira ngo agaragaze isomo umusomyi yakuramo. Nko muri icyo

Gishushanyo mbonerahamwe 1 (Figure 1), biragaragara ko ingaruka nini iterwa no guhangayika gukabije kw'abaforomo n'abaforomokazi ari ukudakora akazi kabo mu buryo bwa kinyamwuga (61%). Ikiciro cya kabiri cy'ingaruka zo guhangayika mu kazi kw'abaforomo n'abaforomokazi babigize umwuga ni ukugira ikifuzo cyo kureka akazi, kugira umunaniro ukabije no kubihirwa n'akazi bakora. Ikindi iki gishushanyo-mbonerahamwe kigaragaza ni uko abaforomo n'abaforomokazi bumva bahitamo kureka akazi (8%) cyangwa bakagasiba (7%) kubera ibibazo bahura na byo mu kazi ari bo bake. Ibi rero bishaka kuvuga iki? Isesengura Uwimana na Kerr (2017) bakora aha ni irihe? Ibi bishobora kusobanura ko aho kureka akazi cyangwa se kugasiba kubera guhangayika gukabije, abaforomo n'abaforomokazi babigize umwuga benshi ari abahitamo kukagumamo kabone n'iyo bagakora nabi (bitari kinyamwuga). Gushobora gukora isesengura nk'iri ni cyo umushakashatsi agombwa kugereza kugeraho. Bimusaba rero gutekereza, kwibaza no kwisubiza. Ni byo twise kumenya *"gusoma hagati y'imirongo"*. Agomba guha igisobanuro amakuru yatangaje muri raporo y'ubushakashatsi bwe.

Ingingo zo kwitabwaho

Hari ingingo zikwiye kwitabwaho mu kwandika ibyagaragajwe n'ubushakashatsi. Zimwe muri zo ni izi zikurikira:

- Ni ngomba kurasa ku ntego kandi ku buryo bwumvikana. Umushakashatsi ashobora gukusanya amakuru menshi. Kuyarundarundanya muri raporo y'ubushakashatsi si cyo kigamijwe. Ikigamijwe ni ugutoranya ay'ingenzi kandi agararaga ibimenyetso bihagije ku nsanganyamatsiko runaka. Kuyavuga mu buryo bworoheje ku buryo umusomyi ashobora kuyumva byongerera agaciro ubushakashatsi.

- Amakuru y'ubushakashatsi agomba kuba asubiza ibibazo by'ubushakashatsi. Umushakashatsi agomba rwose kwirinda guhimba amakuru, cyangwa kuyaha ibisobanuro bidafitiwe ibimenyetso.

- Igice cyo kwerekana uko ubushakashatsi bwagenze kijya mu iyoboramikorere (methodology), ntabwo kivangwa n'ibyagaragajwe n'ubushakashatsi. Byongeye, isesengura bwite (discussion) na ryo rigira igice kihariye rigomba gukorerwamo. Si byiza kurivanga n'ibyagaragajwe n'ubushakashatsi, kereka mu bushakashatsi bumwe na bumwe, cyanecyane nko mu *iyigabumenyamuntu* (anthropology) cyangwa mu *bushakashatsi mbandamoko* (ethnography).

- Ibyagaragajwe n'ubushakashatsi byandikwa mu mpitagihe (past tense).

- Umushakashatsi akoresha umwandiko, imbonerahamwe cyangwa igishushushanyo-mbonerahamwe akurikije uburyo abona bugaragaza neza amakuru ashaka kwerekana. Si ngombwa gusubiramo amakuru amwe ukoresheje uburyo bwinshi icyarimwe.

- Nk'uko bigaragara mu ngero twatanze, izina ry'imbonerahamwe ryandikwa hejuru y'imbonerahamwe naho izina ry'igishushanyo-mbonerahamwe rikandikwa munsi yacyo.

Uko bakora isobanura bwite

Akamaro k'ibanze k'ubushakashatsi, nk'uko twabigarutseho kenshi, ni ivumburabumenyi. Kugira ngo umushakashatsi aterure gukora ubushakashatsi bwe ni uko hari ibibazo by'ubushakashatsi aba ashaka gusubiza. Ibyo bibazo na none biba byaravuye mu isesengura ry'ibyanditswe mbere. Iri sesengura ry'ubushakashatsi bwanditswe mbere rifasha umushakashatsi kugira ubumenyi ku bushakashatsi buba bwarakozwe mbere no guha ikerekezo ubushakashatsi bwe akurikije impamvu zitandukanye zirimo izi zikurikira: 1) kuziba icyuho mu bumenyi busanzwe buzwi; 2) kongera ibisobanuro ku bumenyi abandi bagaragaje kugira ngo burusheho gusobanuka byisumbuye, 2) kugira ngo bwumvikane kurushaho, 4) kugira ngo bukosorwe cyangwa se 5) bwaguke. Isobanura bwite rero rigamije kugaragaza mu magambo make umusanzu ubushakashatsi bwakozwe buzanye hashingiwe ku bimenyetso bifatika byatanzwe mu byagaragajwe n'ubushakashatsi. Umusanzu w'ubushakashatsi uri ugutatu: 1) icyo ubushakashatsi bwagezeho gishingiye ku gutara no gusesengura amakuru (empirical contribution); 2) umusanzu w'ubushakashatsi mu ihange ry'ubumenyi (theoretical contribution); 3) umusanzu w'ubushakashatsi mu bikorwa (practical contribution). Rusanganwa (2013) agaragaza neza umusanzu w'ubushakashatsi muri ibyo byiciro uko ari bitatu mu buryo butaziguye. Reka turebe uko umusanzu w'ubushakashatsi ugaragazwa mu isobanura bwite.

Umusanzu w'icyo ubushakashatsi bwagezeho gishingiye ku gutara no gusesengura amakuru (empirical contribution)

Ese ibisubizo ku bibazo by'ubushakashatsi ni ibihe? Mu yandi magambo, umushakashatsi yabonye iki? Ubushakashatsi bwe buragaragaza iki mu magambo make kuri buri kibazo cy'ubushakashatsi? Izingiro ryo kugaragaza uyu musanzu ni ukwibutsa umusomyi icyo ubushakashatsi bwabozwe bwari bugamije. Ni ukwibutsa bya bibazo by'ubushakashatsi yibazaga agitangira ubushakashatsi. Nka Rusanganwa

(2013, p. 42) aterura isobanura bwite yibutsa mu magambo make ibibazo by'ubushakashatsi bwe. Aragira ati:

> *Intego nyamukuru y'iyi nyigo yari ugucukumbura icyo ikoreshwa ry'amajwi n'amashusho bishobora gufasha mu myigire no mu gufata mu mutwe amuga akoreshwa mu masomo y'ubugenge hakoreshejwe mudasobwa ugereranyije no kubyiga hakoreshejwe uburyo bwa kera bwo gukoresha ingwa n'ikibaho. Kugira ngo ibyo tubigereho, twasesenguye uko abanyeshuri bigaga mu mahugurwa bahawe, tugereranya amanota babonye mu kwiga muri ubwo buryo bwombi.*

Ubu bushakashatsi bwa Rusanganwa (2013) bwagaragaje ibintu bibiri by'ingenzi:

- Mu kwiga hakoreshejwe gutega amatwi amuga y'ubugenge, gusubiramo uko avugwa no kwerekana icyo amenyesha, usanga abanyeshuri bose barabishoboye kandi batera imbere;

- Mu isuzuma ryakozwe ku bushobozi bwo gufata mu mutwe amuga y'ubugenge, ubushakashatsi bugaragaza ko abanyeshuri bo mu itsinda ryigaga ryifashishije urwunge rw'amajwi n'amashusho kuri mudasobwa babonye amanota menshi (ku gipimo cya *Cohen d = 0.95*) kurusha abize bakoresha ingwa n'ikibaho.

Reka twifashishe n'urundi rugero rwerekana umusanzu w'icyo ubushakashatsi bwagezeho gishingiye ku gukusanya no gusesengura amakuru kugira ngo birusheho kumvikana. Mu bushakashatsi bwe, Mukama (2009, pp. 546 – 547) atangira yibutsa icyo ubushakashatsi bwari bugamije hamwe n'ibibazo by'ubushakashatsi:

Nk'uko byavuzwe mbere, ubu bushakashatsi bwari bugamije gucukumbura uko abanyeshuri bitoza umwuga w'ubwarimu bakoresha ikoranabuhanga mu buzima bwabo bwa buri munsi bwo kwiga ugereranyije n'ubumenyi baba barigishijwe. Kugira ngo ibyo mbigereho, nibajije ibi bibazo by'ubushakashatsi:

- Abanyeshuri bitoza umwuga w'ubwarimu bakoresha bate ikoranabuhanga mu gukemura ibibazo byabo bya buri munsi?
- Ni iki gifasha cyangwa kibera imbogamizi abanyeshuri bitoza umwuga w'ubwarimu mu gukoresha ikoranabuhanga mu myigire yabo?
- Abanyeshuri bitoza umwuga w'ubwarimu bafashanya bate mu gukemura ibibazo bijyanye n'ikoranabuhanga mu myigire yabo ya buri munsi?

Ibisubizo kuri ibyo bibazo, nabihiniye mu izi ngingo zikurikira:

- [...]30

- Ibyagaragajwe n'ubu bushakashatsi birerekana ko bamwe mu bitoza umwuga w'ubwarimu usanga bashishikarira gukoresha ikoranabuhanga mu myigire yabo ya buri munsi kurusha bagenzi babo. Byongeye, ikoreshwa ry'ikoranabuhanga rishobora kuba rifitanye isano n'ingorane ikigo bigamo gifite (ingero, ubuke bwa za mudasobwa; kubura bya hato na hato kwa murandasi cyangwa umuriro w'amashyanyarazi; ubuke bw'abize gukoresha ikoranabuhanga; ubwinshi bw'amakuru ari kuri murandasi) cyangwa se ku mpamvu zituruka ku muntu ku giti ke (ingero, gutinya gukoresha ikoranabuhanga; kutagira amakuru ahagije ku bijyanye n'ikoranabuhanga n'akamaro karyo; ubunebwe cyangwa kutagira umwete wo gukoresha ikoranabuhanga rigezweho).

- Abanyamurava mu gukoresha ikoranabuhanga usanga badatinya gushakira umuti ingorane twavuze haruguru bakoresheje gufata ikemezo, ubwitange n'ubushobozi bwabo mu gufasha cyangwa kwigisha bagenzi babo mu gukoresha ikoranabuhanga mu buzima bwabo bwa buri munsi.

Ubwo buryo bwo kuvuga mu magambo make ibyagaragajwe n'ubushakashatsi cyangwa se, mu yandi magambo, icyo ubushakashatsi bwagezeho ni ingenzi. Iyi nshamake yibanze cyanecyane ku myanzuro yanditse mu byagaragajwe n'ubushakashatsi. Ni kuri iyo myanzuro rero umushakashatsi aheraho yerekana aho ubushakashatsi bwe buhagaze ugereranyije n'ubwo abandi bamubanjirije. Ni byo tugiye gusobanura muri iyi ngingo ikurikiyeho.

Umusanzu w'ubushakashatsi mu ihange ry'ubumenyi (theoretical contribution)

Kuba umushakashatsi yarakusanyije amakuru yarangiza akayasesengura ntibihagije. Agomba na none kugaragaza umusanzu we mu bumenyi busanzwe buzwi. Nk'uko twabisobanuye mu mutwe urebana no gusesengura ibyanditswe mbere, ubushakashatsi bwakorwa bukazana ibisobanuro byisumbuye ibisanzwe, ibikosora imyumvire yari isanzwe cyangwa se ibizana imyumvire mishya itari isanzwe izwi, ibyo byose ni umusanzu mu kongera ubumenyi cyangwa imyumvire ku gitekerezo shingiro runaka cy'ubushakashatsi. Niba hari amakuru mashya

---

30 Aka kamenyetso [...] karagaragaza ko hari ibyo umwanditsi yanditse ariko tukaba twabisimbutse.

163

ubushakashatsi buzanye atuma urwego rw'ikizere ku myumvire yari isanzwe izwi rwiyongera cyangwa se rugabanuka na byo ni uburyo bwo kongera ubumenyi.

Duhereye ku ngero twifashishije haruguru, Rusanganwa (2013) atanga umusanzu mu kwerekana ko ibyagaragajwe n'ubushakashatsi bwe byuzuzanya n'iby'abandi bashakashatsi barimo Chun, Mayer, Plass na Leutner (1998). Igishya Mukama (2009) yagaragaje mu bushakashatsi bwe ni uko guhugura abanyeshuri cyangwa abarimu no kubaha ikoranabuhanga rikenewe bidahagije ngo babibyaze umusaruro mu myigire no mu kazi kabo ka buri munsi. Mukama yerekana ko abanyeshuri n'abarimu batitabira gukoresha ikoranabuhanga ku rwego rumwe. Hari igice cya mbere kigizwe *n'abanebwe mu gukoresha ikoranabuhanga (passive ICT users)*: aba bahabwa amahugurwa kimwe n'abandi ariko yarangira bagahora baganya ko bafite akazi kenshi, mbese ko nta mwanya babona wo gukoresha ikoranabuhanga. Iyo *abanebwe mu gukoresha ikoranabuhanga* bahuye n'ingorane iyo ari yo yose, bahita barekera aho bategereza ko abandi baza kuyibakemurira. Igice cya kabiri kigizwe na ba *ntamwete mu gukoresha ikoranabuhanga (reluctant ICT users)*: aba bo bagaragazwa n'uko hari ibyo bagerageza gukora bifashishije ikoranabuhanga kandi bakabikora neza. Nyamara usanga batigirira ikizere ahubwo bagahora basaba amahugurwa. Akenshi na kenshi usanga badaha ikoranabuhanga umwanya w'ibanze mu byabafasha kwiga. Ikiciro cya gatatu ni ikigizwe n'itsinda *ry'abanyamurava mu gukoresha ikoranabuhanga (active ICT users)*: aba bo bazi kwishakira ibisubizo no kwikemurira ibibazo bahura na byo. Usanga ari bo bafasha bagenzi babo. Rimwe na rimwe bakoresha kwigomwa ibindi no gukora iyo bwabaga ngo bagere ku ntego yabo bakoresheje ikoranabuhanga. Mu isesengura bwite rye, Mukama (2009) yerekana ko ubushakashatsi bwe bufite akamaro mu gusobanura impamvu Bush na Middlewood (1997) bafite ukuri iyo bemeza ko ibigo by'amashuri bigera ku ntego yabyo atari ukubera ikoranabuhanga ry'agatangaza, ahubwo ari ubushobozi bw'abakozi b'ibyo bigo mu gukoresha ikoranabuhanga. Mukama (2009) kandi yuririra ku bushakashatsi bwa Rogoff (1994) wemeza ko abanyeshuri bashobora kwiga bafashanya maze na we agasobanura ukuntu *abanyamurava mu gukoresha ikoranabuhanga* bashobora kuba abafashamyumvire n'imbarutso mu gufasha bagenzi babo mu kwiga bakoresheje ikoranabuhanga.

Nk'uko iki gika cyo hejuru kibigaragaza, umushakashatsi asobanura iby'ingenzi byagaragajwe n'ubushakashatsi bwe abugereranya n'ubw'abandi bamubanjirije. Ashobora kwerekana aho bahurira, aho batandukanira, aho buzuzanya cyangwa aho babusanya. Ashobora kandi kuvuga igishya abandi batigeze bavugaho. Umushakashatsi akora isesengura bwite yifashishije ishuri ry'ibitekerezo runaka. Usanga nk'ibisobanuro Mukama (2009) atanga byubakiye ku ishuri ry'ibitekerezo bishingiye ku mibanire y'abantu n'umuco wabo (socioculture) byahimbwe na Vygotsky (1978).

Umusanzu w'ubushakashatsi mu bikorwa (practical contribution)

Umusanzu wa gatatu umushakashatsi ashobora kugaragaza ni uruhare rw'ubushakashatsi bwe mu gusubiza ibibazo sosiyete yibaza, ari ibijyanye no gukora politiki zivuguruye cyangwa ingamba zihariye, ari ugukora imirimo cyangwa ibikorwa runaka n'ibindi. Aha kandi umushakashatsi ashobora kwerekana ubundi bushakashatsi bushobora gukorwa n'abandi bashakashatsi bahereye kubwe. Ni ukuvuga ko ubushakashatsi butuma havuka ibindi bibazo by'ubushakashatsi ku buryo nyiri ukubukora cyangwa se undi mushakashatsi ashobora kuzabyigaho mu gihe kiri imbere. Akenshi ibi abikora agamije kwerekana ko ubushakashatsi yakoze bufite aho bugarukira. Izi mbago z'ubushakashatsi (research limitations) bwe zishobora kugaragarira mu iyoboranziza, ku hantu ubushakashatsi bwabereye, ku nsanganyamatsiko yizweho mu bushakashatsi n'ahandi. Urugero: niba Mukama (2009) abona ko abanyeshuri b'*abanyamurava mu gukoresha ikoranabuhanga* bafite ubushobozi bwo gufasha bagenzi babo kwiga baryifashishije, ashobora gutanga igitekerezo avuga ko abandi bashakashatsi bakwiye gucukumbura uburyo abanyeshuri cyangwa abarimu b'abanyamurava bashobora kuba abafashamyumvire n'imbarutso mu gutsimbakaza ikoreshwa ry'ikoranabuhanga mu mashuri. Byongeye, abarimu n'abashyiraho politiki z'uburezi bashobora gushyiraho ingamba cyangwa politiki zatuma iki gitekerezo kijya mu bikorwa mu burezi. Dore urugero rw'uko umushakashatsi ashobora kubyandika mu isesengura bwite:

> *Icyo nshaka kuvuga ni uko ubufatanye hagati y'amatsinda y'urungano afite ubunararibonye butandukanye bishobora gutuma haba impinduka zubaka kandi zubakiye ku bufatanye mu gihe ikoranabuhanga rikoreshejwe mu guhanga ibishya no mu kwikemurira ibibazo. Urugero: ibyagaragajwe n'ubu bushakashatsi bishobora kwifashishwa n'abarimu, abashakashatsi n'abashyiraho politiki mu gutsimbakaza ikoreshywa ry'ikoranabuhanga mu kwiga cyangwa mu kwigisha abaturage gurikoresha (Mukama, 2009, pp. 547 – 549).*

Nko mu nyandiko ya Rusanganwa (2013), ayo moko atatu y'umusanzu w'ubushakashatsi agaragarira amaso kuko imitwe mito igize isesengura bwite irivugira: *umusanzu w'icyo ubushakashatsi bwagezeho gishingiye ku gutara no gusesengura amakuru; umusanzu w'ubushakashatsi mu ihange ry'ubumenyi, n'umusanzu w'ubushakashatsi mu bikorwa bifatika.* Rusanganwa yongeraho n'umutwe muto uvuga ku mbago z'ubushakashatsi bwe n'ikerekezo cy'ubushakashatsi cyangwa ibikorwa bishoboka mu gihe kizaza. N'ubwo abashakashatsi benshi badakunda kwandika iyo mitwe mito muri raporo z'ubushakashatsi bwabo, nyamara iyo uzisomye witonze usanga ibivugwa mu isobanura bwite iyo misanzu uko ari itatu nk'uko twayivuze haruguru igaragaramo. Cyakora kwandika imitwe mito igaragaza imisanzu y'ubushakashatsi mu isesengura bwite nk'uko Rusanganwa (2013) abivuga, bishobora gufasha cyanecyane abashakashatsi bagitangira guha agaciro gakwiye buri musanzu. Byongeye, bishobora kubafasha gukora no kwandika isesengura bwite barasa ku ntego.

Uko bakora umwanzuro (conclusion)

Mu bushakashatsi, ijambo "umwanzuro" ntabwo rivuga gusa "umusozo". Umwanzuro hano rikwiye kumvikana mu gisubizo waha umuntu aramutse akubajije ati "Ibi bintu birashaka kuvuga iki?" "Niba kanaka avuga ati '…', na runaka akavuga ati '…', ubwo rero ge ndumva bashaka kuvuga bati '…'". Gusubiza bene ibi bibazo ni nko gukora amahurizo akurikira:

- Niba A = B kandi B = C, ni ukuvuga ko (umwanzuro) A = C
- Niba A = B kandi B ≠ C, ni ukuvuga ko (umwanzuro) A ≠ C
- Niba A ≠ B kandi B = C, ni ukuvuga ko (umwanzuro) A ≠ C

Izi ngero zisobanuye ko iyo ibyagaragajwe n'ubushakashatsi bisa n'ibyo ubundi bushakashatsi bwakozwe mbere bwagaragaje, umushakashatsi agomba kubivuga. Niba kandi hari aho ibyo ubushakashatsi bwe bibusana cyangwa bivuguruza iby'abandi bashakashatsi bagaragaje, na byo agomba kubyerekana. Birashoboka kandi ko hari aho ibyagaragajwe n'ubushakashatsi bigira aho bihuza n'iby'abandi bakoze ubushakashatsi mbere nyamara bikabusanya n'ibya bamwe na bamwe. Ibyo na byo ni ingezi kubigaragaza. Ubushakashatsi bushobora kuvumbura ikintu kitari gisanzwe kizwi, mbese nta wundi mushakashatsi wakigaragaje mbere. Yifashishije ibimenyetso bifatika, ibyo umushakashatsi agomba kubishyira ahagaragara kandi akerekana aho atandukanira n'abandi bashakashatsi bamubanjirije.

Gukora umwanzuro rero si ukwandika mu magambo make gusa ibyagaragajwe n'ubushakashatsi, ahubwo ni ugusigura icyo ibyagaragajwe n'ubushakashatsi bishaka kuvuga. Umwanzuro si ikintu umushakashatsi ahimba ngo agikubite aho. Uhubwo umushakashatsi agomba gushingira umwanzuro we ku bimenyetso bifatika bivuye mu byagaragajwe n'ubushakashatsi.

Mu bushakashatsi habamo imyanzuro myinshi ni na yo mpamvu usanga abashakashatsi benshi bandika "imyanzuro" (conclusions) mu bwinshi aho kwandika umwanzuro umwe. Kuri buri kibazo cy'ubushakashatsi, umushakashatsi agifataho umwanzuro cyangwa imyanzuro myinshi akurikije amakuru yabonye n'isesengura yakoze. Ziriya nshamake rero umushakashatsi yandika ku musanzu w'icyo ubushakashatsi bwagezeho gishingiye ku gutara no gusesengura amakuru ni iyo myanzuro ikomoka ku bibazo by'ubushakashatsi aba yavuze mu magambo make. Kubera ko imyanzuro ari yo ifasha umushakashatsi gukora isobanura bwite, ushobora gusanga umushakashatsi yashoje raporo y'ubushakashatsi bwe cyanecyane mu bitangazamakuru by'ubushakashatsi yanditse gusa *"Umwanzuro/ Imyanzuro"* (urugero: (Bahati, Tedre, Fors, & Mukama, 2016) cyangwa akandika gusa *"Isobanura bwite"* (urugero: Ruterana, 2012a) cyangwa se na none akabifatanya byombi: *"Isobanura bwite n'Umwanzuro/Imyanzuro"* (urugero: Rusanganwa, 2013). Rimwe na rimwe hari n'ubwo usanga abashakashatsi babanje kwandika imyanzuro ukwayo bagakurikizaho isesengura bwite (urugero: Mukama, 2010); abandi na bo bakabanza isensengura bwite bagakurikizaho umwanzuro (ingero: Ruterana, 2011; Mutwarasibo, 2013; Mukama, 2018a).

Uburyo bworoshye bwo kwiga kwandika isobanura bwite ni ukubanza gusoma izindi nyandiko cyangwa raporo z'ubushakashatsi bifitanye isano n'ubushakashatsi bwawe kabone n'iyo mwaba mutaranditse ku nsanganyamatsiko zimwe. Ibyo rero bigufasha kureba uko abandi bashakashatsi b'inararibonye bandika igitekerezo, uko bakijyaho impaka, uko berekana ibimenyetso byavuye mu byagaragajwe n'ubushakashatsi, uko bafata umwanzuro ku nsanganyamatsiko runaka n'ibindi. Ibi bishobora kukwigisha kudata umwanya ahubwo bikuzamura ku rwego rw'abashakashatsi b'inararibonye cyanecyane iyo wimenyereje kwifashisha inyandiko zabo.

Nk'uko ubushakashatsi buba bwatangiye bwerekana ko hari icyuho buje kuziba, cyangwa se ko buje gusobanura ikibazo runaka ku buryo bwimbitse, bugomba kurangira bugaragaza uko icyo cyuho cyazibwe cyangwa uko ikibazo runaka cyasobanuwe ku buryo bwisumbuye ubwari busanzwe buzwi.

Umusozo

Kumenya kwandika ibyagaragajwe n'ubushakashatsi ni ingenzi. Ubushakashatsi bushobora gukorwa neza, ariko iyo bwanditse nabi buba imfabusa. Ubushakashatsi bwiza ni ubugaragaza ibimenyetso kandi bushingiye ku makuru nyayo yavuye mu batangamakuru. Umushakashatsi na we agomba kumenya guhitamo ay'ingenzi, akayasesengura, akayandika mu magambo yumvikana. Amakuru yandikwa agomba kuba afitanye isano n'ibibazo by'ubushakashatsi. Mu gukora isobanura bwite, umushakashatsi asubiza ibyo bibazo, ku buryo buciye mu mucyo kandi yifashishije ibimenyetso byavuye mu byagaragajwe n'ubwo bushakashatsi. Aho ni ho ahera yerekana umusanzu w'icyo ubushakashatsi bwagezeho gishingiye ku gutara no gusesengura amakuru (empirical contribution), umusanzu w'ubushakashatsi mu ihange ugereranyije n'ubumenyi busanzwe buzwi ku nsanganyamatsiko yizweho (theoretical contribution), n'umusanzu w'ubushakashatsi mu bikorwa bifatika (practical contribution). Ibyo byose bikorwa bishingiye ku myanzuro y'ubushakashatsi.

Indangasoko

Bahati, B., Tedre, M., Fors, U., & Mukama, E. (2016). Exploring feedback practices in formative assessment in Rwandan higher education: A multifaceted analysis is needed. *International Journal of Teaching and Education, 4*(2), 1 – 22.

Bush, T., & Middlewood, D. (1997). Preface. In T. Bush, & D. Middlewood, *Managing people in education* (pp. viii–xii). London: Paul Chapman Publishing.

Chun, D. M., Mayer, R. E., Plass, J. L., & Leutner, D. (1998). Supporting visual and verbal learning preferences in a second-language multimedia learning environment. *Journal of Educational Psychology, 90*(1), 25 – 36.

Gahamanyi, M. (2010). *Mathematics at work: A study of mathematical organisations in Rwandan workplaces and educational settings.* Linkoping: LiU-Tryck.

International Labour Organisation. (2017). *Global employment trends for youth 2017: Paths to a better working future.* Geneva: International Labour Office. Retrieved June 27, 2018 http://www.ilo.org/wcmsp5/groups/public/---dgreports/---dcomm/---publ/documents/publication/wcms_598669.pdf.

Leont'ev, A. N. (1981). The problem of activity in Soviet psychology. In J. V. Wertsch, *The concept of activity in Soviet psychology* (pp. 37 – 71). Armonk, N.Y: M. E. Sharpe.

Mukama, E. (2009). The interplay between learning and the use of ICT in Rwandan student teachers' everyday practice. *Journal of Computer Assisted Learning, 25*(6), 539 – 548.

Mukama, E. (2010). Strategizing computer-supported collaborative learning toward knowledge building. *International Journal of Educational Research, 49*(1), 1 – 9.

Mukama, E. (2018a). From policies to implementation of open distance learning in Rwanda: A genealogical and governmentality analysis. *Journal of Learning for Development, 5*(1), 40 – 56.

Mukama, E. (2018b). iRebero smart community: A community-based intervention for youth and widows' job creation. *A paper presented at the 13th International Conference on ICT for Development, Education and Training, Kigali, Rwanda, September 26 – 28, 2018.*

Mukama, E. (2018c). New digital technologies: A kairos for catholic education in Rwanda. *Journal of Religious and Theological Information, 17*(1), 22 – 32.

Mutwarasibo, F. (2013). University students' conceptions and practice of collaborative work on writing. *International Journal of Higher Education, 2*(2), 13 – 21.

National Institute of Statistics of Rwanda. (2018). *Labour force survey 2017 – August 2017.* Kigali: National Institute of Statistics of Rwanda. Retrieved June 27, 2018 http://www.statistics.gov.rw/publication/labour-force-survey-report-august–2017.

Panorama. (2018, Kanama 9). *Uko uturere twakurikiranye mu kwesa imihigo y'umwaka 2017 – 2018.* Retrieved August 24, 2018 from http://panorama.rw/index.php/2018/08/09/uko-uturere-twakurikiranye-mu-kwesa-imihigo–2017 – 2018/.

Pope Saint John Paul II. (2005). *Apostolic letter: "Rapid development" of the Holy Father John Paul II to the responsible for communications.* Vatican: Accessed 15 June 2016. https://w2.vatican.va/content/john-paul-ii/en/apost_letters/2005/documents/hf_jp-ii_apl_20050124_il-rapidorapidosviluppo.

Rogoff, B. (1994). Developing understanding of the idea of communities of learners. *Mind, Culture, and Activity, 4,* 209 – 229.

Rusanganwa, J. (2013). Multimedia as a means to enhance teaching technical vocabilary to physics undergraduates in Rwanda. *English for Specific Purposes, 32*(1), 36 – 44.

Ruterana, P. C. (2011). Exploring home literacy practices among Rwandan families. *International Journal of Research in Education, 3*(1), 1 – 11.

Ruterana, P. C. (2012). Children's reflections on gender equality in fairy tales: A Rwandan case study. *The Journal of Pan African Studies, 4*(9), 85 – 101.

Uwimana, M. C., & Kerr, J. (2017). Exploring the factors contributing to the stress of nurses at a selected urban teaching hospital in Rwanda. *Africa Journal of Nursing and Midwifery, 19*(1), 41 – 55.

Vygotsky, L. S. (1978). *Mind in society: The development of higher psychological processes.* Cambridge, MA: Harvard University Press.

AMUGA YAKORESHEJWE

iby**aágezwehó:** findings/results
   bishiingíye ku gutaara nó guséseengura amakurú: empirical contribution
iby**aágaragajwe** *n'úbushaakashaatsi* (reeba ibyaágezwehó)
im**bago** (*z'úbushaakashaatsi*): research limitations
i**baandabumenyi** (*reeba ubunyákurí mp(h)amé*)
mb**áandamóoko** (*iséseengurambága*): ethnography
umu(i)**báandasóbaanura:** interpretativist-ism
i**baanga** (*ry'ákazi*): confidentiality
ru**baanda** (*icyó ruteekéreza*): public opinion
i**báanzirizabúgiímbi:** preadolescence
i**barankúru:** narration-diegesis
umu**baré** (*urí hagatí*): median
uru**báriro1:** row
uru**báriro2:** scene
   mbaanziriza: anterior
   mpuurirana: simultaneous
   iriizanyuma: subsequent
im**bárutso:** stimulus
i**báruuriishamíbaré:** statistics
im**baata:** plan
   (*y'iinkúrikizo*): coding frame
   (*y'úbushaakashaatsi*): research design
   ngeendérwahó : model /format
umu**bázi:** narrator-storyteller
   mbáandankúru: metadiegetic
   mumenyabaanga: autodiegetic
   ruményabyóose: omniscient
   wó haanzé: heterodiegetic/extadiegetic
   wó muu mbere: homodiegetic
   (*wó) muu nda y'ínkurú:* intadiegetic
ibi**bázo** (*by'úbushaakashaatsi*): research questions
   bigerúura: filter questions
   bitegánya: contigency question
uwu**bázwa** (*mu bushaakashaatsi*): respondent

im**bónerahámwe:** table
mb**ónerahámwe** (*igishushaanyo*): figure
ubu**bonére:** validity
im**bonezangiingo:** classeme
ubw**íisubíre:** frequency
   bwaabarúuwe: observed frequencies
   butegérejwe: expected frequencies
uku**byáarwa:** generation
insh(**c)áamaké:** abstract
i**céengerabíteekerezo:** psychoanalysis
urw**éego** (*rw'ímikorére*): paradigm
ukw**éemera** (*ku bushaáke*): informed consent
im**fáshabwoónko:** aide-memoir
im**fatashusho:** variable
   yiigéenga: independent variable
   geengwá: dependent variable
in**gano** (*y'íitsíinda nkéeshwamákurú*): sample size
uku**garagaza** (*ukó uboná ibiintu*): phenomenology
in**gazabugeenge:** software
umu**genéra:** sender
umu**genérwa:** receiver
ng**éengamyíitwaarire** (*urupapuro…. rwó kwéemera ku bushaáke*): ethics consent form
i**geragezabushaakashaatsi:** experiment
iki**gero** (*cy'úbwiízeerwe*): degree of confidence
in**ge:** ego
ubu**giímbi:** adolescence
   mbónezagítsina: phallic stage
   mbonezakanwa: oral stage
   mbonezanyuma: anal stage
in**giingo:** theme
aba**gíra** (*uruháre mu bushaakashaatsi*): research participants/subjects
ubu**hágararizi** (*bw'íitsíinda nkéeshwamákurú*): representativeness
ama**hamé:** principles
   ngéengamyíitwaarire mu bushaakashaatsi:

research ethics

mp(h)aándenyé (*ntáanganyíto*): semiotic square

iháangé: theory

ihaangiro: theoretical framework

igihe (*ibikorwá bimará*): duration

imp(h)iné: summary

ihínnye (*inzira*): formula

imp(h)úuzandéengo: mean

ihúuzamájwi: polyphony

amahuúza ~ húuzamvúgo: rhymes

iyígabimenyeetso: semiotics

iyígabumenyi: epistemology

iyígabumenyamuuntu: anthropology

iyígamíbaánire: sociology

iyígamóoko: ethnology

ukwíigumamó: immanence

ukwíikuura (*mu bushaakashaatsi*): withdrawing from research

umwíiroondooro w'úmuuntu (*kutágarágaza*): anonymity

ukwíitegereza (*mu ibaanga*): covert observation

ukwíitegerereza (*ahabóna*): overt observation

ubwíiyuumvakóne: complex of castration

ubwíízeerwe: reliability

ij(g)aambo: lexeme

urujyaano: system

ifiinda: codification

nyóngeerá: overdetermination

ubukáanguragítsina: genital stage

inkéneragíhamyá: hypothesis

ntaacyaáhiindutse: null hypothesis

y'úbushaakashaatsi: research hypothesis

ikéeshamvúgo: stylistics

kidobyá: opponent

inkiíngi: column

kiísikweyá: chi-square

ngeendérwahó: chi-square critical value

koódi: code

abakórabíkorwá: actants

ibikóreesho (*nkúusaanyamákurú*): data analysis instruments

abakórerwahó ubushaakashaatsi (reeba abagíra uruháre)

ibikorwá (*ukó bikuríkirana*): order

ikúusaanyamákurú: data collection

umumaro: function

nd/ráangamvúgo: language function

mbónezankúru: improved-controlled communication

ngénamvúgo: poetic

nyabwuúmvane: communicational

nyakubwiirwa: conative

nyakuvuga: emotive

nyérekezo: referential

rubariro: narrative

ruhamyá: testimonial

ntéekerezo: ideological

inkúmirizi: superego

ubumenyi: science

nyamuuntu: humanities

bw'ímibaánire y'ábaantu: social sciences

umunéezeero: plaisir

mvaanyandiko: textual satisfaction

mutaná: standard deviation

inínuuriro: irony mark

inózamvúgo: rhetorics

inyárubúga: hero

inyíto mp(h)amé: isotopia

inozanzira (reeba i(n)yóboramíkorére)

umu(ubu)nyákurí mp(h)amé: positivist-ism

igipimo: degree/scale

cy'úbwiígeenge: degree of freedom

by'ínkuríkirane: ordinal scale

by'íintéera: interval scale

by'íbigereranyo: ratio scale

ukuraanga: description

ireebero: focalisation

kureebera imbere: internal focalization

kureebera inyuma: external focalization

kureebera kure: zero focalisation

irékankána: ellipsis

ind(r)émanyíto: seme

iréengerabágoré: feminism

iréengerabiírabura: negritude

ireengerantiinganyi: queer studies

ind(r)áangasóoko: bibliography

uburigánya: deception

(*imigeénzereze y'ú-*): deceptive practices

uburyó1: system

bwó gukóra koódi: coding system

uburyó2 : approach

uburyó3: method

nyamubaro: quantitative methods

nyamímerére: qualitative methods

rukómatanyo: mixed methods

mvaamuzi-nganamuzi: inductive-deductive approach

akaruhuuko: /narrative pause

umusaánzu: contribution

(*w'úbushaakashaatsi*): research contribution

mu iháangé ry'úbumenyi: theoretical contribution

171

mu bikorwá: practical contribution

is**éseengura**: approach; criticism; analysis

   rikomátanya: polycriticism

   rijyaaníisha: systemic

   nyamubaro: quantitative analysis

   ry'íkivúgwa: content analysis

   (*ku bushaakashaatsi bwaákozwe mbere*):
     literature review

   (*uhéereye ku bumenyi busaanzwéhó*):
     hermeneutics

is**eseengura**haantu: geocriticism; ecocriticism

is**éseengura**mákurú: data analysis

is**éseengura**mátwaará: marxist approach

is**éseengura**mímerére: qualitative analysis

is**éseengura**mísusíre: formalism, formalist

is**éseenguri**rambága: sociocriticism; sociology of
   literature

is**éseengura**myuúmvire: psychocriticism

is**eseengura**ngiingo: thematical approach

is**éseengura**rarári: psychoanalysis

ubu**shaakashaatsi**: research

   nyamubaro: quantitative research

   nyamímerére: qualitative research

   nziimbuuzi: foundamental research

   ngiro: applied research

ugu**shiimiishwa** (*nó kwíibabaza*): sadism

   kubábaza abaándi: masochism

in**shooza**: concept

is**húshaanyamvúgo**: coulorful imagery

igi**shushaanyo** (*ngáragazabíkorwá*): actantial
   model

is**íinziirarári**: latency period

in**sobéke**: structure

is**óbaanura**: description

   nyamubaro: quantitative description

   bwiité: discussion

mudá**sobwá**: computer

is**ubiranyuma**: analepsis

is**huúri** (*ry'íbitéekerezo*): school of thought

is**uuzuma**: test

   ry'úmujyo umwé: one-tailed test

   ry'ímijyo ibiri: two-tailed test

   ngeendérwahó: standard deviation

in**tábíizi**: unconscious

umut**áangamákurú**: informant

in**taanga nyíto**: spermesan

in**taango** (*y'íbisóbaanuro biraambúuye*):
   encyclopedia

in**teego** *nyamúkurú* (*y'úbushaakashaatsí*): research
   purpose

igi**téekerezo**: subject

imi**teékerereze**: reasoning

   nganamuzi: deductive reasoning

   mvaamuzi: inductive reasoning

igi**téerapfúnwe**: complex

uru**toónde** (*rw'íbibázo*): questionnaire

   rwoohérezwa: mailed questionnaire

ugu**tóoranya** (*itsíinda nkéeshwamákurú*): sampling

   (*ikosá ryó gutóoranya itsíinda nkéeshwamákurú*):
     sampling error

   ryaa gáhuúnda: systematic sampling

   ry'ámatsíinda ahúuje ibiraango: stratified
     sampling

   rishiingíye ku dutsíko tw'áhaantu: cluster
     sampling

   rishiingíye kuu mpaámvu: purposive sampling

   rishiingíye kurí toombora yooróheje: simple
     random sampling

   ry'íbyiiciro: stage sampling

   binyuránye: multi-stage cluster sampling

   ry'úmuhúuro: convenience sampling

   ry'íriinganiza: quota sampling

   ry'úruheérerekane: snowball sampling

it**síinda**: group

   rishiingírwahó: population

   nkéeshwamákurú: sample

   rya toombora: probability samples

   rishiingíye ku guhítamó: non-probability
     samples

in**tuumbeero** (*y'úbushaakashaatsí*): research focus

ubw**uúmvane**: communication

umw**uungaanizi**: partner

iv**ugambere**: prolepsis

uru**vúgano**: dialogism

im**vúgo**: discourse

umu**vúgo**: stylistic device

iki**vúgwa**: content

iv**úutsabúshya**: civilisation

umu**yobora**: theory

iy**óboramíkorére**: methodology

iki**yoongobezarumuri**: black hole

in**kuruzi**: id

ubu**zima** (*bwiité bw'úmuuntu*): privacy

iz**iimbuurangaanzo**: poetics

umu**zímizo** (reba umuvúgo**)**

www.ingramcontent.com/pod-product-compliance
Lightning Source LLC
Chambersburg PA
CBHW080359030426
42334CB00024B/2930